LE DESSOUS DES CARTES

À Barthélemy,
À Matthieu, Lucas et Lorelei,
pour qu'ils embrassent la passion du monde.

Coordination générale
Laurène L'ALLINEC
Frank TÉTART

Suivi de production
Pascale PITOT
Rose GROEN

Merci à : Pierre-Jean CANAC (cartes),
Anne CRIOU (cartes), Philippe DE BEUKELAER,
Alain JOMIER, Frédéric LERNOUD (cartes),
Anne MORIN, Natacha NISIC, Frédéric RAMADE.

Et à : Delphine PAPIN, Mathias STROBEL.

Fonds cartographique
Oxford Cartographers
Ordnance Survey

Responsable éditorial
Jean-Vincent BACQUART

Direction artistique
Valérie GAUTIER

Maquette
Cédric SCANDELLA

Corrections
David MACDOUGAL

Fabrication
Luc MARTIN / L&M Éditions

Photogravure
Charente-Photogravure

2, rue Rotrou – 75006 Paris
www.tallandier.com

JEAN-CHRISTOPHE VICTOR
VIRGINIE RAISSON · FRANK TÉTART

LE DESSOUS DES CARTES 2

Atlas d'un monde qui change

CARTOGRAPHIE : FRÉDÉRIC LERNOUD

arte ÉDITIONS
Tallandier

SOMMAIRE

INTRODUCTION

LES CHOCS DE LA MONDIALISATION

REDÉPLOIEMENT DES RAPPORTS DE FORCE

ÉPILOGUE

À Barthélémy,
À Matthieu, Lucas et Lorelei,
pour qu'ils embrassent la passion du monde.

DE LA FRAGILITÉ DU MONDE

Autour de nous, le monde qui change. Légué par notre histoire et la course du temps. Usine du futur et de ses héritages.

Devant nous, l'avenir du monde. Fragile et incertain. Ouvert sur un champ des possibles qu'il nous faudra choisir.

Dans un premier exercice, *L'Atlas du Dessous des Cartes* paru à l'automne 2005 se fixait pour ambition de donner du sens aux événements, et pour méthode d'observer, de comprendre et de faire du lien. Au fil de ses itinéraires géopolitiques, il offrait au lecteur de déchiffrer le monde, d'en décrire l'unité en repérant ses coordonnées géographiques, historiques et politiques. L'exercice se poursuit dans cet *Atlas d'un monde qui change*, de méthode plus prospective et de démarche plus politique. Par une étude transversale de la mondialisation, de ses flux et de ses impacts, il appréhende le monde dans sa complexité. Par l'observation du redéploiement des rapports de force, il repère ses dynamiques comme des indices du monde qui vient. Enfin, par un questionnement critique des frontières de l'Europe, il invite le lecteur à choisir le monde qu'il souhaite.

DU LIBRE ARBITRE ET DU SENS DE LA DURÉE

Noyés par l'abondance des informations et le rythme de leur diffusion, consommateurs exigeants mais plus pressés encore : nous voilà disposés au prêt-à-penser et au *Thinker's digest*, prêts à déléguer notre discernement aux élus et aux journalistes. Avec eux, on se révolte – à juste titre – des propos révisionnistes et antisémites du président iranien Ahmadinejad. On s'inquiète de son refus de coopérer avec les inspecteurs de l'AIEA et on finit par penser que si la solution militaire n'est pas souhaitable, elle devient une option pour prévenir des risques encore plus grands que l'Iran ferait peser sur la région et peut-être sur le monde. Lointaine et désincarnée, la guerre devient, au fil des journaux télévisés, une possibilité de prévenir le pire et de maîtriser le fou, sans entendre ce que diplomates et experts nous en disent. Pour éclairer ce consensus qui se dessine, sans naïveté ni illusion sur la nature du régime actuel à Téhéran, il nous a donc paru nécessaire, dans le chapitre consacré au Moyen-Orient, de rendre au lecteur son libre arbitre, en complétant les informations dont il dispose d'un peu de mémoire, de visibilité et de vision :

– mémoire d'une guerre qui se déroule juste à côté, en Irak, et des conditions dans lesquelles elle a été lancée ;

– visibilité sur la configuration stratégique de la région et sur les options de sécurité nationale qu'elle laisse aux Iraniens ;

– vision des « revanches à prendre » que l'intervention anglo-américaine en Irak fabrique tous les jours dans le monde musulman.

De la vision en somme, pour retrouver le sens de la durée.

Le sens de la durée, c'est ce que nous enseignent, entre autres, le Proche-Orient et le Moyen-Orient. Irak, Iran, Palestine et Liban : quatre volets récents d'une histoire qui les précède dont les premières lignes furent écrites à l'aube de l'Histoire. Dans un épisode qui s'étend de la fin de l'Empire ottoman au milieu du XXe siècle, Français et Britanniques donnent au Proche-Orient des frontières et bientôt des États. Nous voilà soixante ans plus tard, témoins de leur fragmentation et de leurs conflits, comme un effet induit de la partition coloniale. En leur consacrant un chapitre de cet atlas, il s'agissait aussi de rappeler au lecteur que toute décision politique engage un avenir dont chacun partage une part de responsabilité : les Irakiens et les Américains en Irak ; les Libanais et les Syriens au Liban ; les Palestiniens et les Israéliens dans les territoires palestiniens.

Dans la même démarche, l'épilogue de cet atlas, consacré aux frontières de l'Union européenne, veut impliquer le lecteur dans un avenir qu'il sera invité à décider pour les générations qui viennent. Indépendance du Kosovo, nouveau traité de l'Union, entrée – ou non – de la Turquie : à chacune des options qui seront retenues, une part du futur se dessine.

GARDER L'ESPRIT CRITIQUE, SAISIR LA COMPLEXITÉ

Dans ce futur paysage semble déjà s'inscrire la crispation islam/Occident, que nourrissent de très nombreux facteurs comme l'indéfectible soutien des États-Unis à Israël ou le développement presque mondial de l'islamisme radical. Mais ce dont il s'agit également ici, c'est de la théorisation de cette crispation dans le « choc des civilisations ». De sa banalisation à la faveur des attentats du 11 septembre 2001. De sa normalisation enfin, à la façon des prophéties « autoréalisatrices » qui, à force d'être répétées, finissent par exister. En mettant la théorie du « choc des civilisations » à l'épreuve des cartes, des guerres, des peuples, des religions et du terrorisme islamiste, l'*Atlas d'un monde qui change* propose au lecteur la méthode du questionnement critique, tout en se penchant dans le même chapitre sur le contexte politique dans lequel ce clivage Islam/Occident s'est développé. Car l'épistémologie nous enseigne que le progrès ne naît pas des certitudes, mais du doute.

Ce que nous révèle également la science, c'est l'infinie complexité du vivant et de la matière. À leur image, le monde est un système que la mondialisation rend de plus en plus complexe, où chacun se trouve relié au reste de la planète, où chaque événement devient le facteur d'un autre, et où les décisions perdent leur pertinence quand elles sont prises isolément. Or confrontées à la complexité, les « opinions publiques » appellent toujours des solutions simples et rapides. Les questions migratoires et le vieillissement de l'Europe sont exemplaires à cet égard. Fréquemment associée à l'insécurité et aux tensions sociales, l'immigration ne serait positive que « choisie », c'est-à-dire sélective, afin de n'ouvrir l'Europe qu'à ceux qui lui apporteront les compétences et la main-d'œuvre dont elle a besoin, dans des secteurs déterminés. Or comme le soulignent les démographes, on ne lutte pas contre le déclin démographique et le vieillissement d'une population avec des hommes diplômés, de préférence sans famille, mais avec des femmes jeunes, en âge de procréer. Voilà pour les liens, mais l'ouvrage ne formule pas de recommandation. Car la suite naîtra d'arbitrages successifs dont on attend qu'ils soient menés dans un souci de long terme. Dans le sens du souhaitable plutôt que du souhaité. Arbitrages difficiles donc, qui pour cette raison relèvent des politiques et non des sondages d'opinion.

Réchauffement climatique, déclin démographique, évolutions technologiques, croissance chinoise, grippe aviaire : aucune prévision ne résiste à l'épreuve du temps et de la réalité, car les paramètres sont nombreux et surtout changeants. C'est ce constat que l'*Atlas d'un monde qui change* tente de dresser, comme une invitation à choisir l'avenir, à en être les artisans. Qu'il s'agisse des questions climatiques, énergétiques ou de biodiversité, nous ne serons rattrapés que par notre passivité et notre immobilisme. Pas par la fatalité ni par l'ignorance. Car nous savons. Et nous pouvons. Finalement, ce que souligne aussi cet atlas dans sa transversalité historique, méthodologique et thématique, c'est que même dans un espace mondialisé, le seul déterminisme qui existe, c'est l'action qu'on ne tente pas, les choix que l'on n'ose pas. C'est bien pourquoi une fois encore, l'avenir appartient aux décideurs et aux acteurs que nous sommes, pas aux prophètes.

RÉVÉLER LES CONTRADICTIONS, MONTRER LES PARADOXES

Éclairés par ce que nous savons du monde et de ses fragilités, nous voilà donc face au choix, face à la décision. Face aux contradictions du monde aussi, que viennent refléter nos propres ambivalences. Car nous sommes désireux de permettre l'avenir en réparant la planète, mais sur le point de le compromettre en restant les prédateurs de celle de nos enfants, comme avant nous plusieurs générations. Appauvrissement des milieux marins, fonte de la banquise, croissance urbaine, pénurie d'eau : mieux avertis que leurs parents et enfin pris d'inquiétude, les citoyens que nous sommes cherchent donc honnêtement des solutions. Aussitôt, ils se heurtent aux consommateurs que nous sommes aussi, réfractaires aux changements que ces solutions appellent, résistants aux renoncements qu'elles imposent. C'est cette contradiction que vient entre autres repérer l'*Atlas d'un monde qui change*, dans les conjugaisons de la mondialisation.

Pas moins schizophréniques sur le plan économique et social, nous nous révoltons contre les délocalisations, et surtout contre les licenciements et les pertes économiques qu'elles entraînent dans nos pays. Nous dénonçons le *dumping* social pratiqué par la Chine. Nous déplorons les conséquences de sa croissance sur le prix des matières premières. Nous nous inquiétons enfin de son impact sur l'environnement. Au même moment, nous nous réjouissons de la baisse des prix du textile, des baskets et des téléviseurs grand écran, sans faire le lien avec cette même croissance chinoise, ni avec la fracture économique, médicale et sociale qu'elle creuse aujourd'hui en Chine. Un paradoxe qu'une approche transversale et pluridisciplinaire de la mondialisation permet donc de révéler.

Dépassé par la mondialisation économique et raboté par les intégrations régionales, l'État n'est plus à la mesure des grandes problématiques qui émergent depuis la fin du XXe siècle. Que l'on songe aux flux commerciaux, à la circulation des virus, aux flux financiers, au fonctionnement des multinationales, aux mouvements migratoires, à la biodiversité, au terrorisme ou à la cybercriminalité : les

États pris séparément ne peuvent plus, seuls, résoudre les problèmes et répondre aux agressions. Or ce sont justement les dérives de la mondialisation qui soulignent le besoin croissant d'État, qu'il s'agisse de la gestion des épidémies, des transferts de fonds illégaux, de la lutte contre la piraterie maritime, de la prolifération des armes biologiques et bactériologiques ou du développement des mafias.

Parmi les paradoxes sur lesquels cet atlas vient se pencher, on retient aussi celui de l'enrichissement du monde auquel Indiens et Chinois contribuent largement, alors qu'une grande part d'entre eux est maintenue dans la pauvreté (moins de 1,50 euro par jour). Même paradoxe en Afrique dont les ressources et les atouts stratégiques suscitent de nombreuses convoitises, sans que cela accroisse l'intégration des Africains à la mondialisation des échanges et encore moins les bénéfices qu'ils en tirent. Sur ce point, le cas du Tchad est éclairant. Celui du Darfour assourdissant.

IDENTIFIER LES PERMANENCES, REPÉRER LES CHANGEMENTS

Pas plus que le premier volume, cet *Atlas d'un monde qui change* n'a cherché à être exhaustif. Ainsi, pas de chapitre sur la Russie, mais sa présence permanente au fil de cet atlas, en Europe, en Asie centrale, sur les questions énergétiques ou de sécurité européenne. Grand fournisseur de gaz à l'Europe, elle détient grâce à lui des leviers stratégiques et diplomatiques sans rapport avec son poids dans le commerce mondial, ni son influence réelle sur la configuration des relations internationales.

De la même façon, un chapitre entier sur la Chine n'était pas necessaire. Présent partout dans le monde, l'empire du Milieu l'est aussi dans l'atlas : par sa demande d'énergie, son épidémie de sida, sa présence en Mongolie, en Afrique subsaharienne, au Soudan, dans les échanges commerciaux, dans la croissance mondiale et dans le calcul des inégalités.

Même chose enfin pour les États-Unis dont l'omniprésence dans le monde, dans l'OTAN, dans la recherche d'énergie comme dans la reconfiguration de régions entières en Asie centrale, en Afrique et plus encore au Moyen-Orient conduisait à retenir une approche transversale pour aborder ce pays essentiel.

Pour l'Europe, qui ferme ce deuxième atlas comme elle avait ouvert le premier, le constat est exactement inverse. C'est justement sa discrétion qui invitait à le faire. Discrétion dans les affaires du monde auxquelles elle contribue pourtant largement sur le plan commercial, financier, militaire ou humanitaire. Discrétion dans ses propres affaires, en particulier depuis l'échec en France et aux Pays-Bas du premier traité constitutionnel européen.

Finalement, des grands changements et des questions que souligne cet atlas et qui dessinent le nouveau visage du monde, on en retiendra trois :

– d'abord, le poids écrasant de la demande énergétique dans les reconfigurations géopolitiques et stratégiques mondiales, dans les relations internationales, dans les rapports de force diplomatiques. En Afrique, en Asie centrale, en Amérique latine, en Russie : partout, ce même jeu stratégique qui écarte le politique au nom de la sécurité énergétique ;

– ensuite, le recul parallèle de l'État et du politique à la faveur de la mondialisation, de la disparition des idéologies et de la multiplication des États. Un recul qui, ici et là, se fait au bénéfice de replis communautaire et clanique comme en Irak, identitaire et nationaliste comme dans les Balkans, politico-religieux comme le traduit le développement parallèle des mouvements islamistes et des Églises évangéliques ;

– enfin, l'hypothèque que fait peser sur notre avenir et celui de nos enfants le modèle de croissance qui est le nôtre et que le plus grand alarmisme climatique peine à ébranler : au Nord où le mode de vie l'emporte sur la santé du monde ; au Sud où le développement doit encore précéder le développement durable.

Mais cette vérité-là ne dérange pas encore.

Virginie Raisson

LES CHOCS DE LA MONDIALISATION

LES CHOCS DE LA MONDIALISATION

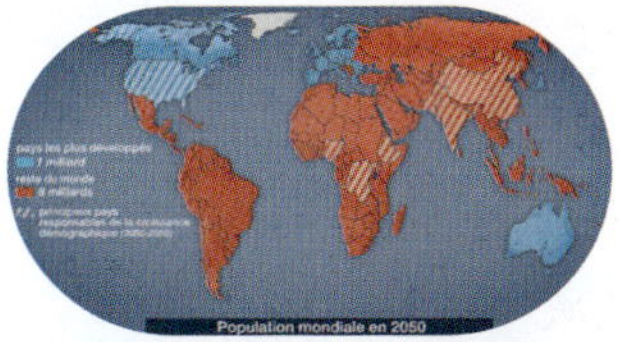
Population mondiale en 2050

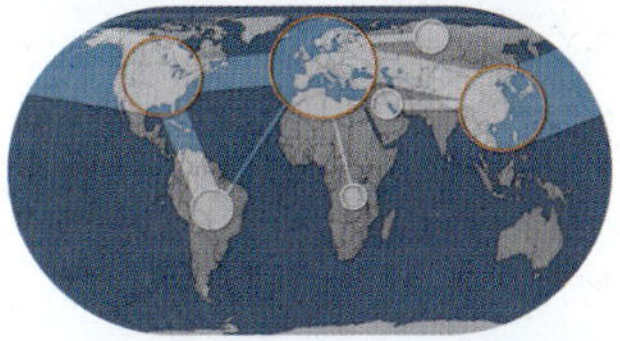

Migrations internationales

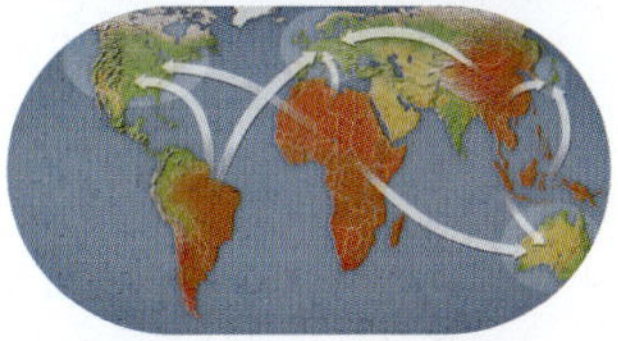

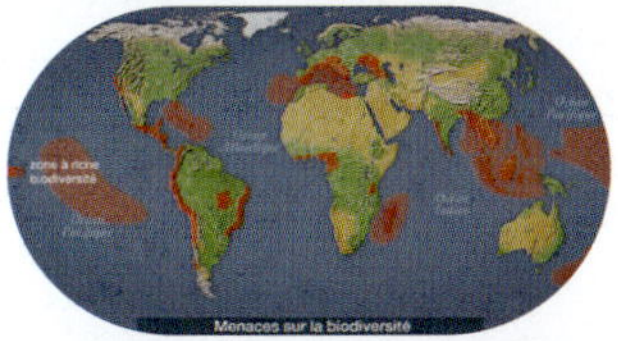
Menaces sur la biodiversité

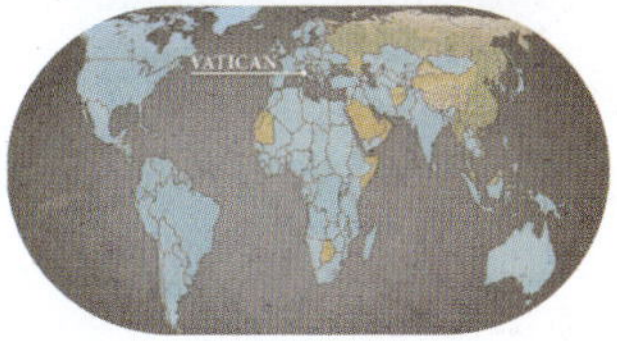
VATICAN

UN MONDE PLUS GRAND

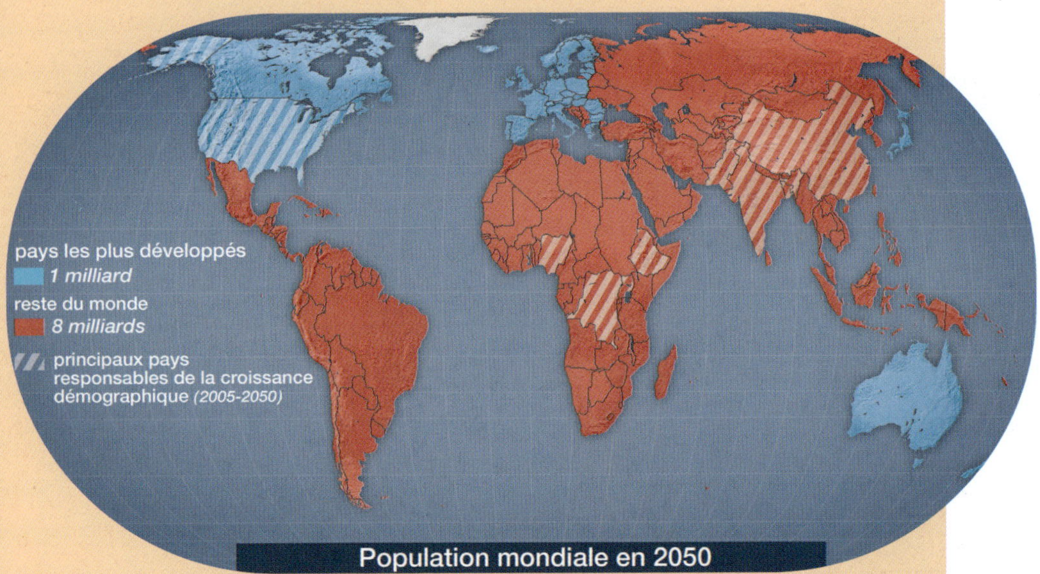

LE NOUVEAU PARTAGE DU MONDE

Si les projections démographiques actuelles se vérifient, le monde devrait compter 9,2 milliards d'habitants en 2050, dont l'inégale répartition représente un enjeu important tant sur le plan économique que migratoire :
– avec 1,2 milliard d'habitants, la population des pays les plus developpés selon l'ONU, reste stable sauf aux États-Unis où elle continue de progresser grâce à une immigration soutenue depuis les années 1960, et un taux de fécondité de deux enfants par femme en 2005, proche du seuil de renouvellement des générations (2,1) ;
– dans le reste du monde, la population devrait passer de 5 milliards d'habitants aujourd'hui à 8 milliards en 2050. Cette augmentation est imputable pour moitié à la RDC, à l'Ouganda, à l'Éthiopie, à la Chine, au Pakistan, au Nigeria, et au Bangladesh.

La mondialisation pourrait-elle redéfinir la puissance ? Quels critères doit-on désormais retenir ? Les forces armées et les capacités stratégiques ? Le territoire ? Le dynamisme démographique ? La capacité d'influence sur la scène internationale ? Ou faut-il plutôt privilégier la croissance économique, la cohésion sociale, l'indépendance énergétique et la solidité financière ? Bien qu'il n'existe pas de définition universelle de la puissance, il apparaît cependant que la Chine, l'Inde, le Brésil, l'Afrique du Sud mais aussi le nouvel ordre démographique mondial et les rapports de force qu'instaure la mondialisation pourraient bien contester l'ordre de puissance établi au XXe siècle. Un ordre de puissance que, par ailleurs, des institutions comme le Conseil de sécurité des Nations unies, l'OCDE ou le G8 semblent vouloir préserver.

VERS UN NOUVEL ORDRE DÉMOGRAPHIQUE MONDIAL ?

Progrès dans les domaines de l'hygiène, de l'alimentation, de l'éducation, de la médecine, mais aussi hausse du niveau de vie : voilà deux siècles déjà qu'à l'échelle mondiale la mortalité ne cesse de baisser et que l'espérance de vie, elle, continue d'augmenter. Ainsi, la population mondiale qui s'élevait à 1 milliard d'habitants en 1800, à 2 milliards en 1927 et à 3 milliards en 1960 atteint en 2007 le chiffre de 6,6 milliards, soit un doublement en un demi-siècle.

Du déséquilibre au rapport de force

Les études démographiques actuelles prévoient que la planète comptera 9,2 milliards d'habitants en 2050, puis que la population mondiale se stabilisera autour de 10 milliards d'hommes au début du siècle prochain.

Inégale d'une région à l'autre, cette croissance de la population mondiale bouleverse déjà sa répartition à la surface du globe puisque d'ici 2050, les pays riches ne devraient plus représenter que 14 % de la population mondiale. Ce déséquilibre démographique vient alors accentuer le fossé économique qui sépare les pays industrialisés des autres, et ainsi stimuler les flux migratoires que favorisent aussi la mondialisation et le décloisonnement du monde.

DE LA PUISSANCE DÉMOGRAPHIQUE

Quand on range les pays les plus peuplés au monde selon leur poids démographique entre 1980 et 2050, trois changements majeurs apparaissent :

– en 2030, l'Inde devient la première puissance démographique mondiale et passe alors devant la Chine qui, elle, voit sa population diminuer à partir de la même année ;

– à l'instar de la population russe qui baisse depuis 1992, celle du Japon commence à baisser en 2005 ;

– en 2050, parmi les pays de l'OCDE, seuls les États-Unis se maintiennent dans les dix pays les plus peuplés du monde. Et alors qu'en 1950 la population du Sud était deux fois supérieure à celle du Nord, elle lui sera plus de six fois supérieure un siècle plus tard.

	1980	2005	2030	2050
1	998 877	1 312 979	1 505 746	1 658 270
2	688 575	1 134 403	1 458 421	1 408 846
3	230 917	299 846	366 187	402 415
4	151 108	226 063	279 666	296 885
5	138 655	186 831	240 276	292 205
6	121 615	158 081	236 480	288 656
7	116 807	143 953	226 855	254 085
UE	458 127	490 421	496 078	479 464

LE DÉCLIN DÉMOGRAPHIQUE RUSSE

Depuis la fin de l'Union soviétique, près de 5 millions de personnes sont arrivées en Russie en provenance des nouveaux États indépendants (Ukraine, Asie centrale, Caucase, pays baltes). Cependant, sur la même période, 4,5 millions de personnes ont quitté le territoire russe, notamment vers l'Allemagne, Israël et les États-Unis. Comme à ces départs s'ajoutent la baisse du taux de fécondité (1,37 enfant par femme en 2005) et celle de l'espérance de vie (64 ans en 1990, 59 ans en 2005), la population russe devrait passer de 143 millions d'habitants en 2005 à 102 millions en 2050.

Révolutions démographiques

Au même moment, d'autres évolutions se manifestent localement et modifient encore la donne aux échelles nationales et régionales. Ainsi, le ralentissement de la natalité dans plusieurs régions du monde menace certains pays de voir leur population décroître.

Déjà, on assiste à la baisse de la natalité dans les pays qui enregistrent des progrès sensibles dans les domaines de l'alphabétisation et de la scolarisation des filles.

Dans d'autres régions, ce sont les évolutions politiques, économiques et sociales qui modifient les courbes démographiques. C'est le cas de la Russie où sous l'effet d'une chute de la fécondité, d'une hausse de la mortalité et d'un exode massif, la population diminue de 800 000 habitants chaque année.

Dans d'autres régions comme au Japon ou dans l'Union européenne, la baisse de la natalité et la hausse de l'espérance de vie conduisent surtout au vieillissement accéléré de la population. Un phénomène dont les États-Unis se sont préservés en menant une politique d'immigration volontariste qui leur permet ainsi de soutenir à la fois croissance démographique et dynamisme économique. Car on sait qu'en dehors de quelques micro-États et autres places financières, aucune croissance économique ne peut durablement surmonter un déclin démographique.

C'est d'ailleurs la question qui se pose en Afrique australe où à l'instar de la Première Guerre mondiale en Europe, l'épidémie de sida modifie radicalement la pyramide des âges de certains pays en hypothéquant durablement leur avenir.

Voir également UN MONDE MOINS ÉGAL pages 44 - 53 ; UN MONDE PLUS FRAGILE pages 70 - 81.

LES MOYENS DE LA PUISSANCE

Pour le philosophe Raymond Aron, la puissance correspond à « la capacité de faire, produire ou détruire ». Plus généralement, on entend la puissance d'un pays comme sa capacité de peser sur les autres acteurs, voire d'imposer sa volonté aux autres, grâce, notamment, à son poids économique et à sa capacité militaire.

	taux de croissance 2005		PIB / hab. en $ PPA 2005		IDH valeur et rang 2004		dette en % de PIB 2006	
CHINE	1	9,9 %	8	7 204	7	81ᵉ	2	24,40
INDE	2	8,3 %	6	3 344	9	126ᵉ	5	53,80
RUSSIE	3	6,4 %	6	11 041	5	65ᵉ	1	12,90
AF. DU SUD	4	4,9 %	5	12 160	8	121ᵉ	3	35,80
ÉTATS-UNIS	5	3,5 %	1	41 399	2	8ᵉ	6	64,70
JAPON	6	2,7 %	2	30 615	1	7ᵉ	9	158,00
BRÉSIL	7	2,3 %	7	8 584	6	69ᵉ	4	51,60
FRANCE	8	1,4 %	4	29 316	3	16ᵉ	7	66,20
ALLEMAGNE	9	0,9 %	3	30 579	4	21ᵉ	8	67,30

DE LA PUISSANCE ÉCONOMIQUE

Ce tableau où s'inscrivent quatre indicateurs économiques classiques pose la question des paramètres de la puissance puisqu'à chaque indicateur correspond un classement des pays différent.
Cependant, si aucun pays ne présente d'indicateurs parfaitement homogènes, il se dégage de ces quelques chiffres que :
— les États-Unis ont la meilleure « moyenne » et l'Inde la plus mauvaise ;
— en dehors de la Russie, les pays ayant l'indice de développement humain (IDH) le plus élevé ont les taux de croissance les plus faibles ; et vice versa ;
— en dehors de la Russie, les pays reconnus aujourd'hui comme grandes puissances (G8) présentent tous des PIB par habitant nettement plus élevés que ceux des pays dits « émergents », Chine comprise.

DE LA PUISSANCE MILITAIRE

Ce tableau, qui évoque la capacité militaire de quelques puissances mondiales à partir de trois indicateurs, soulève la question de la proportionnalité des efforts militaires et de la puissance. On y relève notamment :
– la disproportion des dépenses militaires américaines qui, en volume et dans le PIB sont les plus élevées. Une démesure qui amène certains observateurs à parler de l'« hyperpuissance » américaine pour la distinguer des autres grandes puissances mondiales ;
– la démesure du personnel des forces armées de la Chine, qu'il faut toutefois ramener à la taille de sa population ;
– la part assez faible aussi bien en valeur qu'en effort budgétaire que le Brésil et l'Afrique du Sud consentent à leur force militaire ;
– les volumes comparables des capacités militaires de la Russie et de l'Inde, alors que les deux pays ont sur ce point des héritages fort différents.

	dépense militaire 2005 (en millions $)	dépense en % du PIB 2004	personnel des forces armées 2004
ÉTATS-UNIS	478 177	4,0 %	1 473 000
ROY.-UNI	48 305	2,8 %	205 000
FRANCE	46 150	2,6 %	358 000
CHINE	41 000	2,4 %	3 755 000
ALLEMAGNE	33 187	1,4 %	264 000
RUSSIE	21 000	3,9 %	1 452 000
INDE	20 443	3,0 %	2 617 000
BRÉSIL	8 687	1,5 %	687 000
AF. DU SUD	2 741	1,4 %	55 000

L'EFFET CROISSANCE

Parmi les principaux facteurs de croissance et de développement chinois, les investissements étrangers occupent une place centrale. Ainsi, dans les provinces côtières, les investissements étrangers permettent le développement des activités économiques qui, à leur tour, modifient et peuplent les villes chinoises. À partir de 1980, les Chinois vont de l'intérieur vers les côtes, de la campagne vers les villes, de la terre vers l'industrie et les services. C'est ainsi qu'en moins de vingt ans, la Chine passe d'une population rurale agricole à une population de plus en plus urbaine.

Parallèlement, la multiplication des zones économiques spéciales, des zones franches, et la mise en place d'une fiscalité avantageuse sous-tendent à la fois l'amélioration du niveau de vie des Chinois et l'entrée du pays dans la mondialisation. La Chine devient alors un partenaire économique convoité, dont les taux de croissance – toujours supérieurs à 6 % et souvent proches de 10 % – traduisent l'essor accéléré.

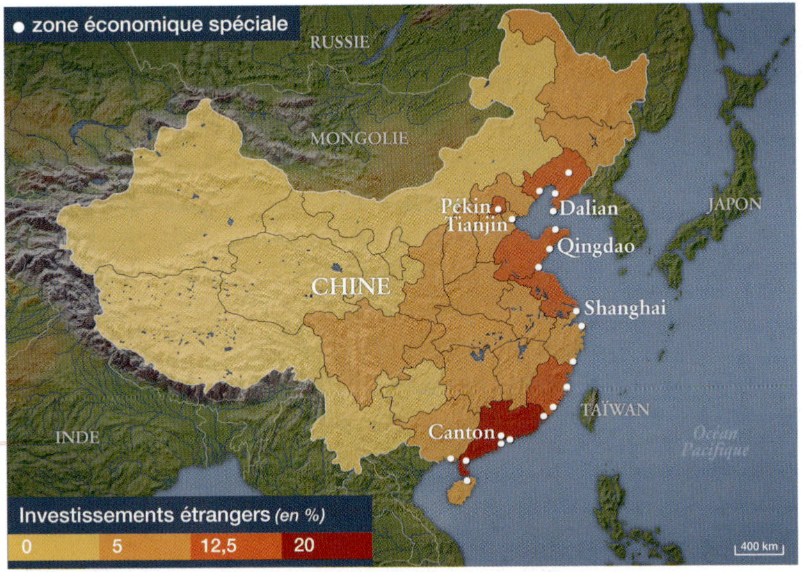

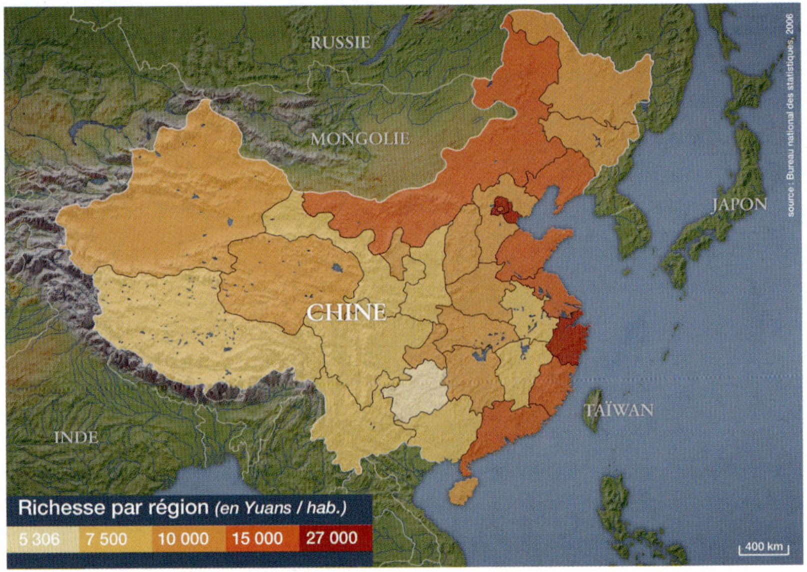

CHINE, L'ÉMERGENTE PUISSANCE

Sur le plan démographique comme sur bien d'autres, la Chine paraît disproportionnée à l'échelle du globe et de son organisation : par la taille de son territoire ou de ses forces armées, par la constance de ses taux de croissance record (10,4 % en 2006), par l'immensité de son marché intérieur. « Émergente » depuis qu'elle a entamé ses réformes économiques au tournant des années 1970-1980, la Chine serait-elle à présent une puissance « éveillée » ?

Quand la Chine s'éveille

C'est par les investissements directs mondiaux dont la Chine est aujourd'hui le premier destinataire que tout commence ou presque. Ce sont eux en effet qui permettent au pays à la fois de décentraliser et de restructurer son économie. Depuis, on ne compte plus les symptômes de « l'éveil » annoncé des Chinois : urbanisation, diffusion des nouvelles technologies, excédent commercial record, tourisme à l'étranger, entrée à l'OMC... La Chine représente aujourd'hui le partenaire commercial le plus privilégié mais aussi le plus redouté des puissances occidentales.
À son tour, elle devient un acteur financier important : en plus de posséder la première réserve de change au monde devant le Japon, elle est aussi le deuxième plus gros détenteur mondial de bons du trésor américain derrière le Japon. Elle est aussi un investisseur étranger de premier plan comme en Afrique et en Amérique du Sud où elle se concentre sur les pays dont les matières premières peuvent alimenter sa croissance.
Enfin, s'il représente le meilleur joueur de la mondialisation grâce à la libre concurrence qu'elle généralise, le pays est aussi en train de devenir le premier pollueur mondial derrière les États-Unis. Une équation qui soulève de nouveau le problème des exemptions accordées à certains pays dans le protocole de Kyoto au titre des efforts qu'ils doivent consacrer à leur « émergence » Car à peine éveillée, la Chine est passée en 2006 au rang de quatrième puissance économique mondiale, derrière les États-Unis, le Japon et l'Allemagne !

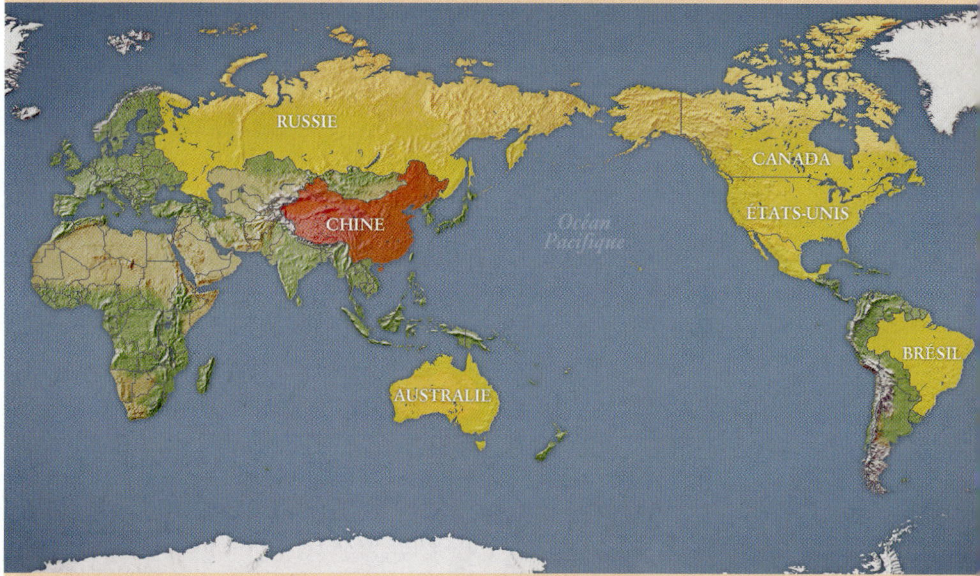

CHINE : 38 % DE LA POPULATION MONDIALE (1850)
15 % DE LA POPULATION MONDIALE (2050)

Avec 9,5 millions de kilomètres carrés, la Chine constitue l'un des plus vastes pays au monde avec la Russie, le Canada, les États-Unis, le Brésil et l'Australie. Avec une population de 1,31 milliard d'habitants en 2006, elle est aussi le plus peuplé. À elle seule, elle compte pour 20 % de la population mondiale... c'est-à-dire beaucoup moins qu'en 1850 quand elle en représentait encore 38 %, mais beaucoup plus qu'en 2050 quand elle n'en constituera plus que 15 %.

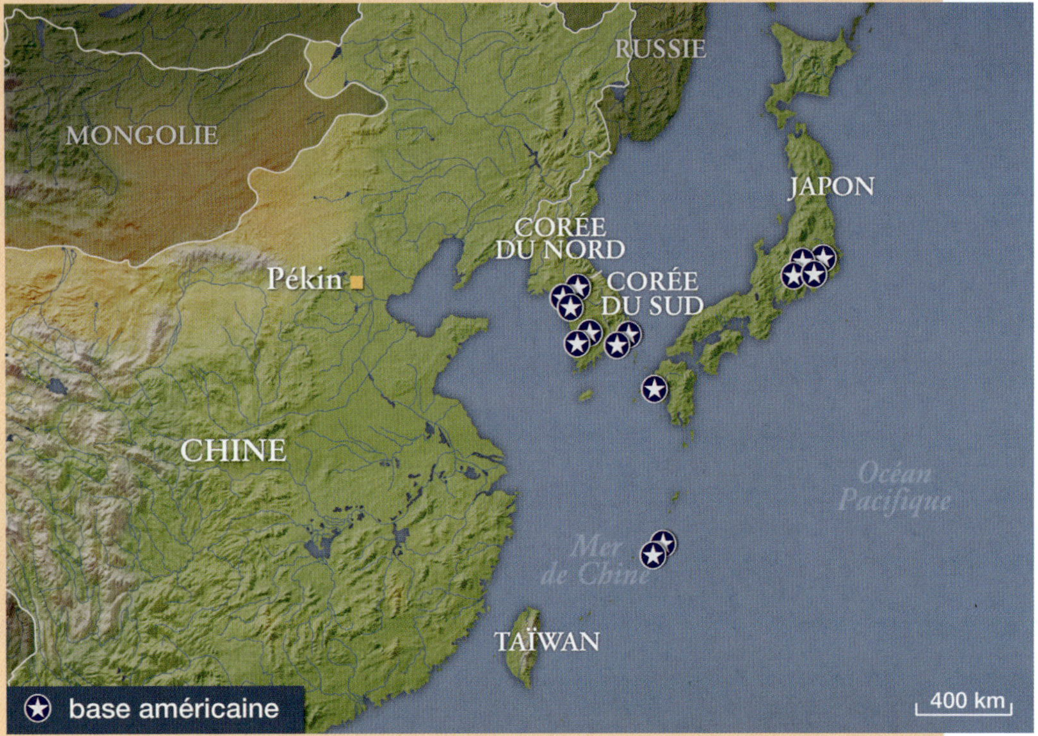

LES AMBITIONS CORÉENNES FACE À LA CONTENSION CHINOISE

Principal partenaire économique de la Corée du Nord, la Chine est également un acteur majeur de la politique mise en œuvre pour contenir l'État rebelle. En se plaçant comme un interlocuteur diplomatique incontournable, Pékin essaie d'abord d'empêcher le déploiement d'armes nucléaires par le régime de Pyongyang afin de prévenir une escalade militaire entre les pays de la région, qui entrainerait une nucléarisation de la Corée du Sud, du Japon et de Taïwan.
Ensuite, la perspective d'un conflit ou même d'une réunification des deux Corée fait peser sur la Chine le risque de voir affluer en très grand nombre des réfugiés qu'elle ne veut pas prendre en charge. D'ailleurs, il s'agit aussi pour le régime chinois d'éviter la réunification de la péninsule, ce qui écarte l'hypothèse d'un redéploiement des forces militaires américaines, vers le nord de la péninsule, c'est-à-dire aux frontières de la Chine.

Les avatars de l'émergence chinoise

Première de la classe au regard de son adaptabilité technologique et de sa réactivité économique, la Chine et surtout son gouvernement devront cependant encore lever plusieurs hypothèques qui pèsent sur le pays, car elles pourraient fragiliser à la fois sa croissance et la stabilité de son régime.
La première d'entre elles est sans doute de savoir réconcilier les différentes Chine entre elles – Chine de l'Ouest, Chine centrale, Chine cotière – car la prospérité et le développement du pays sont aujourd'hui aussi mal distribués que sa population.
À ces fractures intérieures se superposent d'autres déséquilibres que l'absence presque totale de système de redistribution ne permet pas de corriger. Or même si leur nombre diminue chaque année, le pays compte encore 135 millions de personnes qui vivent en dessous du seuil de pauvreté, soit 10 % de la population chinoise. Dans un pays où les couvertures sociales ne concernent encore qu'une petite minorité de personnes, la flambée épidémique de sida et de tuberculose tout comme le vieillissement et la baisse de la population laissent dès lors présager une difficulté majeure pour la prise en charge des personnes dépendantes.
Parallèlement, le licenciement annoncé de millions de Chinois consécutifs à la fermeture d'usines nationales déficitaires fait redouter des mouvements sociaux critiques. Enfin, parmi les autres fragilités émergentes de la puissance chinoise figure la croissance de ses besoins en matières premières et en ressources énergétiques. Car au-delà du problème des prix et de disponibilité, elle place la Chine pour la première fois de son histoire en position de dépendance extérieure.

Une puissance encore fragile

Si l'on s'en tient aux indicateurs démographiques, militaires et surtout économiques, il est désormais très difficile de continuer à classer la Chine comme un pays émergent tant sa puissance semble globalement démontrée. Déjà membre permanent du Conseil de sécurité, interlocuteur central sur des dossiers aussi sensibles que la Corée du Nord ou le Darfour, la Chine est devenue grâce à la mondialisation une puissance à part entière. Cependant elle n'est pas une démocratie. C'est la raison pour laquelle ses fractures sociales représentent une menace pour le régime. La question que Pékin pourrait donc enfin se poser est de savoir si un régime politiquement sclérosé peut devenir et surtout rester une « grande puissance » ? Car pour cela, l'organisation des jeux Olympiques en 2008 n'y suffira pas.

Voir également UN MONDE MOINS ÉGAL pages 44-53 ; ÉNERGIES ET DÉPENDANCES pages 104-117 ; L'AFRIQUE DE NOUVEAU CONVOITÉE pages 132-145.

PÉNURIE DE FEMMES

Chaque année à partir de 2010, plus d'un million de Chinois ne pourront pas se marier faute de femmes à épouser ! Loin d'être naturelle, cette pénurie répercute en même temps :

– les effets de la politique de l'enfant unique que la Chine lançait en 1979 ;

– les pratiques sociales sélectives des deux pays les plus peuplés au monde, l'Inde et la Chine.

Considérées comme une sorte « d'investissement à perte », les filles y sont ainsi l'objet d'une surmortalité accentuée par suite d'avortements sélectifs ou par mauvais traitements. Or de cette surmortalité naît aujourd'hui un grave problème démographique car moins de filles, c'est moins de femmes, et donc moins de mariages, et donc aussi moins d'enfants et encore moins de filles, etc. Au-delà du problème démographique se pose également le problème humain car le déficit de filles contribue à son tour à la « marchandisation » des femmes, que ce soit par le système de la dot ou par le développement de réseaux de migrations pour faire venir des femmes des pays voisins.

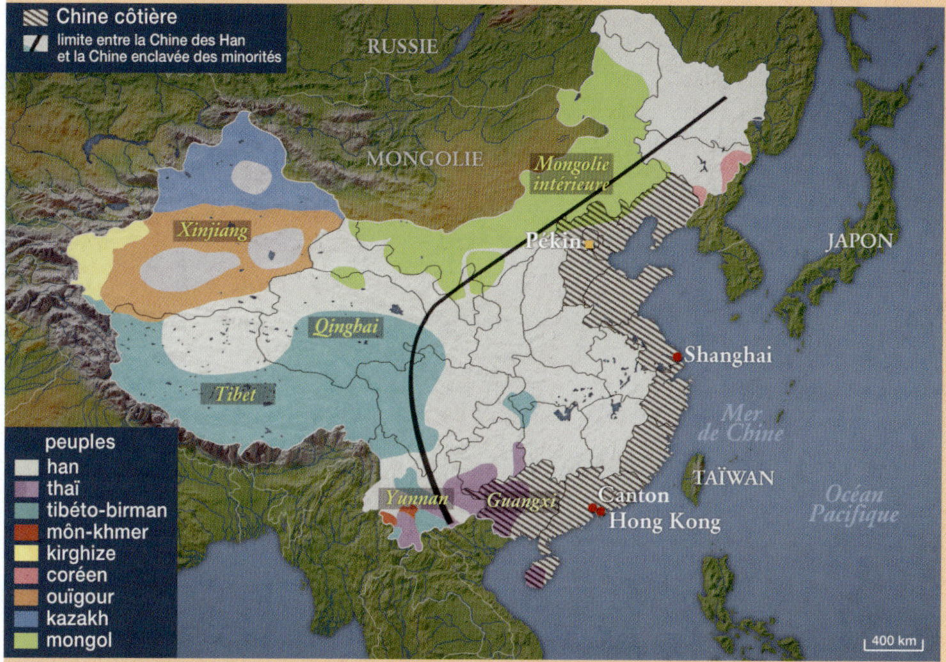

LES TROIS CHINE

Bien que les Chinois s'avancent comme une nation homogène, leur pays n'en est pas moins traversé de plusieurs fractures qui pourraient fragiliser la paix sociale chinoise :

– fracture avec Taïwan, dont à ce jour le rattachement au continent demeure politiquement hypothétique ;

– fracture entre une Chine côtière très développée, connectée, densément peuplée, dont le niveau de vie l'apparente aux pays les plus industrialisés, et une Chine intérieure, en développement, plus rurale et surtout beaucoup moins riche ;

– fracture entre la Chine et ses confins enclavés, les provinces de l'ouest ; c'est-à-dire entre la Chine des Han et celle des minorités dont les cultures et les modes de vie se trouvent forcés par l'exercice imposé d'un développement et d'un aménagement très sinisant.

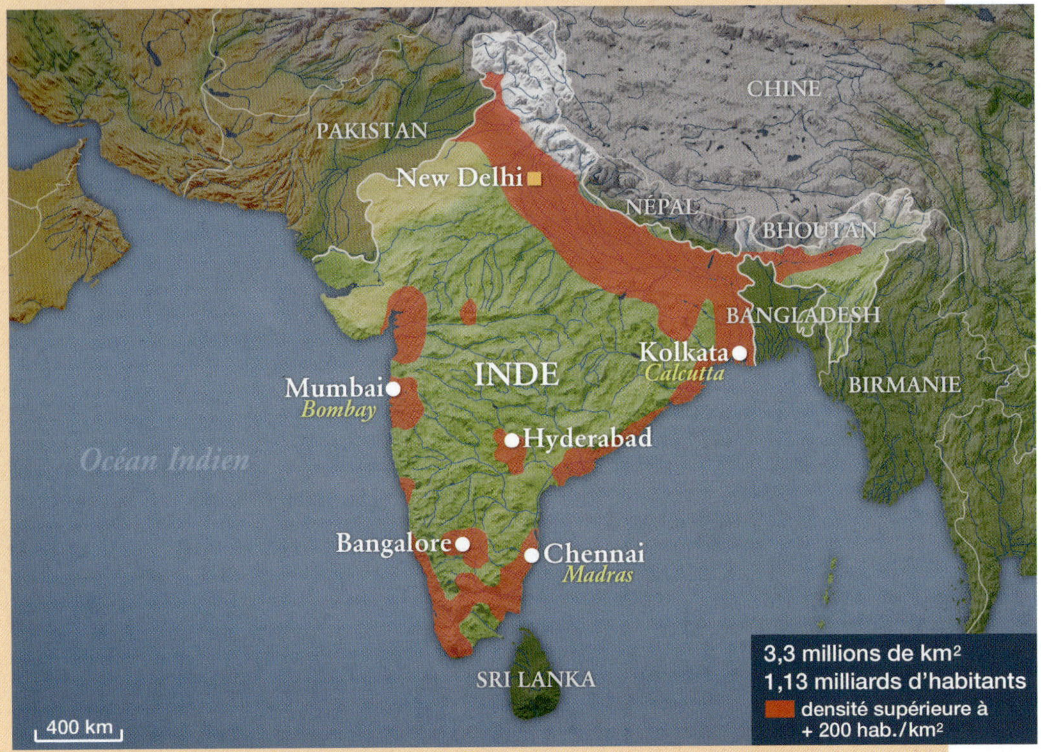

L'INDE, PUISSANCE AGRICOLE

Avec 1 134 403 habitants en 2005, l'Inde est provisoirement le deuxième pays le plus peuplé au monde, juste après la Chine qu'elle dépassera en 2030. Déjà, la densité de population y est trois fois plus forte. Avec une population concentrée pour plus de la moitié dans les zones fertiles de la plaine du Gange et le long des côtes, cette concentration inscrit sur la carte le poids de l'agriculture dans l'économie indienne (28 % du PIB en 2006).

Grâce à l'introduction de semences à haut rendement et à l'abondance de main-d'œuvre (58 % de la population active en 2004), l'Inde constitue désormais une véritable puissance agricole. En accédant à l'autosuffisance alimentaire malgré une croissance démographique soutenue (2,7 enfants par femme en 2006), elle a évité toutes les disettes que lui pronostiquaient les démographes les plus sérieux à la fin des années 1960.

INDE, LA « PRESQUE » PUISSANCE

Au regard de sa population (plus d'un milliard d'habitants), de son territoire (3,3 millions de kilomètres carrés), de son taux de croissance (8,3 % en 2005), de ses forces armées pléthoriques mais aussi de sa tradition démocratique et de sa stabilité politique, l'Inde présente à son tour une candidature sérieuse au rang de puissance mondiale. Détentrice de l'arme nucléaire depuis plus de trente ans, elle se situe même en pointe dans des domaines aussi compétitifs que l'électronique et le textile, aussi complexes que la pharmacie ou la construction de satellite. La question alors est de savoir s'il suffit d'avoir une ambition de puissance et les moyens de la puissance pour fabriquer une réalité de puissance.

Une croissance dépendante

Sur le plan économique, l'Inde conjugue performances et fragilités.

– Performances d'une économie fondée sur la connaissance et qui se trouve en pointe dans de nombreux secteurs industriels et technologiques (informatique) ;

– Performances stratégiques d'un capitalisme actif en Inde comme à l'étranger, où les entreprises indiennes effectuent de nombreux rachats dans l'industrie et les services ;

– Performances agricoles d'une production tournée vers le sucre, l'arachide, le blé, le riz, le coton.

Compétitive sur de multiples plans comme les salaires ou la formation des cadres, l'Inde séduit de plus en plus les investisseurs étrangers comme les acheteurs. Cependant, la réussite des hommes d'affaires du sous-continent ne suffit pas à dissimuler les fragilités de l'économie indienne. Déjà, l'ampleur de la dette publique du pays et de son déficit commercial sont à la mesure de ses performances. Surtout, ils soulignent ensemble la dépendance de l'Inde vis-à-vis du marché international pour ses matières premières et énergétiques. Avec des gisements de pétrole offshore mais aussi en Assam et dans le Gujerat qui ne couvrent que 30 % de ses besoins en pétrole, la croissance indienne pourrait en effet fort bien se trouver entravée si la montée du prix des matières premières se poursuivait durablement.

Un voisinage complexe

Sur le plan international, l'heure est à la normalisation des relations de l'Inde avec ses voisins sans laquelle le pays ne pourrait asseoir sa position de puissance.

– Normalisation avec le Pakistan d'abord, même si jusqu'à présent, le processus de paix au Cachemire engagé par les deux pays en 2004 sous la pression des États-Unis progresse lentement. À terme, il pourrait permettre à l'Inde de construire le gazoduc nécessaire à ses importations énergétiques venant d'Iran et du Turkménistan ;

– Normalisation avec la Chine pour passer d'une logique de confrontation à une politique de coopération autour d'intérêts communs : intérêts commerciaux avec la croissance de leurs échanges mutuels ; réouverture de la route qui relie les deux pays par le Sikkim ; enfin intérêts militaires avec la conduite d'exercices navals conjoints.

En attendant les dividendes de la croissance

Comme en Chine, c'est sur le plan intérieur et social que réside le plus grand handicap à la puissance de l'Inde. Déjà, au-delà de la diversité culturelle et surtout religieuse qui perturbe régulièrement la stabilité de certaines régions, on constate que le PIB par habitant de l'Inde classe le pays loin derrière la Chine, mais aussi de pays émergents comme le Brésil et l'Afrique du Sud. À son tour, la médiocrité de l'indice de développement humain indien (126e sur 177) résume à elle seule à la fois le poids énorme de la pauvreté dans le pays, celui de la morbidité (sida, tuberculose, diabète) et celui de l'analphabétisme. Or, comme l'ont déjà éclairé la Corée du Sud ou Taïwan, c'est aussi dans les écoles qu'on fabrique la puissance. Autrement dit, en attendant que les dividendes de la croissance contribuent à faire reculer la pauvreté comme on l'observe aujourd'hui en Chine, l'Inde devra encore se contenter de la position d'une « presque grande puissance ».

Voir également *Atlas du Dessous des Cartes* 2005, pages 116-119.

L'INDE, PUISSANCE TECHNOLOGIQUE

C'est en s'appuyant sur le tissu industriel et de services hérité de l'époque coloniale autour des villes de Mumbai (Bombay), Kolkata (Calcutta), Chennai (Madras) et New Delhi que l'Inde est parvenue à devenir un pays de hautes technologies.

Grâce à la conjugaison de salaires peu élevés et d'un enseignement supérieur de qualité, l'Inde a pu développer une industrie performante aussi bien dans le domaine des logiciels et de la sous-traitance informatiques, à Hyderabad et à Bangalore, que dans le secteur de la pharmacie, des biotechnologies ou des télécoms. Désormais, l'Inde est même le premier exportateur mondial de médicaments génériques.

UN DRAPEAU COMME UNE PROMESSE

Véritable emblème de sa richesse, de sa diversité et de l'ambition qu'elles permettent, le drapeau du Brésil raconte à la fois l'histoire du pays et son devenir. On y voit notamment :

– un fond vert pour évoquer la forêt amazonienne ;

– un losange jaune pour représenter un diamant et ainsi symboliser les abondantes ressources minières du pays ;

– une sphère bleue où, avec le district fédéral de la capitale Brasília, chacun des vingt-six États de la fédération brésilienne figure sous la forme d'une étoile. Ces étoiles sont celles du ciel de Rio le 15 novembre 1889, jour de l'instauration de la République. Parmi elles, on repère même la constellation de la Croix du Sud, symbole du christianisme très vivant de ce pays, dont le nombre de fidèles le désigne comme la nouvelle fille aînée de l'Église ;

– au centre du drapeau, *Ordre et Progrès*, la devise nationale tirée du positivisme d'Auguste Comte, dont la philosophie, très populaire au Brésil dans les années 1860-1870, a sans doute aidé à y abolir l'esclavage en 1888 ;

– quant au nom du pays, il tient ses origines de l'une de ses principales ressources puisque *pau brasil* en portugais signifie « bois de braise », comme celui qu'on utilisait jadis pour la teinture.

BRÉSIL, LA PROMESSE DE LA PUISSANCE

Comme Stefan Zweig l'écrivait déjà en 1941 dans son ouvrage *Le Brésil, terre d'avenir*, le pays se présente d'emblée comme une immense promesse.

– La promesse d'un territoire très riche en ressources minières, agricoles et forestières et qui s'étend sur 8,5 millions de kilomètres carrés, dont 40 % sont recouverts par la forêt amazonienne ;

– La promesse d'une population de 187 millions d'habitants (2005), plutôt jeune, en croissance constante et qui fait du Brésil le cinquième pays le plus peuplé au monde ;

– La promesse d'une identité propre, fruit d'un métissage culturel complexe entre les Indiens du continent, les descendants de colons portugais et surtout les esclaves venus d'Afrique à partir du XVIe siècle (la moitié de la population) ;

– La promesse politique d'un pays démocratique enfin, organisé en une fédération de vingt-six États – plus Brasilia – et dont le président Luiz Inácio Lula da Silva, dit Lula, incarne lui-même la réussite.

Premier pays catholique au monde, première puissance économique d'Amérique du Sud, et premier dans bien d'autres domaines encore, le Brésil tiendrait-il enfin sa promesse ?

« Ordre et progrès » ?

Sur le plan international, le poids du Brésil ne cesse de croître :

– à l'échelle régionale, le Brésil se pose en contrepoids aux États-Unis. C'est pourquoi il privilégie très nettement le développement du Mercosur (Marché commun sud-américain qui rassemble le Brésil, l'Uruguay, l'Argentine, le Paraguay et le Venezuela) à celui de la ZLEA, Zone de libre-échange des Amériques, que proposent les États-Unis mais dont les négociations sont aujourd'hui au point mort ;

– doté d'une vision critique sur la mondialisation et le libéralisme commercial qu'elle impose au sein de l'OMC, le Brésil fait également front à l'échelle mondiale. Forum social à Porto Alegre, cofondation du G3 avec l'Inde et l'Afrique du Sud : la diplomatie brésilienne travaille sans relâche à la promotion des liens et des échanges Sud-Sud. De fait, la Chine devient le troisième partenaire commercial du Brésil en 2003, poussant les deux pays à coopérer aussi bien sur le plan politique qu'au niveau technologique. Dans le même esprit, le Brésil investit aujourd'hui massivement dans les biocarburants et dans les OGM, dont il partage les technologies avec les pays en développement.

Également motivé par les origines historiques de sa population mais aussi par les ressources de plusieurs États africains, le Brésil s'avance donc désormais en acteur du développement, notamment dans des pays lusophones comme l'Angola et le Mozambique.

Diplomatiquement opportuniste et habile, actif et visible sur de nombreux plans économiques, fort de sa position prépondérante sur le continent et de ses liens privilégiés avec l'Afrique, le Brésil ne cache plus son ambition d'obtenir, lui aussi, un siège permanent au Conseil de sécurité des Nations unies.

Une promesse qui reste à tenir

Cependant, à l'instar de l'Afrique du Sud, l'inscription durable du Brésil au rang de puissance mondiale reste encore suspendue à la levée de plusieurs handicaps, comme par exemple un aménagement à la fois plus efficace et plus respectueux de son territoire ; la correction des déséquilibres économiques entre les différentes régions ; la réforme du système fiscal et de sa répartition entre Brasilia, les États et les municipalités ; l'instauration d'un environnement des affaires conforme aux exigences internationales ; et enfin la réduction structurelle de la pauvreté.

Car avec un niveau de redistribution de la croissance très faible, un indice de développement humain moyen et un écart de revenus entre les plus riches et les plus pauvres record, le Brésil ne dispose pas sur le plan intérieur de tous les outils nécessaires pour soutenir durablement sa croissance et ainsi tenir sa promesse de puissance.

Voir également *Atlas du Dessous des Cartes* 2005, pages 66-69.

UNE POPULATION MAL RÉPARTIE

Territoire, ressources, démographie : les atouts du Brésil pour devenir une puissance de premier rang sont nombreux. Cependant, ses handicaps ne sont pas moindres. Car à la cohésion de la nation brésilienne ne répondent ni celle de son territoire, ni celle du développement au sein du pays.
Sur le plan du développement économique, le pays se trouve divisé en cinq grandes régions de prospérité très inégale avec un Sud où se concentre l'essentiel de la production industrielle et un Nordeste où 1 % des propriétaires terriens détiennent 45 % des terres.
Sur le plan de l'aménagement, le volontarisme gouvernemental pour aménager l'ensemble du territoire et construire des villes à l'intérieur du pays ne parvient pas à redistribuer la population qui vit pour l'essentiel sur le littoral.
Sur le plan social enfin, la société brésilienne ne parvient pas non plus à redistribuer sa croissance avec un tiers des Brésiliens qui vivent avec moins de deux dollars pour vivre par jour tandis que 10 % des Brésiliens concentrent 40 % des revenus.

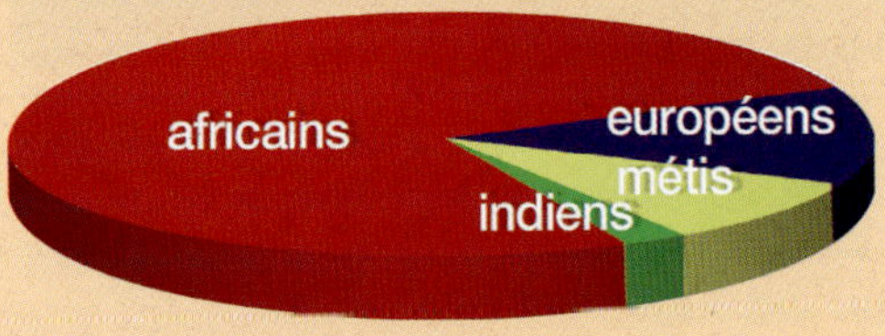

LA NATION « ARC-EN-CIEL »

Étendue sur 1,2 million de kilomètres carrés, l'Afrique du Sud compte trois capitales : Pretoria, la capitale administrative, Le Cap, où siège le Parlement, et Bloemfontein, la capitale judiciaire. On recense 44,2 millions d'habitants : 75 % sont d'origine africaine (Zoulous, Xhosa, Sotho, Tswana, Tsonga...), 14 % sont d'ascendance européenne (Anglais, Portugais et surtout Afrikaners, ces descendants des Hollandais arrivés au XVIIe siècle), 8,6 % sont métis, 2,4 % sont asiatiques (Indiens en majorité). Jusqu'en 1991, ces populations devaient vivre totalement séparées, conformément aux lois de l'apartheid, la politique de développement séparé mise en place par le pouvoir blanc en 1948.

AFRIQUE DU SUD, LA TENTATION DE LA PUISSANCE

Alors que la Chine et bientôt l'Inde et le Brésil rejoignent le banc des puissances internationales, l'Afrique du Sud montre à son tour l'ambition de s'en approcher. Déjà, son PIB représente 25 % des richesses produites en Afrique tandis qu'elle concentre 40 % de sa production industrielle. Première puissance économique et première puissance financière du continent, l'Afrique du Sud aurait-t-elle les moyens de devenir une puissance tout court ?

Du dynamisme économique

Maintenue au ban des nations tant que durait le régime de l'apartheid, l'Afrique du Sud sort de son isolement en 1994 après les premières élections multiraciales du pays qui marquent l'avènement de la démocratie. Doté tout à la fois d'une agriculture diversifiée, de ressources minières importantes, d'un tissu industriel solide (textile, électronique, électroménager, automobile) et d'un secteur de services dynamique, le pays se place aujourd'hui comme un géant économique et politique, du moins à l'échelle de l'Afrique. Également premier investisseur sur le continent, il s'intéresse non seulement au secteur minier mais aussi à celui des télécommunications.

C'est avant tout avec ses voisins que l'Afrique du Sud entretient des relations économiques et commerciales privilégiées :

– avec ses voisins directs d'abord comme la Namibie, le Botswana et les États enclavés du Lesotho et du Swaziland. Dans ces pays, ce sont des capitaux sud-africains qui contrôlent les mines : celles de diamant et d'uranium en Namibie par exemple, ou celles de diamant au Botswana, le deuxième producteur mondial. Plus globalement, ce sont des pans entiers de leurs économies qui sont tenus par des

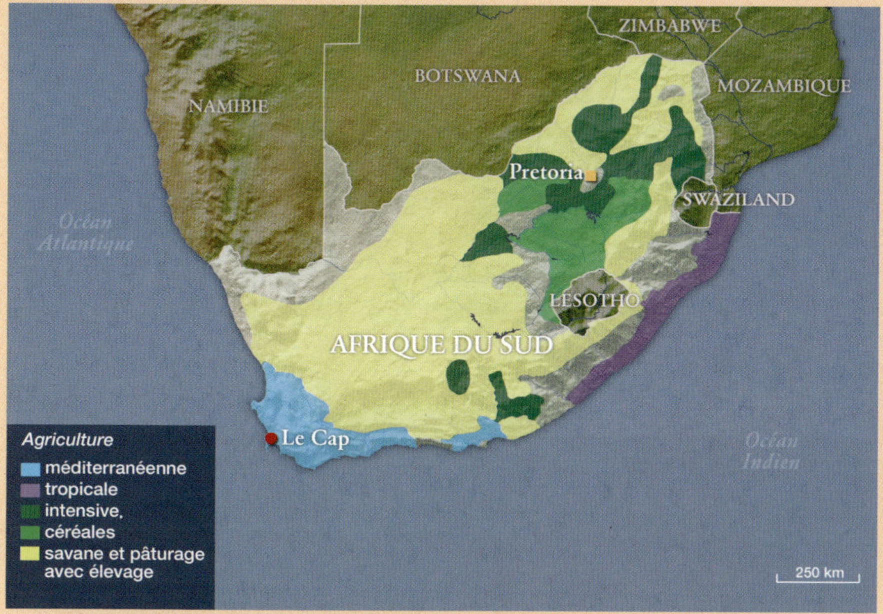

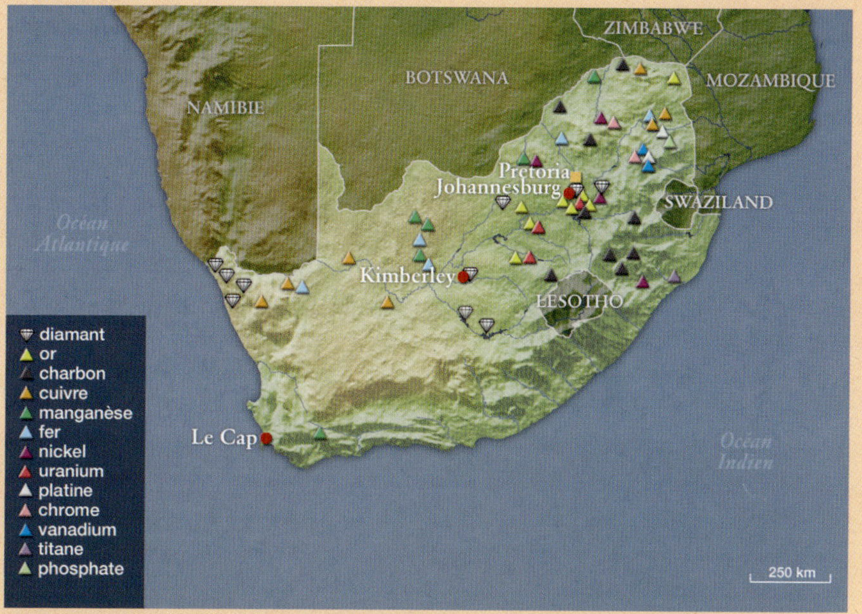

UNE GÉOGRAPHIE CLÉMENTE

À la grande diversité du climat en Afrique du Sud répond celle de son agriculture, particulièrement diversifiée :
— dans la région du Cap, le climat méditerranéen permet la culture du blé, de la vigne, des agrumes, des légumes et des fruits ;
— sur les côtes du Natal au climat tropical, on cultive des bananes, des avocats, des ananas, des mangues et de la canne à sucre ;
— à l'intérieur des terres, c'est l'agriculture intensive de légumes et de céréales (maïs, blé, fourrage) qui domine ;
— dans les régions semi-arides des hauts plateaux du Veld enfin, l'élevage d'ovins et de bovins est prédominant.
À son tour, la situation géographique du pays dans l'hémisphère Sud lui permet de profiter de l'inversion des saisons par rapport aux marchés européens et américains, et d'être ainsi le troisième exportateur de fruits au monde.

LA MANNE MINIÈRE

Premier producteur au monde d'or, de platine, de chrome, l'Afrique du Sud est aussi le deuxième producteur de manganèse et de titane, le cinquième de charbon et de diamants. Véritable manne économique pour le pays, ces ressources ont permis de fonder plusieurs multinationales comme l'Anglo-American pour l'or et le cuivre, ou la De Beers pour les diamants. À leur tour, ces grandes entreprises ont contribué au développement industriel du pays dans tous les secteurs : sidérurgie, chimie, mais aussi textile, agroalimentaire ou électronique.

LA COMMUNAUTÉ POUR LE DÉVELOPPEMENT DE L'AFRIQUE AUSTRALE (SADC)

Initialement créée en 1980 par neuf États d'Afrique australe qui cherchaient à réduire leur dépendance économique vis à vis de l'Afrique du Sud ségrégationniste, la SADC, organe de coopération économique régionale, compte quatorze États membres en 2007, parmi lesquels l'Afrique du Sud depuis 1994. Ainsi, l'organisation régionale représente désormais quelques 200 millions d'habitants sur 7 millions de kilomètres carrés. Malgré le déséquilibre qu'introduit le poids économique de l'Afrique du Sud au sein de la SADC, sa présence dans l'organisation y constitue aussi une carte maîtresse pour le désenclavement des pays de la région. Ainsi, 85 % du commerce extérieur du Zimbabwe et du Botswana transitent par l'Afrique du Sud, ainsi que la moitié des exportations de minerais de la République démocratique du Congo. Pour leurs échanges, les partenaires régionaux de l'Afrique du Sud bénéficient en effet de la qualité des infrastructures sud-africaines, notamment de son réseau ferroviaire et routier qui débouche sur ses sept ports dont le trafic total équivaut à celui de Singapour, premier port au monde. L'Afrique du Sud est située sur une des routes maritimes les plus fréquentées au monde, qui relie l'Asie-Pacifique à l'Europe et l'Amérique.

fonds et des investissements d'Afrique du Sud, dont ils dépendent par ailleurs dans de multiples secteurs : approvisionnement en produits alimentaires, en produits manufacturés, ou sur le plan monétaire puisque les monnaies respectives des quatre États sont indexées sur le rand, la devise sud-africaine. À la fois très dépendants et très intégrés à l'économie de l'Afrique du Sud, ces quatre pays forment avec elle depuis 1969 l'Union douanière d'Afrique australe, la SACU (Southern African Customs Union) ;

– avec ses voisins du nord-est, le Zimbabwe et le Mozambique, les relations sont plus récentes mais non moins intenses. Car elles s'inscrivent dans le cadre de la Communauté de développement de l'Afrique australe, la SADC, dont les objectifs sont l'intégration économique et la coopération dans les domaines de la santé, de l'éducation et de la gestion des ressources en eau. Cependant, si l'adhésion de Pretoria à la SADC en 1994 donne du crédit politique à l'organisation, la domination économique sud-africaine y introduit aussitôt un facteur de déséquilibre. Ainsi, alors que la SADC permet à l'Afrique du Sud d'augmenter ses exportations de biens manufacturés et notamment alimentaires, celle-ci s'approvisionne très peu chez ses partenaires. En fait, ce que ce rapport inégal souligne, c'est que justement les intérêts économiques sud-africains ne s'inscrivent pas seulement en Afrique. C'est ce qu'illustre entre autre l'accord de libre-échange conclu avec l'Union européenne en 1999.

De l'audace politique et diplomatique

C'est au dynamisme de sa politique internationale qu'on mesure l'ambition de puissance sud-africaine. Dès la fin de l'apartheid au milieu des années 1990, le président Nelson Mandela s'emploie à réinsérer son pays au sein de la communauté internationale, c'est-à-dire à l'ONU, au FMI, à la Banque mondiale, à l'UNESCO ou encore au Commonwealth. Le chef de l'État développe alors l'idée d'une « renaissance africaine », que Thabo Mbeki, son successeur à la présidence à partir de 1999, traduit en véritable programme politique pour la reconstruction et le développement du continent. Avec le Sénégal, l'Égypte, le Nigeria et l'Algérie, l'Afrique du Sud lance en 2001 le Nouveau partenariat pour le développement de l'Afrique (NEPAD*). En juillet 2002, elle initie l'Union africaine pour remplacer l'Organisation de l'unité africaine (OUA), avec pour objectif la création d'une organisation à l'image de l'UE appelée États-Unis d'Afrique.

*Voir également *Atlas du Dessous des Cartes* 2005, pages 142-145.

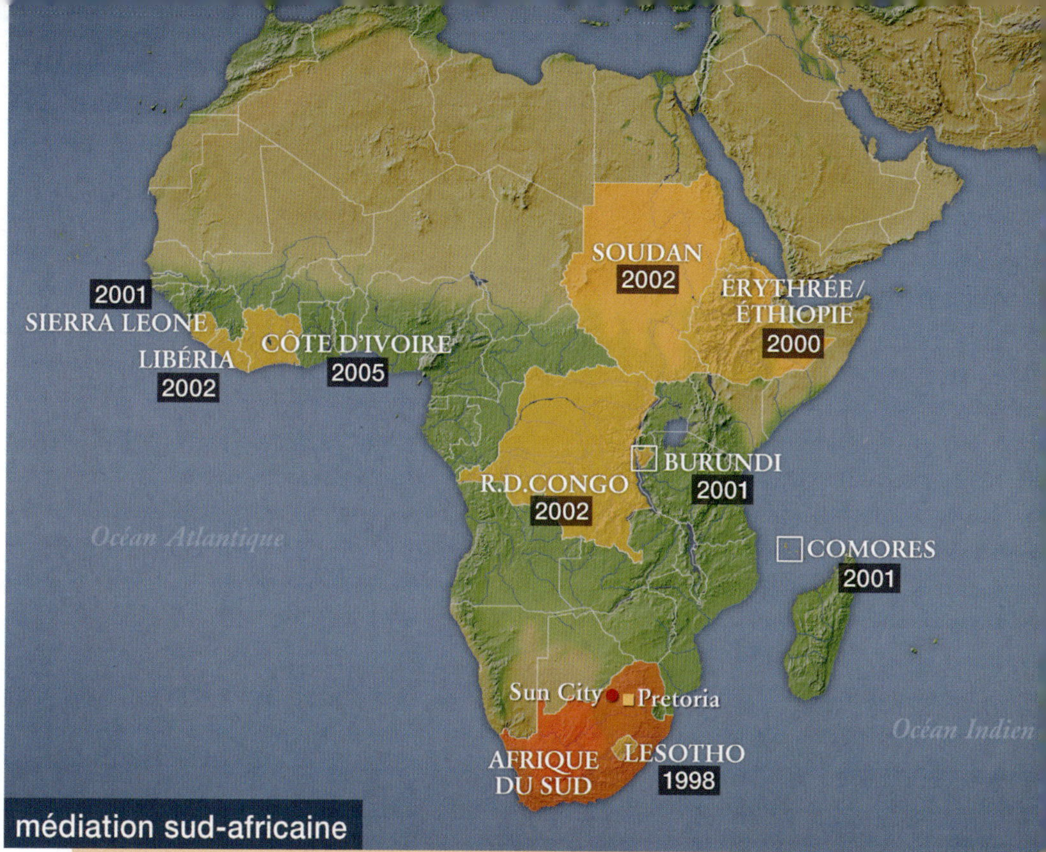

médiation sud-africaine

UN PAYS « FAISEUR DE PAIX »

Depuis la fin des années 1990, l'Afrique du Sud joue un rôle déterminant pour la résolution des conflits du continent. Ainsi, c'est sous son égide que se tient à Sun City en 2002 le dialogue intercongolais qui aboutit à la signature d'un accord entre les forces politiques congolaises. En 2005, la médiation du président sud-africain Mbeki dans le conflit ivoirien permet également d'aboutir à un accord, mais que cette fois le gouvernement ivoirien et les rebelles ne respecteront pas.

Cependant, l'interventionnisme diplomatique sud-africain se heurte à l'hostilité de quelques pays comme le Nigeria, le Kenya ou la Libye, agacés par l'arrogance et certains choix de Pretoria, comme sa politique jugée trop conciliante vis-à-vis du président zimbabwéen Robert Mugabe.

VIH/SIDA : L'HYPOTHÈQUE SUD-AFRICAINE

Cette pyramide des âges compare la population du pays telle qu'elle sera en 2020 à celle qu'elle aurait été sans le VIH/sida. Si les statistiques peuvent varier selon les méthodes de calcul et d'estimation, il reste :
– que la maladie continue de progresser dans le pays ;
– qu'elle touche en priorité les hommes et les femmes en âge de procréer ;
– que la natalité ne suffira donc pas à compenser la mortalité due au sida.

Ainsi, avec un taux de natalité de 25 ‰, l'Afrique du Sud aurait dû doubler sa population d'ici 2025. Elle aurait alors compté 80 millions d'habitants. Mais comme en 2006, elle comptait déjà quelque 5,5 millions de personnes vivant avec le VIH/sida sur une population totale de 44,2 millions d'habitants, les projections de l'impact du sida pronostiquent que l'Afrique du Sud ne devrait pas dépasser 35 millions d'habitants en 2025, soit un déficit de... 45 millions de personnes !

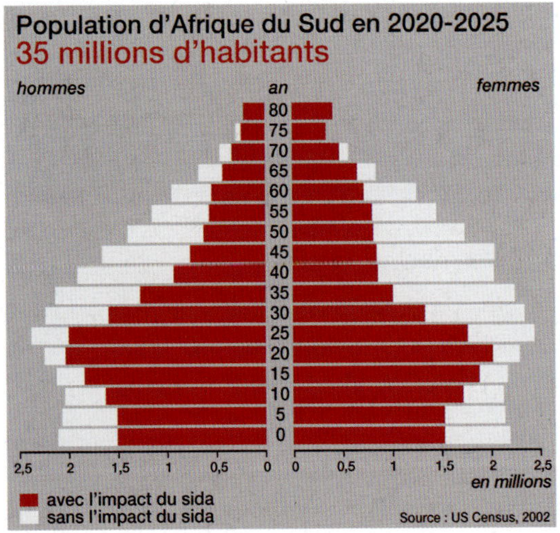

Au-delà de la volonté de Pretoria de se repositionner sur la scène internationale, la diplomatie sud-africaine déploie aussi de nombreux efforts au service de la paix et de la stabilité sur le continent. Investie dans les opérations de maintien de la paix, elle s'implique également dans la résolution des conflits en s'appuyant pour cela sur sa propre expérience de réconciliation nationale. L'instauration de la Commission vérité et réconciliation est en effet portée en modèle par le président Mandela qui tente de l'exporter dans les pays déchirés par des fractures raciales ou des rivalités ancestrales. C'est ainsi que l'Afrique du Sud intervient dans plusieurs conflits du continent en tant que médiateur et « faiseur de paix », ou par l'envoi de forces militaires, l'armée sud-africaine étant la mieux équipée et sans doute la mieux formée du continent.

Présent sur tous les fronts en Afrique, le pays bénéficie à présent d'une grande visibilité internationale. C'est d'ailleurs à ce titre qu'il prétend comme le Brésil à la place de membre permanent du Conseil de sécurité des Nations unies, pour y représenter l'Afrique. C'est d'ailleurs aussi dans cette perspective qu'il faut replacer l'organisation de la coupe du monde de football à Johannesburg en 2010, une première pour l'Afrique.

Un géant aux pieds d'argile

Au regard de sa réussite économique et diplomatique, on mesure le chemin parcouru par l'Afrique du Sud depuis 1994, tant sur le plan démocratique que politique. Mais cela suffit-il à faire de l'Afrique du Sud une puissance ? Car jugé à l'aune de sa situation sanitaire et sociale ou de son indice de développement humain (121e sur 177), le pays montre au contraire une grande fragilité.

Déjà, le chômage touche près de 26,5 % de la population active. Il atteint même les 40 % si on intègre dans ce pourcentage les actifs ayant renoncé à chercher du travail dans l'économie formelle. Pas moins de 40 % de la population vit sous le seuil de pauvreté. Et tandis que le revenu moyen est douze fois moins élevé pour un Noir que pour un Blanc, les inégalités dans l'accès au logement, l'eau, l'éducation, l'électricité restent très marquées. Or c'est précisément dans ces fractures de la société sud-africaine que viennent se nourrir à la fois la criminalité, qui s'est accentuée ces dernières années, et l'épidémie de sida, dont l'empreinte sur la population ressemble fort à celle de l'apartheid. En représentant ensemble un risque réel pour la stabilité du pays, les deux fléaux pourraient même finir par contrarier son aptitude à la puissance.

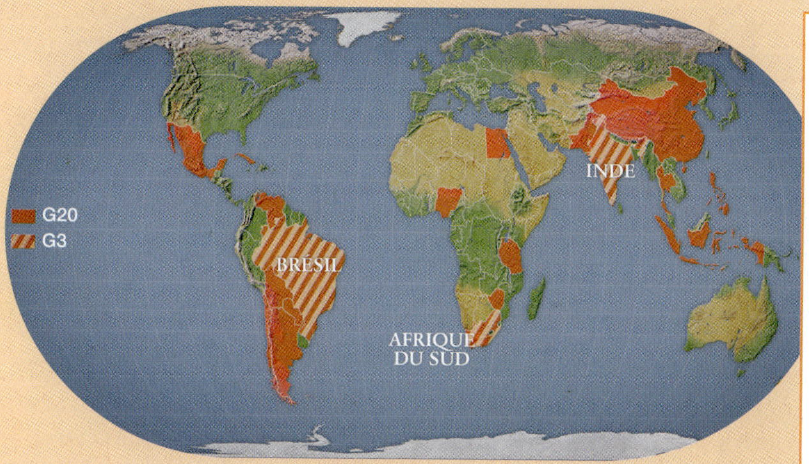

G3 ET G20 : VERS DE NOUVEAUX MODÈLES

En juin 2003, l'Afrique du Sud, le Brésil et l'Inde créent le G3 (groupe des trois), un forum de dialogue entre grands pays émergents dont le but est à la fois de développer leurs échanges commerciaux mutuels, mais aussi de présenter un front commun dans les négociations internationales comme celles de l'Organisation mondiale du commerce (OMC).
Quelques semaines plus tard à Cancún, au sommet de l'OMC justement, le G3 prend la tête du G20, un groupe de vingt pays dont l'objectif commun est cette fois de faire disparaître les subventions agricoles dans les pays industrialisés. Au-delà, il s'agit aussi pour ces pays de faire avancer la réforme du Conseil de sécurité de l'ONU, afin que les pays du Sud y soient mieux représentés.

L'APARTHEID, UNE SÉPARATION DURABLE

L'apartheid est le nom donné à la politique de « développement séparé » instaurée en 1948, par le Parti national qui, en Afrique du Sud, représente le pouvoir blanc des Afrikaners, les descendants des colons hollandais arrivés dans le pays au XVIIIe siècle.
Dès le début des années 1950, l'apartheid établit et impose une classification de la population en quatre groupes raciaux : les noirs, les coloured (c'est-à-dire les métis), les indiens et les blancs. À cette classification correspond alors tout un ensemble de lois racistes et ségrégationnistes comme l'interdiction du mariage et des relations sexuelles entre personnes de races différentes, leur séparation dans les transports, dans leur administration, etc.
Petit à petit, l'apartheid finit par devenir un véritable système économique et politique, d'autant plus durable, qu'il s'inscrit dans le sol, à toutes les échelles du pays : régions, villes, quartiers, lieux de vies. Ainsi, l'Union sud-africaine se voit divisée en quatre provinces, à l'intérieur desquelles sont délimités 10 homelands ou bantoustans réservés aux populations noires. Or, alors que celles-ci représentent près de 70 % de la population, elles ne peuvent dès lors plus accéder à la propriété en dehors de ces « réserves indigènes », qui ne représentent que 7 % de la superficie du pays. Finalement, en systématisant la séparation des populations au sein de l'Afrique du Sud blanche, l'apartheid fait des noirs des étrangers à l'intérieur de leur propre pays. Abolie dans les textes en juin 1991, la politique d'apartheid trouve aujourd'hui encore de nombreux prolongements, comme dans la répartition de la pauvreté ou de l'épidémie de VIH/sida.

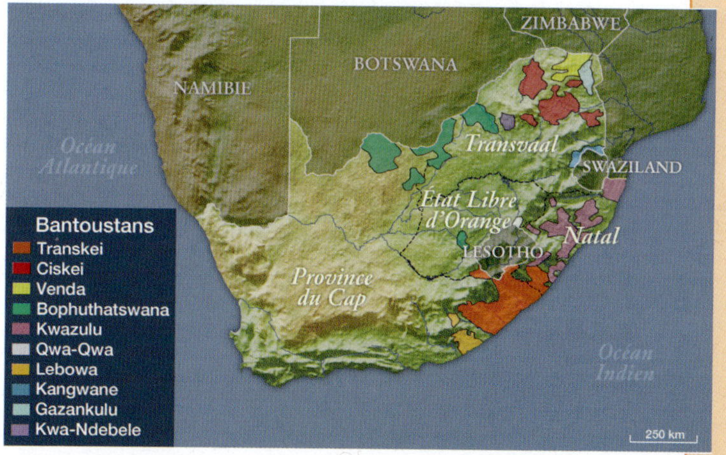

UN MONDE PLUS FLUIDE

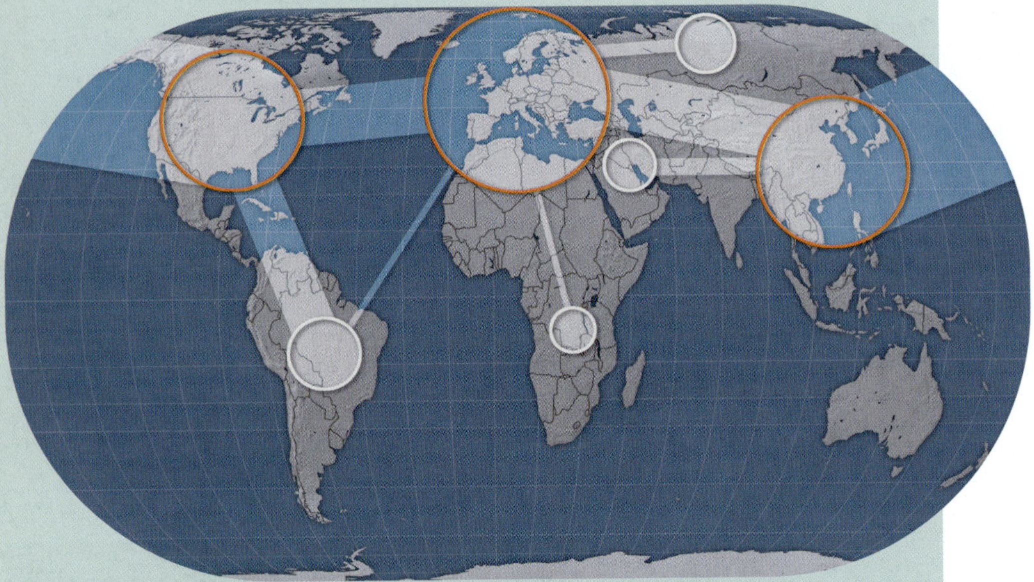

UN MONDE DE FLUX

Si sur le plan étymologique, la mondialisation évoque la redistribution « planétaire » des activités et des échanges économiques, la réalité indique bien autre chose… En effet, bien que le commerce mondial augmente désormais plus vite que le produit intérieur brut mondial, les échanges internationaux de marchandises, de services ou d'investissements restent avant tout concentrés entre et autour de trois grands pôles : l'Amérique du Nord, l'Union européenne et l'Asie du Nord (Japon, Chine, Corée du Sud).

Tout invite au mouvement : les valeurs boursières et les mouvements financiers ; le tourisme et les migrations ; le commerce des marchandises et celui des services ; les transports aériens, le satellite, le câble et autre Internet.

En allégeant ainsi la contrainte géographique, la mondialisation modifie les équilibres régionaux et redessine le monde : ici elle décloisonne les territoires, là elle ouvre les frontières. En Europe, elle délocalise les industries. Aux États-Unis, elle relocalise les hommes. À Dubaï enfin, ce sont les esprits qu'elle désenclave. S'agit-il alors d'une simple réorganisation globale ou bien le monde serait-il enfin devenu fluide ?

DÉLOCALISATIONS, GÉOGRAPHIE ET IDÉES REÇUES

Sujet d'inquiétude dans la plupart des pays développés comme en France, les délocalisations sont soupçonnées de favoriser le chômage et la désindustrialisation au bénéfice de pays plus ou moins éloignés, dépourvus de tout système de protection sociale, et dont les bas salaires imposeraient au monde une concurrence déloyale. Or réinscrites dans leur géographie, ces délocalisations montrent qu'elles relèvent en fait de logiques à la fois multiples et plus complexes.

Les logiques de l'investissement étranger

Relancés par la mondialisation économique, stimulés par la libéralisation des échanges et favorisés par la déréglementation financière, les investissements directs étrangers (IDE) n'ont cessé de croître depuis le milieu des années 1980. Qu'il s'agisse de transferts de capitaux visant à la création de filiales, à la formation de sociétés mixtes ou à la fusion-acquisition de sociétés étrangères, ces investissements sont réalisés par des sociétés multinationales qui, pour la plupart, sont d'origine européenne, américaine ou japonaise.

Pour ces entreprises, le redéploiement de leurs sites de production dans plusieurs pays permet en effet de profiter des spécialisations régionales et ainsi d'optimiser les coûts de fabrication. Le plus souvent, il leur permet aussi de réduire leurs frais

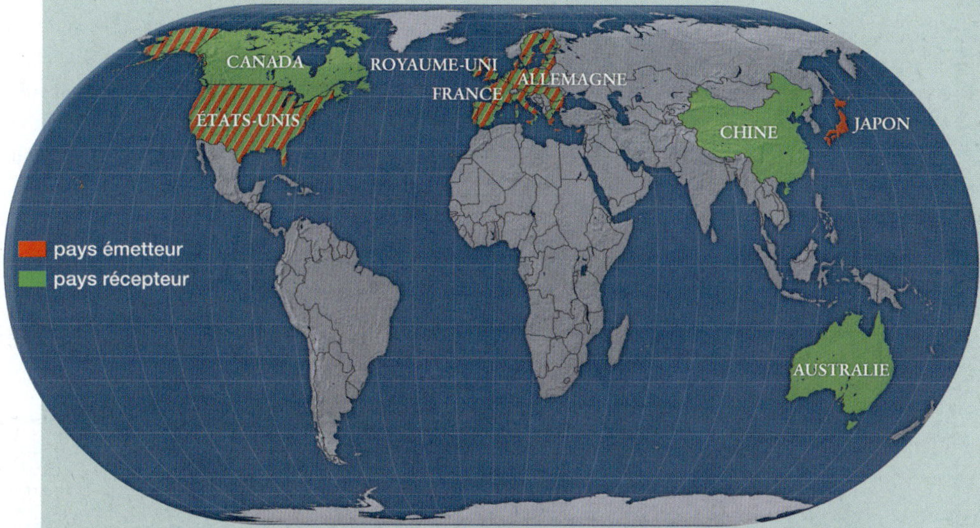

DES INVESTISSEMENTS INTERNATIONAUX MAL DISTRIBUÉS

À l'échelle mondiale, les principaux investisseurs vers l'étranger sont les États-Unis, le Japon et l'Union européenne (France, Royaume-Uni, Allemagne). Or à l'exception du Japon, ces pays sont aussi les principaux pays d'accueil des investissements directs étrangers (IDE) avec l'Australie, le Canada et la Chine.

LA RECHERCHE DE MOINDRES COÛTS

Depuis que la mondialisation des échanges met en concurrence presque directe les produits du monde entier, on assiste à une vaste redistribution mondiale de la production.
Dans un secteur à forte intensité de travail comme la confection, au moins deux paramètres déterminent la géographie de la fabrication d'un vêtement : le salaire et la distance. Ainsi, alors que la rémunération horaire d'un ouvrier textile s'élève en moyenne à 14 dollars brut dans l'Union européenne, elle est inférieure à 3 dollars au Maroc ou en Turquie et même à 1 dollar en Asie du Sud-Est ou en Chine. Pour la confection de grosses commandes destinées à la vente par correspondance ou à la grande distribution, les délocalisations se font de fait vers les pays où la main-d'œuvre est la moins chère possible. Mais près de 20 % des entreprises françaises de ce secteur textile ont choisi de délocaliser leur production vers des pays géographiquement plus proches comme les pays du Maghreb, la Turquie ou l'Europe de l'Est d'où elles peuvent réagir plus rapidement aux évolutions de la mode.
C'est aussi pour réduire leur coût de production que dans les années 1990, de nombreuses sociétés américaines ont implanté tout ou partie de leur activité de l'autre côté de la frontière mexicaine, et notamment dans des usines d'assemblage qu'on appelle maquiladoras. Au-delà de l'allègement du coût salarial que ce système leur a permis de réaliser, l'opération avait alors aussi pour objectif de contribuer à contenir l'immigration clandestine vers les États-Unis en offrant un emploi aux candidats sans qu'ils n'aient à franchir la frontière.

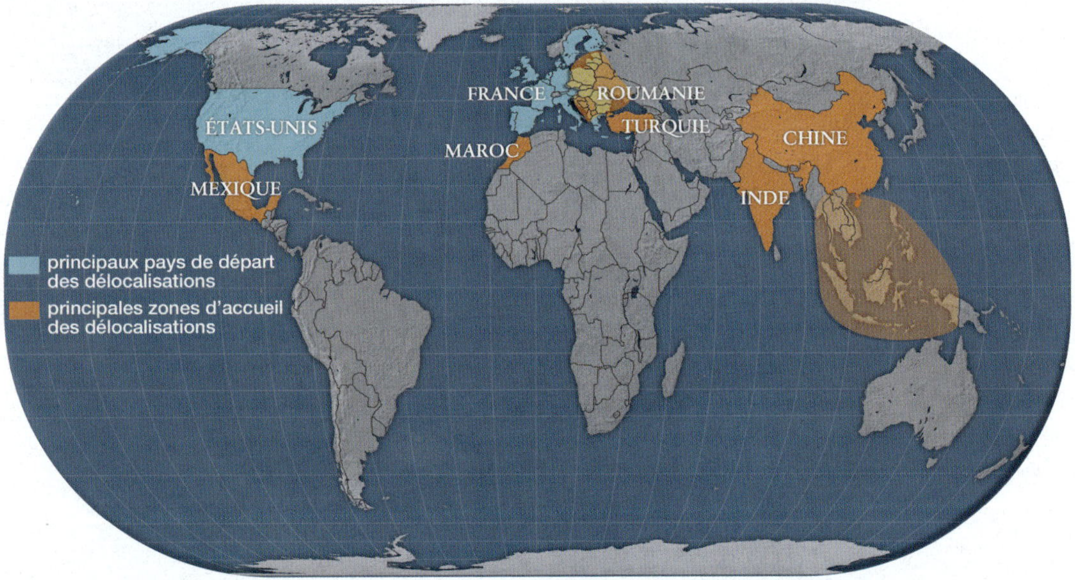

Coût horaire moyen dans l'industrie textile (2007)

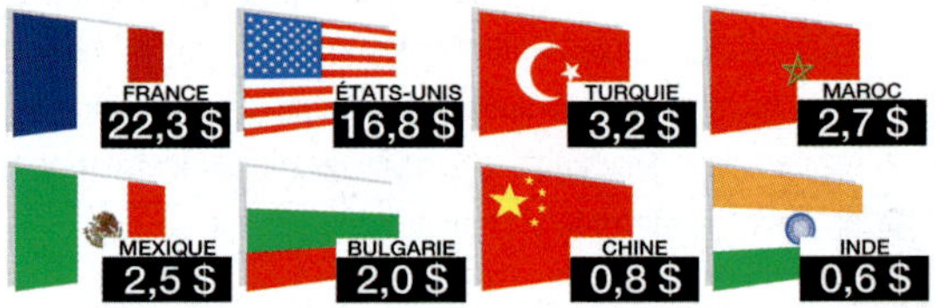

Source: Werner International

de transport, de contourner les dispositions protectionnistes des États et ainsi de mieux se rapprocher des zones de consommation ou de conquérir de nouvelles parts de marché.

Selon les cas, l'investissement étranger offre la possibilité d'avoir accès à des ressources naturelles, de recourir à une main-d'œuvre qualifiée, voire de fermer une unité de fabrication dans un premier pays pour en ouvrir une dans un second et y réimporter tout ou partie de la production. C'est cela qu'on appelle une « délocalisation ».

Les délocalisations, une affaire de coût ?

S'il est vrai que le choix de délocaliser une unité de production ou un segment de fabrication répond le plus souvent au calcul de produire moins cher et donc d'employer pour cela une main-d'œuvre meilleur marché, c'est en fait bien de productivité dont il s'agit. Car même si la main-d'œuvre est dix fois moins coûteuse dans tel ou tel autre pays, elle ne présente aucun intérêt pour l'entreprise si elle est aussi moins productive. C'est la raison pour laquelle les délocalisations concernent avant tout des secteurs « fortement intensifs en travail », c'est-à-dire qui utilisent une main-d'œuvre nombreuse et peu qualifiée, comme l'habillement, l'électronique ou la fabrication de meubles.

Dans les secteurs moins consommateurs de ressources humaines, ce sont d'autres logiques qui interviennent comme le régime fiscal du pays d'accueil ou encore les aides qui y sont offertes. Avec le plus faible taux européen d'imposition sur les bénéfices (12,5 % contre 33 % en France), l'Irlande parvient ainsi à capter les investissements d'entreprises européennes et américaines que l'appartenance du pays à l'Union européenne et sa main-d'œuvre hautement qualifiée séduisent également.

Enfin, grâce aux technologies de l'information et de la communication qui carac-

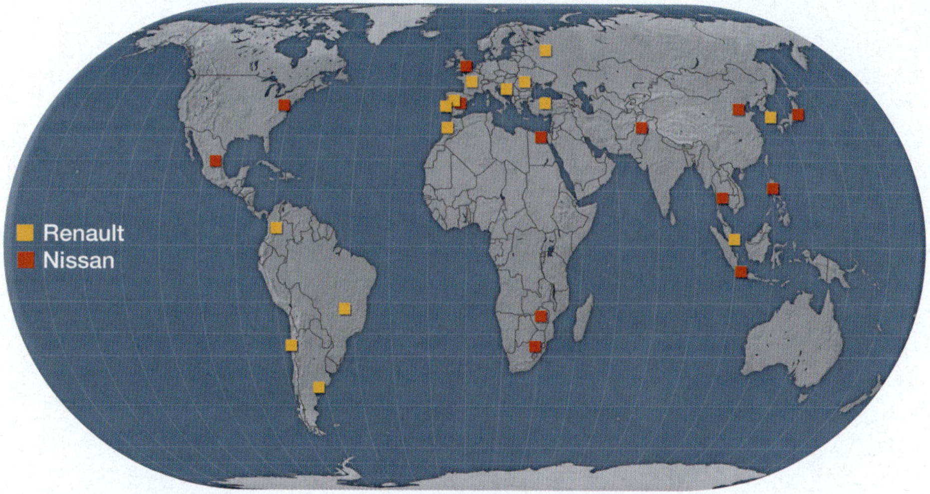

ORGANISATION MONDIALE DU GROUPE RENAULT-NISSAN

Dans le secteur automobile, la mondialisation correspond à un véritable redéploiement de l'activité des constructeurs, contraints pour résister à la concurrence, d'adopter des stratégies industrielles internationales. Ainsi, pour profiter des spécialisations régionales, réduire les coûts de production et accéder à de nouveaux marchés, les constructeurs s'associent entre eux, s'organisent en réseau et rapprochent ainsi leurs sites de productions et ceux de commercialisation. C'est notamment le cas du constructeur français Renault, dont la fusion avec le Japonais Nissan en 1999 a permis de relancer le développement à l'échelle mondiale.

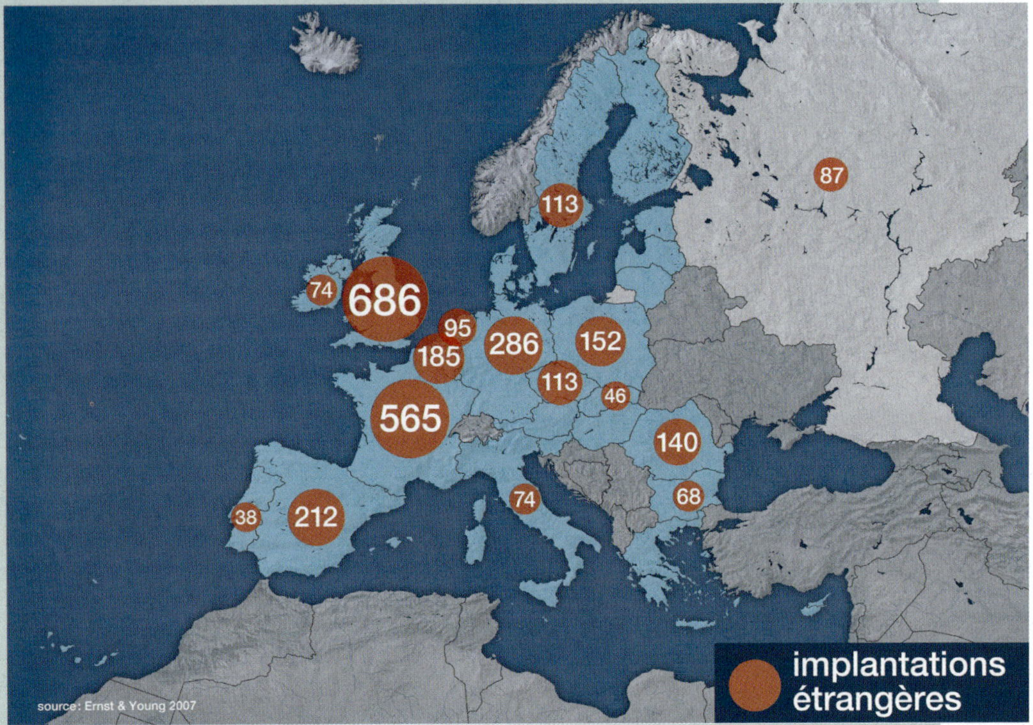

L'UNION EUROPÉENNE, TERRE D'INVESTISSEMENTS

En 2006, l'Union européenne représente la première destination mondiale des investissements directs à l'étranger (IDE). Parmi ses États membres, le Royaume-Uni recueille près d'un investissement sur cinq (19,4 %) et la France 16 % avec 565 implantations internationales. On trouve ensuite l'Allemagne, l'Espagne et la Pologne. Deuxième destination européenne des investissements automobiles derrière la Russie, la Roumanie connaît pour sa part la plus forte progression d'implantations internationales, avec une hausse de 63 % pour la seule année 2006.

térisent l'ère de la mondialisation, les délocalisations ont gagné de nouveaux domaines, en particulier dans le secteur tertiaire. En abolissant les frontières et surtout les distances, des outils comme Internet permettent aux entreprises de profiter du décalage horaire pour fonctionner de façon continue, en travaillant ici le jour quand il fait nuit là-bas. Au-delà du système boursier qui fonctionne désormais comme une horloge perpétuelle, on voit ainsi certains pays se spécialiser dans la délocalisation de services : en France, de plus en plus de sociétés choisissent de réimplanter leurs plateformes téléphoniques de maintenance au Maroc. De la même façon, grâce à sa main-d'œuvre anglophone, bien formée et bon marché, l'Inde peut offrir aux sociétés britanniques ou américaines d'accueillir leurs services de traitement de données dans les domaines de la comptabilité, de l'informatique, ou encore leurs *back offices* bancaires et leurs centres d'appel.

Délocalisations…

Alors que pour les pays d'accueil, les délocalisations représentent un apport (en capital, savoir-faire, emplois, parfois même en couverture santé et droit du travail), elles sont en revanche beaucoup plus controversées dans les pays « émetteurs » qui souffrent d'un taux de chômage élevé. Les délocalisations ont même constitué pour les Français l'un des principaux motifs du rejet en mai 2005 de la Constitution européenne, jugée trop favorable aux « plombiers polonais » et, plus globalement, aux délocalisations vers les nouveaux pays membres de l'Union.

Or à ce jour, on peut constater que l'adhésion de ces pays n'a pas drainé en masse les entreprises vers l'est de l'Europe ni généré de *dumping* social à l'ouest comme certains l'avaient annoncé. On s'aperçoit au contraire que des pays très attrayants dans les secteurs de l'industrie et des services comme la Hongrie et la République tchèque ont connu depuis la fin des années 1990 d'importantes hausses des salaires moyens amenuisant d'autant leur avantage comparatif. Pour sa part, la Pologne et sa population nombreuse (39 millions d'habitants) attirent bien moins les délocalisations que les investissements productifs qui se tournent vers les secteurs de l'agroalimentaire, de l'automobile ou de la distribution. En fait, le phénomène de délocalisation concerne surtout la Roumanie dont la main-d'œuvre très bon marché – du moins provisoirement – attire les entreprises européennes, et notamment en provenance d'Italie.

... et erreurs de représentations

Dans le cas de la France, les délocalisations concernent 10 % des pertes d'emploi, c'est-à-dire bien moins que les restructurations : 550 emplois perdus pour une restructuration en moyenne contre 350 dans le cas d'une délocalisation. De la même façon, elles ne représentaient d'après un rapport du Sénat de 2004 que 4 % de l'ensemble des investissements français à l'étranger. Car la logique des investisseurs et des entreprises dans leur choix d'implantation ne s'arrête pas aux seuls coûts de production. Elle valorise davantage encore la stabilité politique et sociale, le niveau de qualification de la main-d'œuvre ou encore la qualité des infrastructures de télécommunication et de transport (aéroports internationaux, réseau ferroviaire à grande vitesse). Ainsi, contrairement aux idées reçues, la France constitue l'un des pays les plus attrayants pour les investissements étrangers à l'échelle de l'Europe et même à l'échelle du monde.

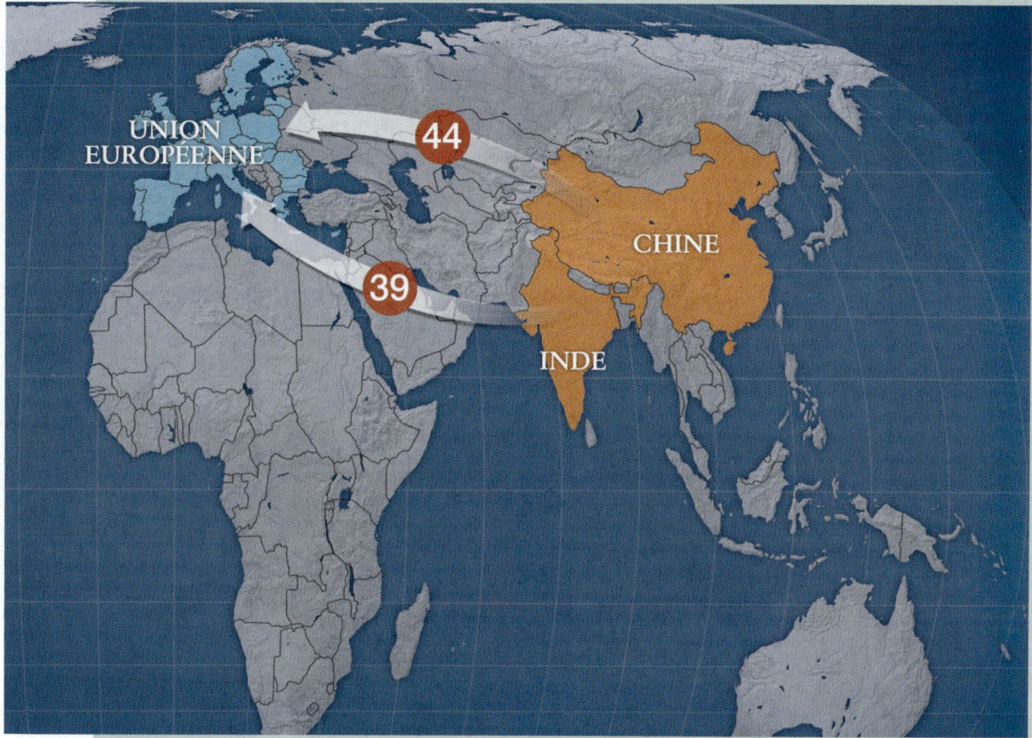

L'ATTRACTIVITÉ, UN PARAMÈTRE ESSENTIEL

En dehors des coûts salariaux, plusieurs paramètres interviennent dans la décision de délocaliser une production, comme la qualité des infrastructures de transport et de télécommunication, la présence de pôles d'innovation et de recherche, la qualification de la main-d'œuvre. C'est d'ailleurs pour toutes ces raisons qu'en dépit du niveau de salaire qui y est élevé à l'échelle mondiale, l'Union européenne continue de séduire les investisseurs du monde entier, y compris des pays émergents : 44 entreprises chinoises et 39 entreprises indiennes se sont implantées en Europe en 2004.

DUBAÏ, UNE « OASIS GLOBALE » ?

Par les flux qu'elle génère et amplifie, la mondialisation contribue à déconnecter les espaces politiques et économiques des territoires nationaux. Au-delà, elle propose même de nouveaux concepts de territoires, mondialisés, comme la cité-État de Singapour ou la ville-émirat de Dubaï, tout à la fois cité prospère des Émirats arabes unis, centre commercial du Moyen-Orient et plateforme d'ambition globale.

LA VILLE-ÉMIRAT

Située en bordure du golfe Persique, la ville de Dubaï forme avec son arrière-pays l'un des sept émirats constituant les Émirats arabes unis (É.A.U.), une fédération créée en 1971 au terme de la souveraineté britannique. De cette fédération dont la capitale est Abu Dhabi, Dubaï représente 5 % du territoire (3 840 km²) mais presque un tiers de la population (1,2 million). Surtout, avec un PIB annuel moyen d'environ 18 000 dollars par habitant, elle produit à elle seule plus du quart de la richesse des É.A.U.

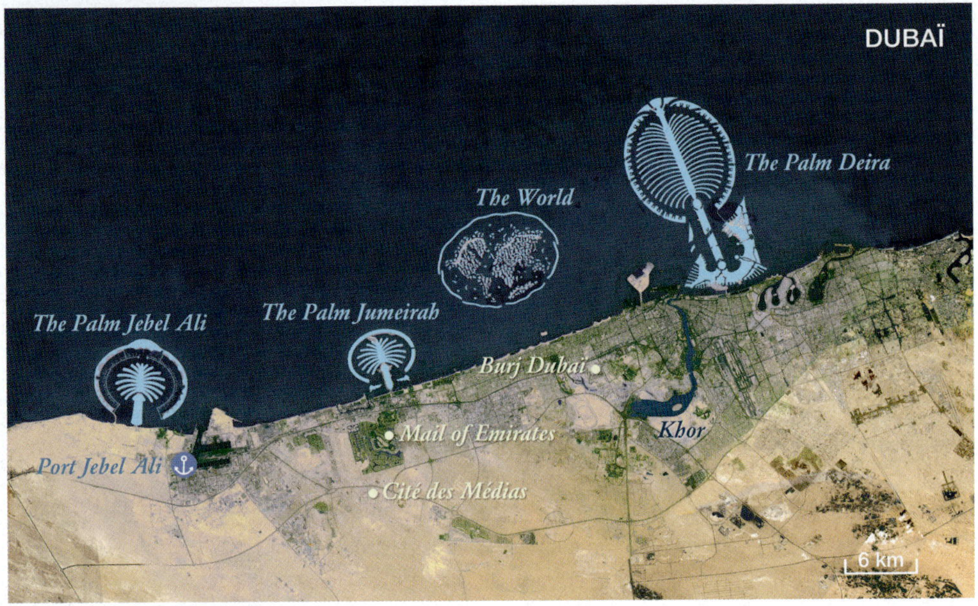

DE L'AMBITION À LA DÉMESURE

Port naturel pour l'exploitation de la perle et pour la contrebande au XIXe siècle, grâce à sa crique protégée (le khor), c'est avec l'exploitation du pétrole des Émirats dans les années 1960 que Dubaï devient une plateforme logistique et commerciale majeure du Moyen-Orient. Adossé à une immense zone franche, Jebel Ali, le plus grand port de transbordement au monde inauguré en 1979, reçoit, conditionne, transforme et réexpédie des marchandises venues du monde entier.

La fin de la rente pétrolière approchant (2015), l'émirat diversifie son économie par d'importants investissements dans les secteurs du tourisme, des services financiers et des technologies de la communication. Ainsi, pour faire de Dubaï un haut lieu du tourisme mondial, ses dirigeants n'économisent aucun effort : de gigantesques édifices voient le jour comme le Mall of Emirates, le plus grand centre commercial au monde ; les trois « palmiers », archipels artificiels où sont installés hôtels, restaurants, centre de loisirs et marinas ; The World (« le monde »), trois cents îlots lotis de luxe ; la Burj Dubaï enfin, qui du haut de ses 800 mètres est provisoirement la plus haute tour du monde.

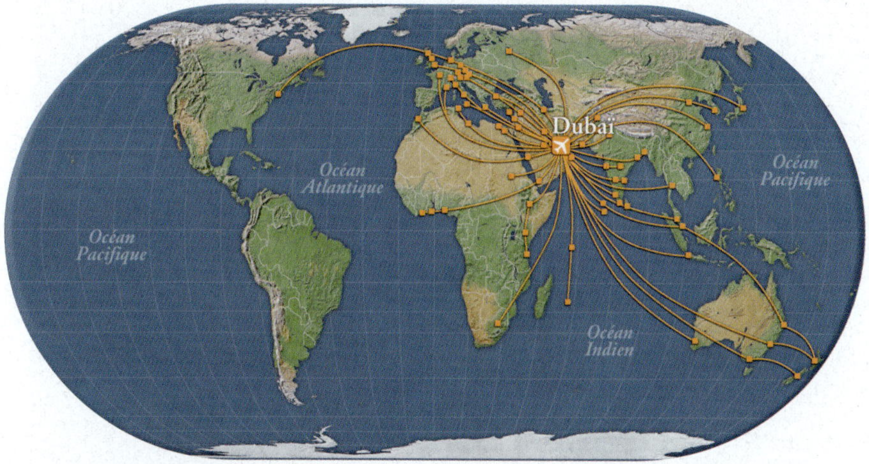

UNE VILLE AFFRANCHIE

La réussite économique des Émirats arabes unis et de Dubaï s'appuie avant tout sur le contexte régional. Épargnés par les conflits qui embrasent le Moyen-Orient, les Émirats s'avancent comme une zone stable, propice aux échanges technologiques, financiers, commerciaux ou humains.

Sur le plan commercial, les zones franches de Dubaï sont devenues le premier lieu d'approvisionnement des commerçants issus des républiques d'Asie centrale, mais aussi de l'Iran qui y trouve désormais le moyen de contourner l'embargo américain.

En s'affranchissant de la législation islamique sur les transactions financières, Dubaï récupère les flux de capitaux en provenance de l'Arabie saoudite voisine, mais elle bénéficie aussi depuis le 11 septembre 2001 du rapatriement de capitaux arabes détenus aux États-Unis.

Alcool, boîtes de nuit, hôtels et produits de luxe : cité ouverte et tolérante, Dubaï sert aujourd'hui d'exutoire aux sociétés où se pratique un islam rigoureux comme l'Iran ou les pays du Golfe.

Stable, prospère et libérale, la ville de Dubaï séduit ainsi autant la jeunesse libanaise, palestinienne ou iranienne que les travailleurs du sous-continent indien, au point que désormais 85 % de la population de l'émirat est d'origine étrangère.

UN HUB MONDIAL ?

Déjà troisième centre de réexportation mondial et neuvième port de conteneurs au monde, plateforme aéroportuaire internationale (hub), Dubaï se fixe à présent l'objectif de devenir un carrefour logistique de dimension mondiale, doté d'un aéroport capable d'accueillir 40 millions de passagers par an d'ici 2025 (contre 20 millions en 2005). C'est dans cette logique que s'inscrit la construction d'un second aéroport international à Jebel Ali qui permettra à l'émirat de s'équiper d'une plateforme logistique multimodale (air-mer-route), associant ensemble le futur aéroport, le port de Jebel Ali et sa zone franche.

En dépit de ses performances multiples, Dubaï présente pourtant plusieurs fragilités :

– il y a d'abord les stigmates environnementaux majeurs qu'entraînent son développement accéléré et les travaux pharaoniques qu'il engage ;

– il y a aussi les conditions de vie et de travail très pénibles des travailleurs étrangers indiens, bangladais ou pakistanais et les ségrégations qu'ils subissent. À terme, elles pourraient conduire à de sérieuses tensions internes ;

– Dubaï connaît aussi les effets secondaires de la mondialisation comme la contrebande et surtout les investissements obscurs issus de trafics de drogue ou d'armes ;

– enfin, on doit désormais mentionner le risque que fait peser sur la cité-émirat son modèle de modernité arabo-musulmane : dénoncé par les intégristes, il fait redouter que la ville devienne à son tour une cible d'attentats.

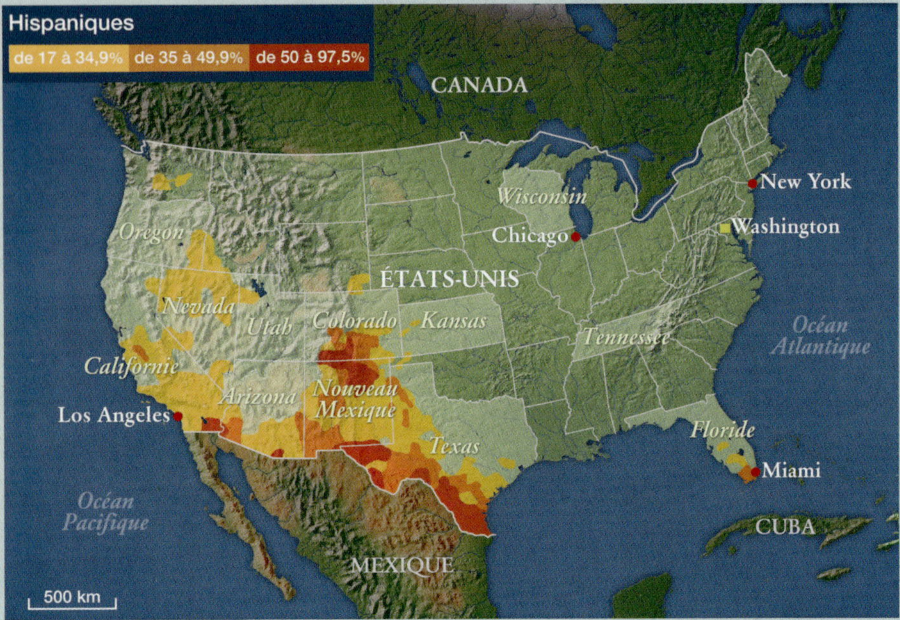

LA POPULATION AMÉRICAINE

Depuis le 17 octobre 2006, les États-Unis comptent 300 millions d'habitants, que l'on répartit entre cinq groupes principaux :

– 200 millions de Caucasiens (terme utilisé aux États-Unis pour désigner les « Blancs ») ;
– 42 millions d'Hispaniques ;
– 40 millions d'Afro-Américains (terme utilisé aux États-Unis pour désigner les « Noirs ») ;
– 14,5 millions d'Asiatiques ;
– 5,5 millions d'Amérindiens, populations originelles du pays, les Indiens.

PREMIÈRE MINORITÉ AMÉRICAINE

Mal répartis à l'échelle du pays, les Hispaniques se concentrent pour la plupart dans six États du sud-ouest des États-Unis. Au moins trois facteurs expliquent cette concentration : la proximité géographique avec le Mexique, la demande en main-d'œuvre de l'agriculture californienne et enfin le legs de l'histoire puisque, à l'origine, ces États étaient mexicains avant d'être acquis ou conquis par les États-Unis entre 1845 et 1853. Aujourd'hui, un Californien sur trois est d'origine hispanique, voire un sur deux dans la ville de Los Angeles dont le maire élu en 2005, Antonio Villaraigosa.
On trouve également d'importantes communautés hispaniques en Floride, dans la région de New York, de Chicago, mais aussi et de plus en plus dans l'Utah, l'Oregon, le Kansas, le Wisconsin et le Tennessee, où la population hispanique a augmenté de 200 % depuis 1980.

LES « LATINOS » AMÉRICAINS

Favorisés par l'augmentation des transports aériens, les fractures démographiques, les différentiels de croissance et bientôt par les bouleversements écologiques et climatiques, la hausse des flux migratoires se range parmi les premiers symptômes de la mondialisation.
Aux États-Unis, premier pays d'immigration au monde, l'ampleur du mouvement migratoire est telle qu'elle finit par modifier les équilibres économiques, politiques et même culturels de certains États comme la Californie ou le Nouveau-Mexique

Un enjeu démographique

Selon le Bureau américain du recensement, 42 des 300 millions d'Américains (14 %) sont issus de l'immigration d'origine latino-américaine, ou bien nés de parents latino-américains. Ainsi, les « Latinos », comme on les surnomme aux États-Unis, constituent aujourd'hui la plus importante minorité du pays devant les Afro-Américains. Le phénomène est récent puisqu'en 1980, on ne recensait encore que 6,5 % d'Hispaniques aux États-Unis.
Deux paramètres permettent d'expliquer cette forte croissance :
– il y a d'abord l'apport migratoire avec environ 700 000 Latino-Américains qui entrent légalement et illégalement chaque année sur le territoire nord-américain ;
– il y a aussi la forte natalité qu'enregistre cette communauté dont 37 % des membres ont moins de vingt-cinq ans. Le phénomène est même si important que la natalité hispanique constitue désormais l'un des moteurs de la croissance démographique américaine. C'est elle en effet qui compense la baisse de la natalité au sein de la population blanche : en 2004, la fécondité des femmes hispaniques était de 2,45 enfants par femme contre seulement 1,89 pour les femmes « caucasiennes » (blanches). À ce rythme, la population hispanique devrait représenter un quart de la population américaine en 2050.
Significatif sur le plan démographique, le poids de la communauté hispanique aux États-Unis le devient aussi sur le plan politique.

LA DIVERSITÉ DES LATINOS

Assimilés sous le même qualificatif de « Latinos », les Hispaniques des États-Unis ne forment pas un groupe homogène. Ils sont au contraire d'origines très diverses : 9 % d'entre eux sont de Porto Rico et donc citoyens américains de facto, *4 % viennent de Cuba, arrivés pour la plupart depuis la révolution castriste de 1959, 66 % sont originaires du Mexique voisin, les autres migrants venant d'Amérique centrale et des Caraïbes dans un flux en constante augmentation.*

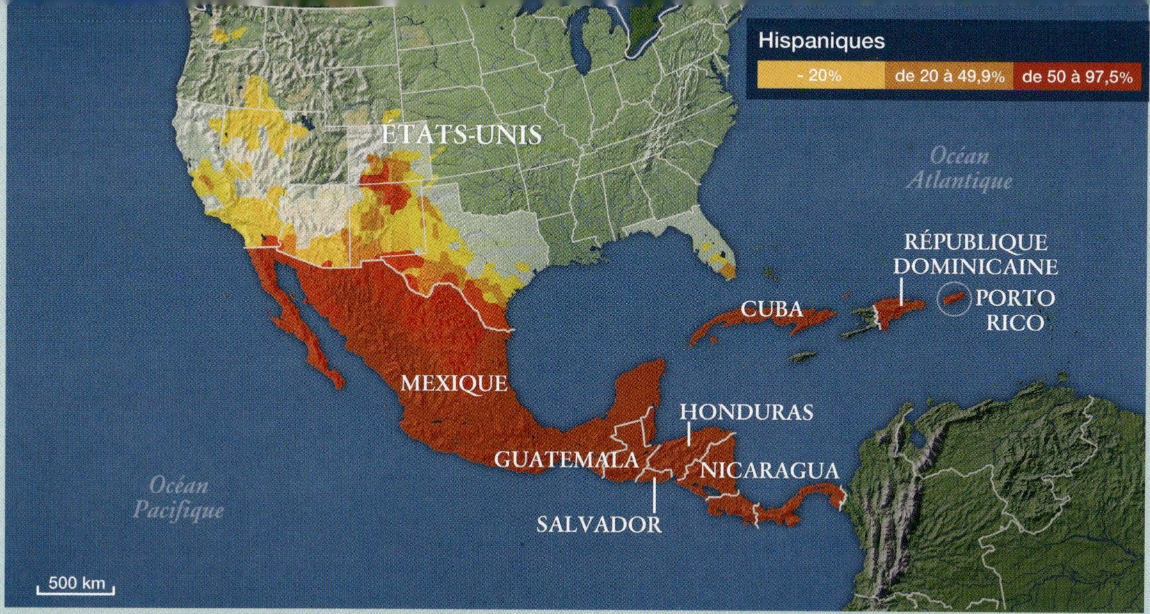

LES ENJEUX DE LA FRONTIÈRE AMÉRICANO-MEXICAINE

Aux États-Unis, comme ailleurs, les bénéfices économiques et démographiques importants tirés de l'immigration légale et illégale sont largement masqués par les représentations et les peurs que suscitent les clandestins dans l'opinion. Associée aux activités criminelles et aux trafics de drogue qui se sont développés le long de la frontière avec le Mexique, l'immigration est de plus en plus souvent perçue comme un facteur d'instabilité dans les États américains riverains de la frontière, voire comme une source possible de terrorisme à plus large échelle.

C'est la raison pour laquelle en 2006, les États-Unis ont non seulement adopté une série de mesures comme la mise en place de quotas afin de réduire l'immigration légale, mais aussi décidé d'équiper plus du tiers des 3 140 kilomètres de frontière qui les séparent du Mexique d'une double clôture hérissée de fils de fer barbelés, interrompue aux points de passage de villes jumelles à cheval sur la frontière, comme El Paso/Ciudad Juárez ou San Diego/Tijuana.

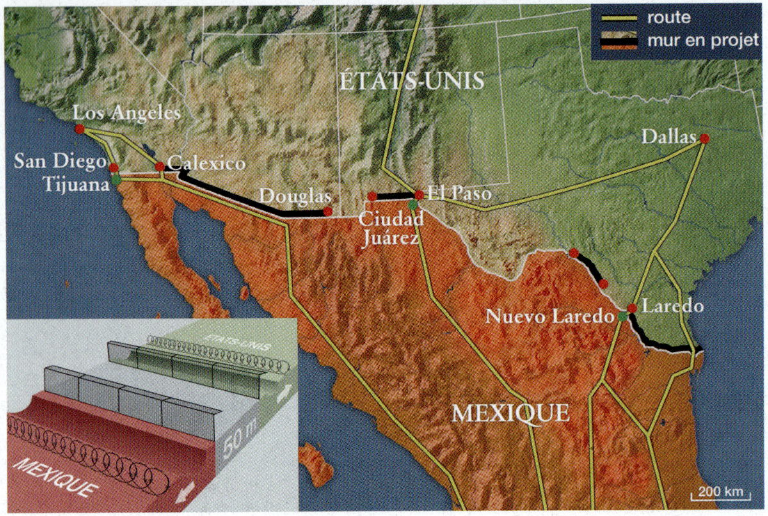

LA FRONTIÈRE BARBELÉE

C'est officiellement pour « sécuriser » leur frontière et surtout pour mieux contrôler les flux de clandestins que les États-Unis ont voté en 2006 la construction d'un mur de 1 123 kilomètres, dressé en plusieurs tronçons dont le plus long relie Calexico en Californie à Douglas en Arizona. En fait de « mur », le dispositif consiste en une double rangée de clôtures et de barbelés, implantés de part et d'autre d'une route éclairée et équipée de caméras pour faciliter la surveillance.
Car en dépit de leurs équipements de haute technologie, des caméras de surveillance et d'une police des frontières qui emploie environ 18 000 hommes, les États-Unis ne parviennent pas à contenir les flux de clandestins en provenance d'Amérique latine : pour 1,5 million d'immigrants illégaux arrêtés, 500 000 réussissent à franchir la frontière. À ceux-là, on doit ajouter les personnes, nombreuses, qui meurent en chemin d'insolation, de déshydratation, d'épuisement ou encore à la suite d'une morsure de serpent. Plus de 3 000 personnes sont ainsi décédées entre 1994 et 2004.

Un enjeu migratoire

80 % des 11 millions d'immigrés illégaux présents aux États-Unis sont latino-américains, originaires du Mexique pour leur grande majorité. Avec 500 000 passages clandestins à la frontière mexicaine chaque année, l'immigration illégale est en train de dépasser l'immigration légale. Face à cette situation, les États-Unis choisissent de réagir par la mise en place de différentes mesures visant à renforcer l'étanchéité et la sécurité de leurs frontières. Si ces dispositions rassurent l'opinion publique américaine que l'immigration illégale inquiète, elles risquent en même temps de fragiliser certains secteurs d'activité économique, comme l'agriculture dont la main-d'œuvre peu qualifiée et bon marché est essentiellement fournie par l'immigration clandestine. Par ailleurs, la chute de transferts financiers de ces migrants vers leurs pays d'origine pourrait à son tour en modifier l'équilibre économique.

Un enjeu politique

Si les exilés cubains soutiennent en majorité le Parti républicain pour sa politique anticastriste, les partisans des républicains sont largement minoritaires au sein de la communauté hispanique.
Les Latinos sont de plus en plus nombreux à occuper des fonctions ou des mandats politiques à l'échelon fédéral (Congrès, gouvernement), au sein des États ou au niveau local. On enregistre, par exemple, de plus en plus de villes américaines plurimillionnaires en habitants comme Los Angeles et Miami placer à leur tête un maire d'origine hispanique. L'électorat hispanique se trouve de plus en plus courtisé par les deux grands partis américains. Ainsi les républicains cherchent à gagner leurs voix par une stratégie de communication orientée vers les Latinos (à 70 % catholiques) comme les nouveaux tenants des valeurs familiales conservatrices.
Si les exilés cubains soutiennent en majorité le Parti républicain pour sa politique anticastriste, ils sont largement minoritaires au sein de la communauté hispanique. Favorables au maintien d'un État fédéral fort, garant de l'égalité dans l'éducation et dans l'emploi, les Latinos américains votent en effet à près de 70 % pour le

Parti démocrate… du moins ceux qui peuvent voter. Car près des trois quarts des Latinos ne participent pas aux élections : soit parce qu'ils sont mineurs, soit parce qu'ils n'ont pas la citoyenneté américaine. Au total, rapportés à leur poids démographique aux États-Unis, les Hispaniques s'y trouvent donc politiquement sous-représentés. On s'aperçoit d'ailleurs que le droit de vote constitue l'une des premières motivations à leur demande de naturalisation, comme le confirme aussi le taux élevé de participation aux élections des Latinos naturalisés.

Vers un enjeu identitaire ?

Aux enjeux démographique, économique, politique et sécuritaire que soulève la croissance de la communauté hispanique aux États-Unis s'ajoute à présent un enjeu linguistique et peut-être identitaire. Partout dans le pays, les médias hispanophones se multiplient : journaux à Los Angeles, Miami ou New York, mais aussi chaînes câblées comme Univision et Telemundo. Vernaculaire pour le commerce et les affaires dans des villes comme Miami ou New York, la langue espagnole se répand également comme langue d'usage au Congrès ou au sein des partis politiques. Elle est même devenue langue officielle dans l'État du Nouveau-Mexique.

Pour certains, c'est le cœur même de la société américaine qui est touché, ou du moins son identité culturelle et son modèle d'intégration. C'est en tout cas la thèse que défend le politologue américain Samuel Huntington dans son ouvrage publié en 2004 sur l'identité américaine *Qui sommes nous ? Identité nationale et choc des cultures*. Selon lui, la croissance de la communauté hispanique conduirait à une non-assimilation des Hispaniques, les États-Unis courant le risque d'être confrontés à un « choc de civilisation intense » entre la culture anglosaxonne protestante d'une part, et la culture latine catholique, d'autre part.

Intéressante pour le débat qu'elle suscite, la thèse n'en est pas moins contestable. Car si la géographie oriente les migrants d'Amérique latine du sud vers le nord du continent, on sait aussi comment la mondialisation la corrige et vient renforcer le rêve américain qui conduit vers le Nouveau Monde de plus en plus d'Asiatiques.

LES *REMESAS*, UN ENJEU POUR TOUTE L'AMÉRIQUE LATINE

En 2005, les pays d'Amérique latine et des Caraïbes ont reçu 30 milliards de dollars sous la forme de transferts financiers de leurs émigrés aux États-Unis (*remesas* en espagnol), soit une somme plus importante que l'aide publique au développement allouée par les Nord-Américains à cette zone. Au Mexique, ces transferts, qui se sont élevés à 20 milliards de dollars en 2005, représentent désormais la deuxième source de devises étrangères après le pétrole. Certaines études montrent d'ailleurs que si ces *remesas* étaient supprimées, la pauvreté augmenterait de 10 % pour des centaines de milliers de Mexicains. À leur échelle, les pays d'Amérique centrale et des Caraïbes ne sont pas moins dépendants de ces retours financiers de l'immigration : au Honduras, au Salvador, en République dominicaine, ils représentent plus de 15 % du produit intérieur brut. On comprend à quel point la question de l'immigration aux États-Unis constitue un enjeu économique de première importance pour toute la zone sud-américaine.

UN MONDE MOINS ÉGAL

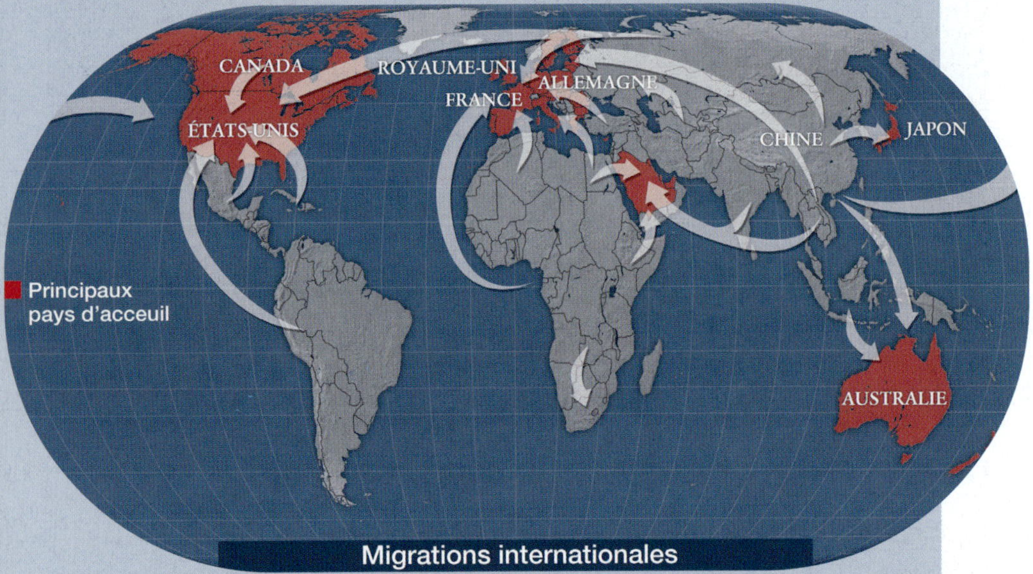

VERS UN « MONDE MEILLEUR » ?

Avec près de 200 millions de migrants estimés dans le monde, les flux migratoires n'ont jamais été aussi importants depuis le XIXe siècle. Nés au cœur même de la mondialisation, ils s'organisent à partir des pôles qu'elle crée, des réseaux qu'elle tisse, des mobilités qu'elle suscite, mais aussi des inégalités qu'elle creuse. Cependant, la situation devient paradoxale puisque après avoir ouvert les frontières aux marchandises, aux capitaux et aux informations, la mondialisation semble maintenant les refermer à ceux que la situation dans leur pays ou la perspective d'une vie meilleure dans un autre pays pousse à l'exil.

Avant toute chose, la mondialisation évoque un processus économique ayant pour vocation d'accélérer la croissance mondiale et d'accroître la « richesse des nations » grâce à la libéralisation des échanges. Pour autant, a-t-elle accru celle des hommes ? À cette question, la réponse dépend à la fois de l'échelle à laquelle on se place, du pays où l'on se situe, des critères que l'on retient. Une tendance paraît pourtant établie : la mondialisation crée des fractures économiques et sociales qui, en se conjuguant à d'autres, animent des mouvements migratoires d'ampleur croissante.

MESURER LA MONDIALISATION

La mondialisation a-t-elle plutôt enrichi les nations ou davantage accentué les inégalités ? En l'absence d'indicateurs spécifiques pour mesurer la richesse ou les inégalités, il n'est guère possible d'apporter une réponse tranchée à la controverse, ni d'établir une géographie objective des inégalités dans le monde. Cependant, plusieurs indicateurs existent, qui permettent en les conjuguant d'esquisser un bref bilan socio-économique de la mondialisation.

Nouveaux pauvres, nouveaux riches

Au regard de l'évolution des PIB (produit intérieur brut), les écarts de richesse entre pays n'ont cessé de se creuser depuis le XIXe siècle hormis sur deux courtes périodes : la première remonte au début XXe siècle, la seconde va du milieu des années 1970 au milieu des années 1980. Depuis, la mondialisation ne redistribue guère les cartes.

Déjà, on constate que les pays les plus riches conservent leur avance économique. Même s'ils sont rejoints par les pays dits « émergents » comme la Corée du Sud, Taïwan, Singapour mais aussi le Brésil, l'Inde et la Chine, les écarts de richesse qui les séparent des pays les plus pauvres n'ont sans doute jamais été aussi extrêmes.

De leur côté, de nombreux pays ont enregistré une baisse du PIB par habitant comme Haïti, la République démocratique du Congo, la Sierra Leone, la Côte d'Ivoire, ou encore l'Ukraine et la Géorgie. De la même façon, le nombre de pays très pauvres aurait doublé ces trente dernières années.

Le deuxième bilan qu'on peut tirer de la mondialisation économique est le profit qu'en tirent des pays comme l'Inde et la Chine qui enregistrent toutes deux des taux de croissance à la fois très élevés et très stables. Or dans la mesure où elles représentent à elles seules pas loin du tiers de la population du globe, cette hausse constante de leur PIB par habitant entraîne mécaniquement une baisse de la pauvreté mondiale… mais pas nécessairement celle des inégalités au sein de la population mondiale.

Pour le vérifier et mesurer le niveau d'inégalité dans le monde et non plus à

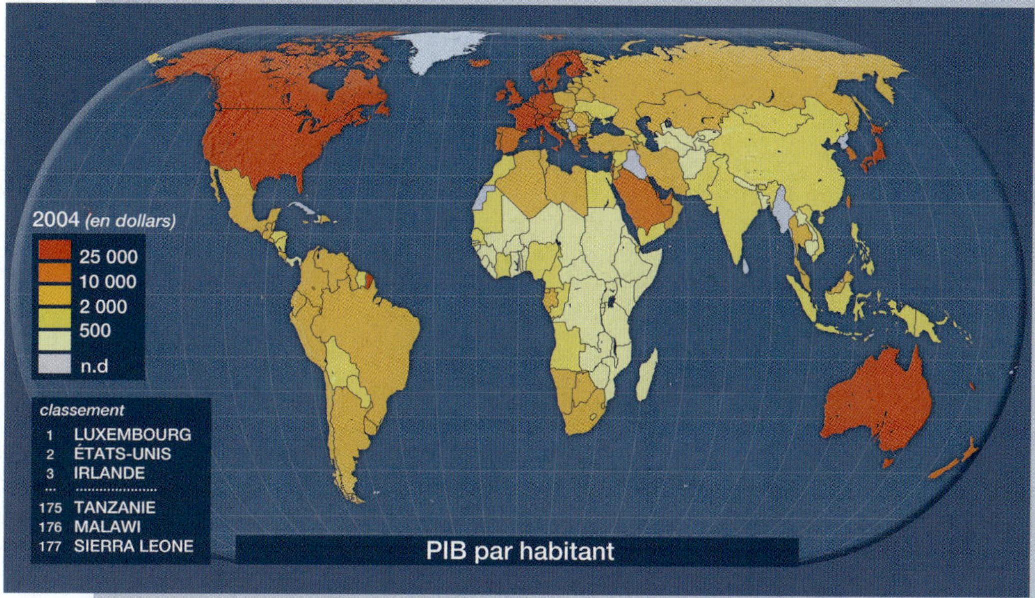

INÉGALITÉS DE REVENUS ENTRE PAYS

Pour mesurer la richesse d'un pays, on calcule son PIB – produit intérieur brut –, qui correspond à la somme de tous les biens et de tous les services produits dans ce pays sur un an. Si on divise cette somme par le nombre d'habitants du pays, on obtient alors le PIB par habitant, qui indique le revenu dont disposerait chaque habitant si les revenus et les richesses étaient répartis de manière égale… ce qui n'est jamais le cas. En l'absence d'indication sur la redistribution des richesses au sein des pays, le PIB par habitant ne permet donc de comparer ni le développement, ni le bien-être des populations d'un pays à l'autre.

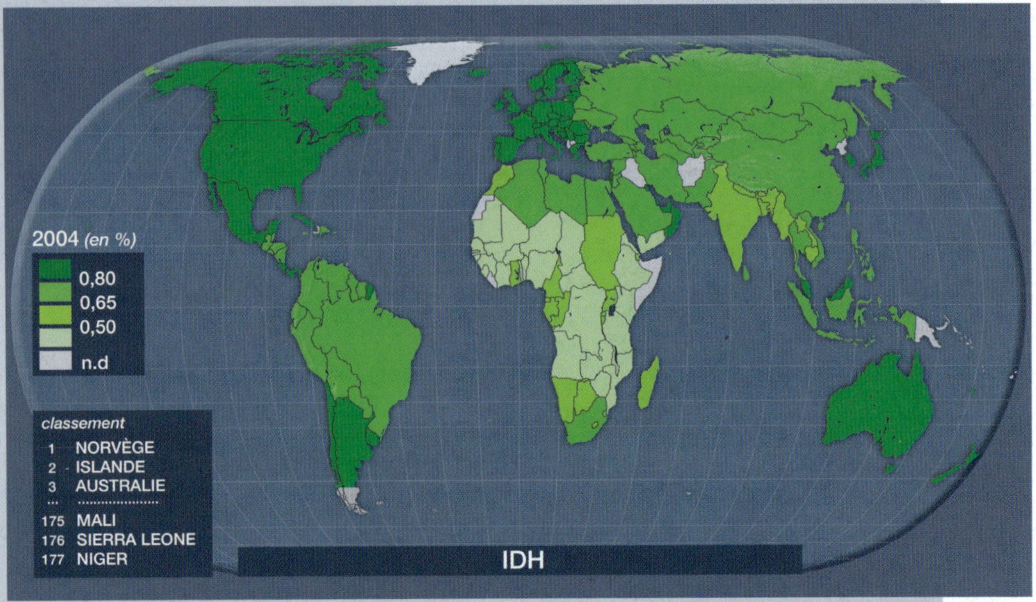

INÉGALITÉS DE DÉVELOPPEMENT

Pour mesurer le développement d'un pays, on utilise l'indice de développement humain (IDH) qui pondère son PIB par l'espérance de vie, le taux d'alphabétisation et le taux de scolarité. À l'échelle mondiale, il permet de constater que la richesse ne coïncide pas forcément avec le développement. On trouve ainsi des pays de revenus moyens très proches mais de niveaux de développement très différents. Cependant, comme l'IDH est calculé à partir de moyennes nationales, il ne donne pas d'indication sur la répartition du développement d'un groupe ou d'une région à l'autre du pays. Ainsi, si on remplaçait dans le calcul le revenu moyen du pays par celui des 20 % les plus pauvres, un pays inégalitaire comme le Brésil perdrait plusieurs dizaines de places dans le classement des pays selon leur IDH.

l'échelle des pays, on utilise un autre indicateur qui pondère les évolutions économiques des pays en donnant à chacun un poids proportionnel à sa population. Or à l'aune de cet indicateur, il semble que les inégalités internationales aient baissé depuis vingt ans. Cependant, on retrouve dans cet indicateur le même « biais chinois ». En effet, à partir du moment où l'un des pays utilisés dans le calcul représente à lui seul un cinquième de la population totale, il est probable que cette inflexion des inégalités corresponde plus aux effets de sa croissance qu'à un recul mondial des inégalités. D'ailleurs, si on retire la Chine du calcul, on constate que les inégalités internationales connaissent, comme celles entre les pays, une tendance à la hausse depuis le milieu des années 1980.

Par conséquent, il n'est pas possible d'apprécier les inégalités à la seule échelle des pays.

Inégalités en hausse

Pour calculer les inégalités *internes*, on utilise le coefficient de Gini, un indicateur de répartition qui montre, entre autres, qu'à une forte hausse des revenus d'un pays peut correspondre une augmentation des inégalités. Ainsi, les études révèlent que depuis vingt ans, les *inégalités internes* tendent à s'accentuer dans la plupart des pays, y compris dans les pays les plus développés et ceux à forte croissance : sur l'ensemble des pays pour lesquels des données sont disponibles, cinquante-trois ont enregistré une hausse des *inégalités internes*... or ils représentent 80 % de la population mondiale. Les neuf pays où les inégalités auraient baissé n'en rassemblent pour leur part que 4 %.

Finalement, qu'il s'agisse des inégalités entre pays ou des *inégalités internes*, leurs évolutions à la hausse semblent conforter ceux qui dénoncent la mondialisation. Reste à savoir si on peut vraiment établir un lien entre ces évolutions, la mondialisation, l'ouverture et les règles qu'elle impose. À ce titre, l'exemple de la Chine est intéressant. Car il montre comment l'économie de marché et l'ouverture commerciale du pays y créent des richesses, les concentrent sur une minorité, introduisent ainsi des inégalités, qui à leur tour viennent en creuser d'autres, plus anciennes, sans rapport avec la mondialisation : entre villes et campagnes, entre communautés, entre régions géographiques, ou encore entre hommes et femmes.

Voir également *Atlas du Dessous des Cartes* 2005, pages 202-203.

INÉGALITÉS INTERNES

Le coefficient de Gini mesure la répartition des revenus au sein d'une population. Il varie de 0 à 1. 0 indique l'égalité parfaite tandis que 1 correspond à l'inégalité extrême, quand un individu reçoit l'ensemble des revenus alors que les autres ne reçoivent rien. Généralement, on considère qu'un coefficient supérieur à 0,5 indique un niveau élevé d'inégalité : c'est le cas du Brésil où 47 % du revenu national est entre les mains des 10 % les plus riches de la population alors que les 10 % les plus pauvres n'en captent que 0,7 %. Cependant, si le coefficient de Gini renseigne sur l'ampleur des inégalités de revenus dans un pays, il n'intègre pas d'autres formes de redistribution comme l'accès aux soins ou à l'éducation qui peuvent corriger ou accentuer les inégalités socio-économiques individuelles.

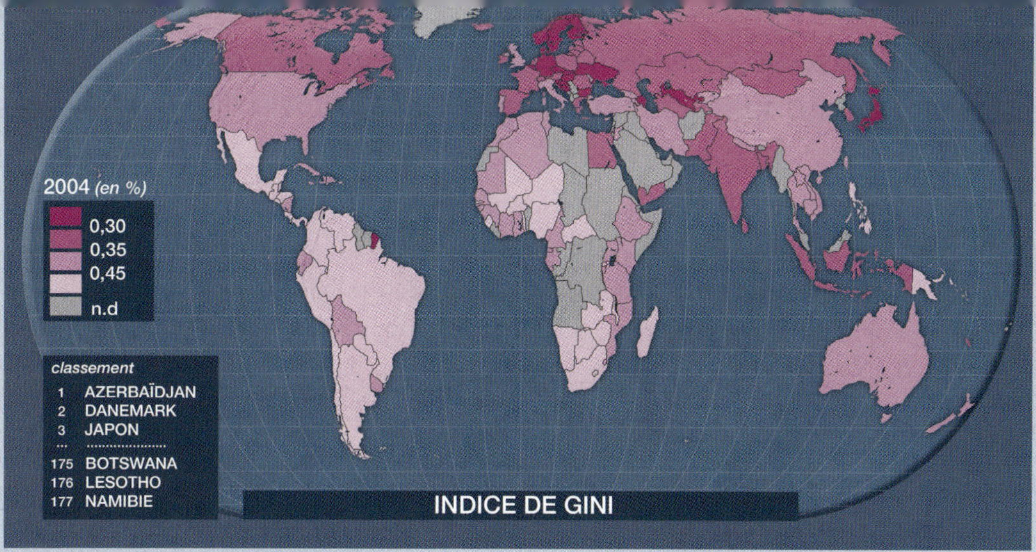

INÉGALITÉS DES CHANCES

Globalement, les inégalités constatées dans un pays y sont le reflet de la redistribution des richesses par le régime fiscal, les systèmes de protection sociale, d'enseignement ou de santé. Autrement dit, les inégalités expriment le choix des gouvernements d'intervenir ou non pour corriger privilèges et handicaps. Ces choix sont d'autant plus décisifs qu'aux premières phases de développement, seule une faible part de la population bénéficie de la croissance économique. Comparé sur plusieurs années, l'indice de développement humain (IDH) renseigne sur l'évolution des chances dans un pays. Parallèlement, il montre sur la carte d'autres inégalités qui se creusent entre les pays comme celles qu'entraîne l'épidémie de sida, dont l'impact a déjà effacé plusieurs décennies de développement en Afrique australe.

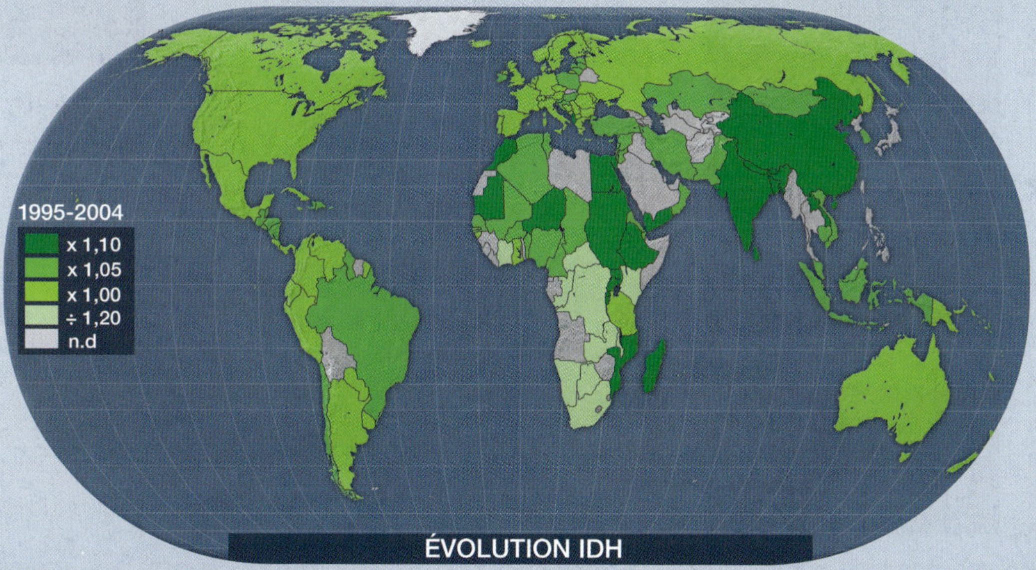

CHINE : LES FAUX TROPHÉES DE LA CROISSANCE

Entrée à l'OMC en 2001, lancement d'un vaisseau spatial habité en octobre 2005, jeux Olympiques à Pékin en 2008 et surtout taux de croissance maintenu à deux chiffres : la Chine se porte bien. Pourtant, il semble que tous les Chinois n'aillent pas aussi bien que leur économie. C'est entre autres ce que souligne un rapport du PNUD publié en décembre 2005, d'où il ressort que la croissance chinoise s'assortit d'une forte hausse des inégalités internes. Comme elles font écho à des fragilités anciennes, le régime redoute qu'elles deviennent la source de graves mouvements sociaux.

PIB/hab

103	MAROC
104	VANUATU
105	CHINE
106	UKRAINE
107	TURKMÉNISTAN

IDH

79	KAZAKHSTAN
80	ARMÉNIE
81	CHINE
82	PÉROU
83	ÉQUATEUR

GINI

91	CAMEROUN
92	CÔTE D'IVOIRE
93	CHINE
94	URUGUAY
95	PHILIPPINES

CONTRE-PERFORMANCES CHINOISES

Comme on le vérifie dans d'autres pays émergents, l'effet égalitaire de la croissance ne se produit qu'une fois un certain niveau de développement atteint. Auparavant, l'ouverture économique qu'impose la mondialisation se traduit à la fois par une baisse de la pauvreté et par un accroissement des écarts de richesse et de développement. Ainsi, si la hausse du PIB par habitant en Chine a permis de sortir 250 millions de personnes de la pauvreté au cours des vingt-cinq dernières années, on peut opposer à cette performance la disparité très grande des revenus au sein de la population. Déjà, les 20 % de Chinois les plus riches du pays se partagent 55 % des richesses, alors que les 20 % les plus pauvres n'en captent que 4,7 %. De la même façon, l'indice de Gini qui mesure la distribution des revenus ne cesse de se dégrader : de 0,16 à la fin des années 1970, il est passé à 0,45 en 2002, amenant ainsi le pays du haut au bas du classement.

GAIGE-KAIFANG : LA RÉFORME ET L'OUVERTURE

C'est en 1979 que le régime chinois lance le Gaige-Kaifang (réforme et ouverture) dont on peut retenir trois axes :
– ouverture du pays aux investissements étrangers puis ouverture des frontières ;
– réforme de l'agriculture et des zones rurales avec la fermeture des sociétés coopératives et la création d'entreprises dans les villes moyennes ;
– décentralisation économique vers les provinces chinoises, doublée d'un transfert de compétences et des recettes fiscales de l'État central vers les provinces.
Ainsi, par ces bouleversements, le régime parvient à faire décoller l'économie du pays dont le PIB connaît une augmentation annuelle moyenne proche de 10 % depuis vingt ans.
Dans leurs phases plus récentes, les réformes ont amené à privatiser des services publics comme certains hôpitaux, mais aussi de nombreuses entreprises d'État, interrompant alors les prestations sociales qu'elles fournissaient (logement, accès aux soins, à l'éducation, etc.). Depuis, on constate que les coûts de l'éducation et de la santé figurent parmi les premières sources d'inégalités sociales.

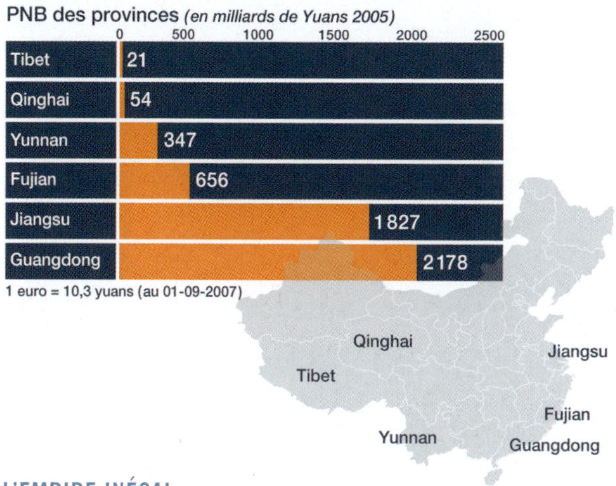

L'EMPIRE INÉGAL

Comme le montre ce diagramme qui compare le revenu de quelques provinces chinoises, les écarts de PNB peuvent être très grands. L'enjeu est crucial. Car en contrepartie de la décentralisation économique et du transfert des recettes fiscales de l'État vers les provinces, celles-ci récupèrent un certain nombre de charges comme l'éducation, la santé ou les transports. Concrètement, cela signifie que la croissance n'est plus redistribuée dans l'ensemble du pays de manière équitable, et que des provinces à revenus moindres comme le Tibet ou le Qinghai n'ont plus les moyens de gérer leurs hôpitaux, leur personnel de santé, leurs infrastructures. Autrement dit pendant que la Chine s'enrichit, une grande partie rurale et moins peuplée du pays voit ses équipements publics se dégrader, tout comme l'accès aux soins ou le niveau de scolarisation. Résultat : l'espérance de vie des agriculteurs du Jiangsu est de cinq ans supérieure à celle du Yunnan.

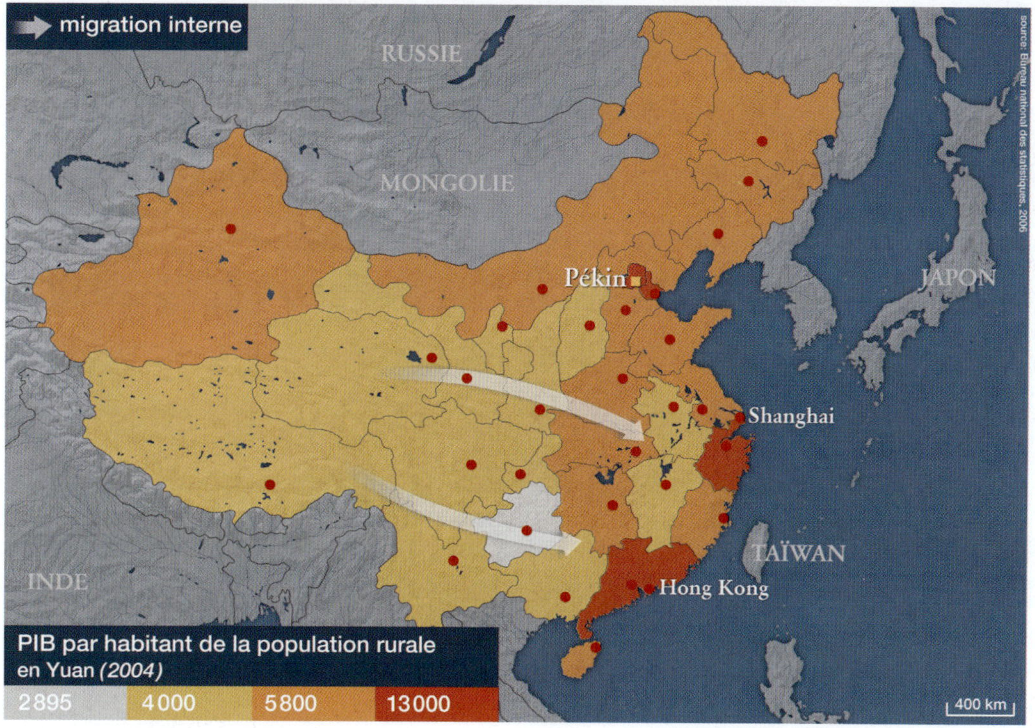

LE NOUVEL EXODE DES CHINOIS

Cette carte du PIB par habitant et par province de la population rurale souligne à son tour le fossé qui sépare Chine de l'intérieur et Chine côtière : les revenus de la population rurale dans les provinces côtières sont presque trois fois plus élevés que dans les provinces du centre et de l'ouest.
À ce fossé entre provinces vient s'ajouter celui qui se creuse entre les zones rurales et les villes. En 2002, 93 % des 10 % de Chinois les plus riches résidaient dans les villes, alors qu'à l'autre bout de l'échelle, 98,7 % des 10 % les plus pauvres vivaient en zone rurale. De la même façon, le revenu annuel moyen par personne s'élève à 1 000 dollars en ville alors qu'il dépasse à peine les 300 dollars en milieu rural. Enfin, l'espérance de vie des habitants des villes est supérieure de 5 ans à celle des habitants des campagnes.
Aussi, dépossédés ou licenciés par les réformes agricoles, dépourvus pour 85 % d'entre eux de protection sociale, mais aussi d'accès aux soins et à l'éducation, des millions de paysans fuient la pauvreté pour rejoindre la ville et ses promesses dans un double mouvement :
– des campagnes vers les villes de province ;
– des provinces du centre et de l'ouest vers les régions côtières.
Depuis le début des années 1980, plus 150 millions de paysans chinois ont ainsi quitté la campagne à la recherche d'un emploi.

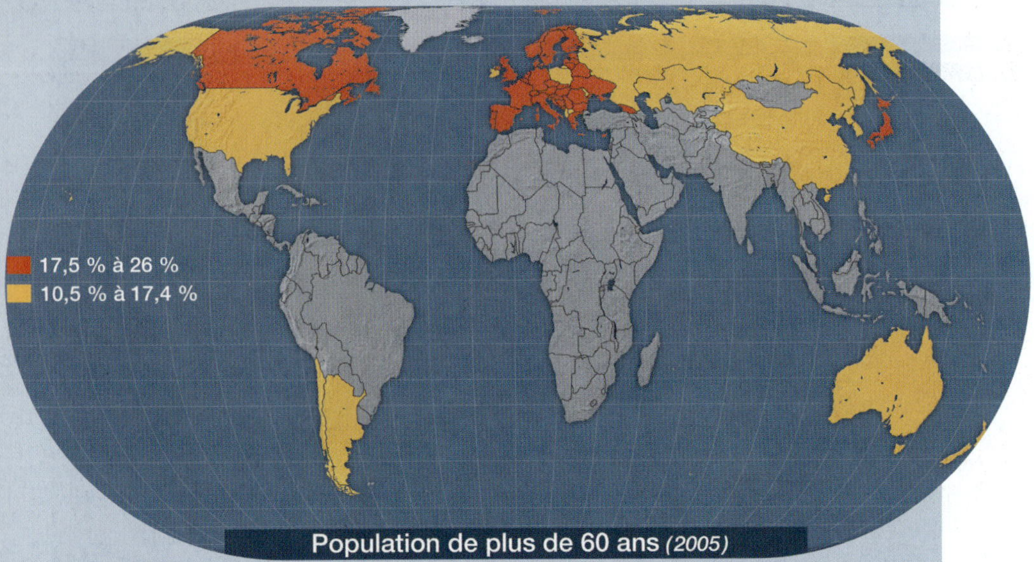

Population de plus de 60 ans *(2005)*

UN MONDE DE SENIORS

Hausse de l'espérance de vie et baisse de la fécondité : presque partout dans le monde, le nombre de personnes âgées augmente. C'est dans les pays développés que le vieillissement est le plus marqué : la part des plus de 60 ans y passera de 20 % aujourd'hui à 32 % en 2050. À l'échelle mondiale, elle devrait passer de 10 % aujourd'hui à 21 % en 2040.

GÉNÉRATIONS NON RENOUVELÉES

Alors que la baisse de la fécondité moyenne rétrécit la base de la pyramide mondiale des âges, l'allongement de l'espérance de vie en gonfle la partie haute. Rapportée à la pyramide de 2000, celle de 2050 montre que le groupe d'âge qui progresse proportionnellement le plus vite est celui des plus de 80 ans : s'il ne représente aujourd'hui qu'un dixième de l'effectif total des personnes âgées, il en constituera un cinquième d'ici 2050.

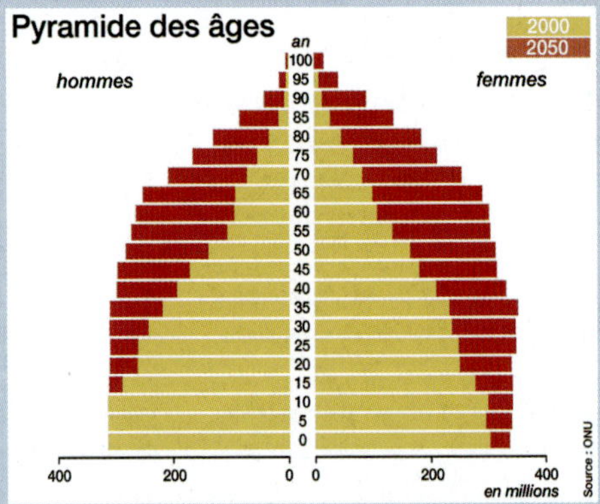

MIGRATIONS : LA NÉCESSITÉ DÉMOGRAPHIQUE

Sans rapport direct avec la mondialisation, le vieillissement de la population mondiale en devient un enjeu majeur. D'une part, il impose aux sociétés les plus touchées de repenser leurs politiques économiques et sociales. D'autre part, il crée des déséquilibres démographiques qui viennent se superposer aux fractures économiques mondiales. Ainsi, il stimule le transfert de populations depuis les zones plus pauvres économiquement mais mieux pourvues en main-d'œuvre vers les pays dont la réussite économique et la cohésion sociale se trouvent hypothéquées par leur vieillissement.

Un monde vieillissant

Désormais, le vieillissement du monde n'est plus une perspective : c'est une réalité. Déjà, l'âge médian de la population mondiale qui s'élevait à 22 ans en 1970 atteindra 34 ans en 2035, et même 45 ans en Europe. À cette hausse correspond également celle du nombre de personnes âgées, voire très âgées : en 1950, on comptait 200 millions de personnes de 60 ans et plus dans le monde ; elles seront 2 milliards en 2050 !

Globalement, le vieillissement des populations est lié à deux facteurs : l'allongement de l'espérance de vie et la baisse de la natalité.

Avec le recul de la mortalité et l'allongement de la durée de vie, l'espérance de vie progresse presque partout dans le monde (hormis l'Afrique australe) : de 46,5 ans en 1950-1955, elle est passée à 65,2 ans en 2002. Si elle progresse plus lentement

LE VIEILLISSEMENT DE L'EUROPE

En 1950, les plus de 60 ans représentaient 15 % de la population d'Europe occidentale… ils seront 35 % en 2050. Moins que l'allongement de l'espérance de vie, c'est la baisse de la fécondité qui est en cause sur le vieux continent : ainsi, aucun pays européen n'atteint le taux de fécondité de 2,1 enfants par femme qui correspond au seuil de renouvellement des générations. À terme, la population européenne aura donc non seulement vieilli, mais elle pourrait même avoir diminué : – 8 % en France, – 42 % en Italie.

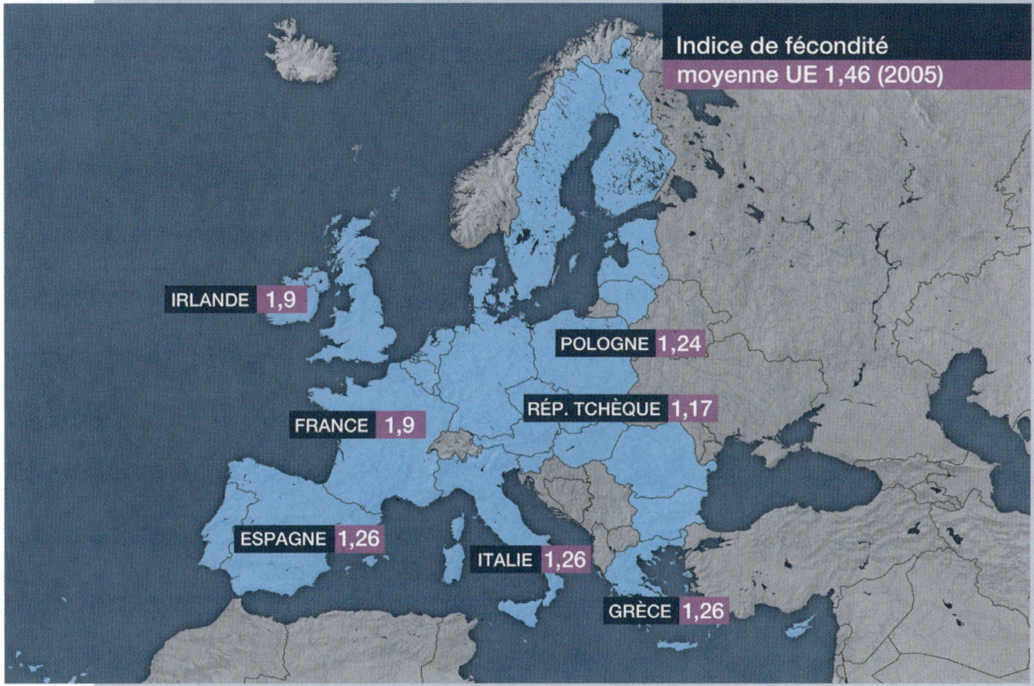

dans les pays développés, elle y gagne en moyenne encore deux mois par an. Ainsi, la France qui comptait 200 centenaires en 1950 en comptera 150 000 en 2050 ! Progrès dans l'éducation des filles, recul de l'âge du mariage, politique de l'enfant unique en Chine, incertitudes politiques et sociales : on assiste à une baisse mondiale des taux de fécondité. Aujourd'hui, le phénomène touche particulièrement les pays de l'ex-bloc soviétique et l'Asie du Sud-Est. Avec 0,94 enfant par femme, Hongkong détient le record du taux de fécondité le plus bas.

Le talon d'Achille européen

Au sein du monde développé, c'est l'Europe qui pourrait être la plus fragilisée : tandis que la hausse rapide du nombre de personnes âgées et très âgées annonce une augmentation du coût de leur prise en charge sociale et médicale, la chute de la fécondité laisse présager une baisse de la population active pour s'occuper d'eux et pour financer les solidarités transgénérationnelles. Au-delà, le vieillissement et même la dépopulation européennes soulèvent de multiples problèmes : pénurie de main-d'œuvre et de matière grise, coût de l'entretien des infrastructures, dépopulation des campagnes, baisse de la demande intérieure, moindre attractivité des marchés. À terme, c'est donc la croissance économique et la cohésion sociale des sociétés européennes qui pourraient se trouver fragilisées. On mesure là tout l'enjeu de la question migratoire pour l'avenir de l'Europe : les politiques migratoires mises en place par les pays de l'Union répondent-elles aux problèmes posés par le déficit démographique ou à la montée de la xénophobie et des amalgames qu'on enregistre un peu partout ?

L'IMPASSE EUROPÉENNE

Comme permet de le constater la pyramide des âges de l'Europe en 2050, la population européenne sera alors dans une situation très délicate : les personnes très âgées seront beaucoup plus nombreuses que les plus jeunes. Tandis que la population active diminuera de 48 millions de personnes, soit une baisse de 16 %, les plus de 65 ans augmenteront de 58 millions de personnes, soit une hausse de… 77 % ! Parallèlement, la population de l'Union européenne devrait même diminuer en passant de 490 millions de personnes à 479 millions entre 2005 et 2050.

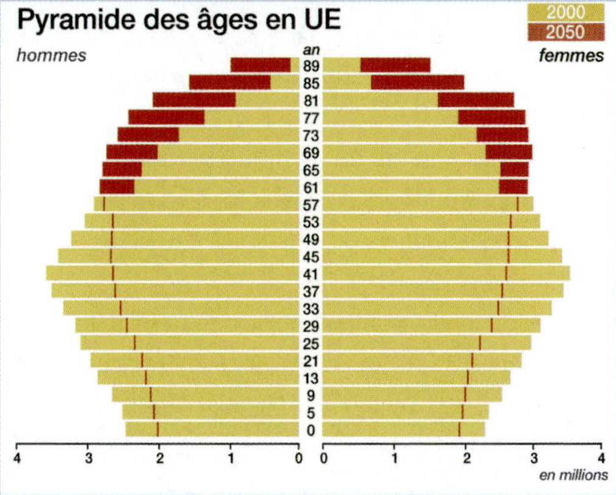

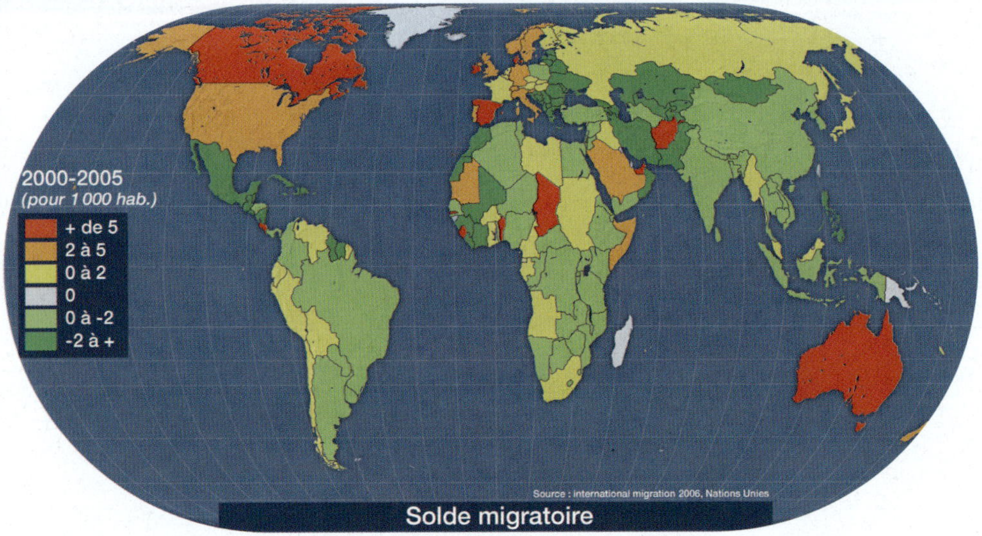

TERRES D'ACCUEIL, TERRES D'EXIL

Durant la période 2005-2050, 98 millions d'habitants devraient quitter leur pays, soit 2,2 millions de personnes chaque année. Pourtant, cette vague de migration mondiale n'est pas la première de cette échelle :

– en leur temps, la fin de l'Empire romain puis les croisades du Moyen Âge avaient déplacé des dizaines de milliers de personnes à travers l'Europe et l'Asie ;

– à son tour, la colonisation conduisait 51 millions d'Européens vers les « nouveaux mondes » entre 1846 et 1940 (Amérique, Australie, Afrique du Sud) ;

– parallèlement, l'esclavage déportait 20 millions d'Africains vers les colonies européennes.

Depuis, on assiste au renversement des flux migratoires : jadis zone de départ, l'Europe est devenue l'une des principales zones d'accueil (1,4 million d'entrées par an) avec l'Amérique du Nord (0,9 million d'entrées par an). Pour sa part, l'Asie constitue avec le sous-continent indien la première région de départ (1,4 million d'émigrés par an). Elle est suivie par les Caraïbes et l'Amérique du Sud (0,8 million), et enfin par l'Afrique (0,3 million).

Migrations : l'avenir du monde ?

Les migrations sont désormais intrinsèquement liées au processus de mondialisation, qu'elles en soient un symptôme, un moteur ou une réponse. Pour s'en convaincre, il suffit de rappeler que les transferts d'argent effectués par les migrants pour soutenir leurs familles restées dans leur pays d'origine s'élèvent à 200 milliards de dollars par an et constituent le deuxième flux financier mondial après celui des hydrocarbures.

On distingue trois sortes d'émigration : les plus nombreux sont les gens à faible niveau de qualification issus des pays moins développés ; on trouve ensuite les élites qualifiées originaires de pays technologiquement plus avancés ; et plutôt moins nombreux enfin, les réfugiés en provenance des zones de conflits.

Sous l'effet des inégalités économiques internationales croissantes, du vieillissement des pays les plus riches, des changements climatiques, mais aussi des fractures dans les domaines des droits de l'homme, de la sécurité et des libertés, le phénomène migratoire devrait encore s'amplifier dans les prochaines décennies. Déjà, on est passé de 120 millions de migrants en 1990 à 200 millions aujourd'hui. Autrement dit, les migrations internationales progressent plus vite que la population mondiale. Pour autant, la « vague déferlante des immigrés envahissant les pays riches » que brandissent clichés, médias et parfois certains hommes politiques pour justifier les dispositifs de refoulement mis en place aux portes des pays développés semble ne reposer sur aucune réalité :

– même en forte croissance, les migrations (définitives ou temporaires) ne concernent encore que 5 % de la population mondiale ;

– 60 % d'entre elles s'effectuent à l'intérieur de l'hémisphère Sud ;

– d'ici à 2050, elles ne contribueront que pour 4 % de la croissance démographique dans les pays développés.

Tantôt masque, tantôt exutoire pour des problèmes sociaux économiques, les migrations révèlent que les États sont confrontés à un phénomène qui leur échappe, et face auquel le modèle d'État-nation aux frontières étanches est de plus en plus inopérant.

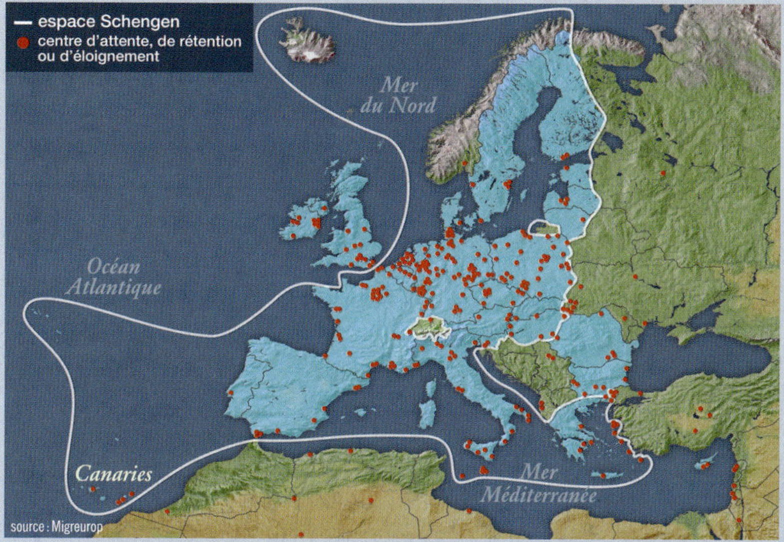

LA FORTERESSE EUROPE

Face à l'afflux de demandes d'asile, de candidats à l'immigration mais aussi de migrants clandestins, les États de l'Union européenne répondent de plus en plus par la mise à l'écart des étrangers sur leur sol. Pour y parvenir, ils disposent de multiples procédés. Ainsi à l'intérieur comme à l'extérieur des frontières, ils mettent en place des camps d'attente, de rétention ou d'éloignement pour les personnes en demande d'admission ou en attente d'expulsion. Parallèlement, la politique de visas applicable dans l'espace Schengen équivaut quasiment à interdire sans le dire l'accès du territoire européen la plus grande partie de la population mondiale.

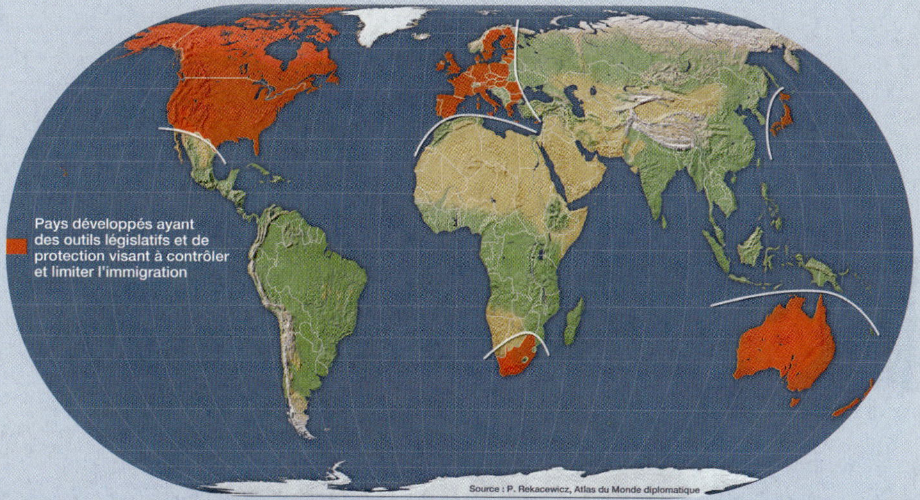

LES SANCTUAIRES DE LA PROSPÉRITÉ

Face à une pression migratoire jugée excessive, les pays les plus riches tentent de rassurer leurs opinions manifestement de plus en plus réfractaires à l'immigration :
– fermeture des territoires grâce à une politique de visa très restrictive et à un renforcement des contrôles aux frontières ;
– mise en place de camps de détention où les migrants sont maintenus en attendant leur admission ou leur refoulement ;
– criminalisation croissante des « illégaux » dans les discours politiques comme dans les appareils législatifs ;
– construction de barrières juridiques et physiques par les pays riches pour sanctuariser leurs territoires face à l'immigration clandestine.

UN MONDE PLUS RISQUÉ

VIRUS, BACTÉRIES, MICROBES : LA DISPERSION PLANÉTAIRE

La mondialisation prend désormais aussi des déclinaisons épidémiques. Commerce d'animaux exotiques organisé depuis les zones équatoriales et tropicales, exportation d'animaux d'élevage dans le cadre du commerce agricole, importations accidentelles d'insectes dans les soutes des bateaux ou les cales des avions, déplacements d'espèces sous l'effet des changements climatiques : en disséminant des vecteurs d'épidémies et d'épizooties, la mondialisation contribue à leur dispersion planétaire.

Intrinsèquement, la mondialisation repose sur la libéralisation des échanges, et donc sur l'ouverture des frontières et le relâchement des contrôles. Ainsi, elle entame l'autorité des États, y compris sur leur territoire. De la même façon, la mondialisation s'appuie sur des technologies comme Internet qui facilitent les échanges, mais qui les soustrait en même temps aux systèmes juridiques nationaux. Cybercriminalité, terrorisme, trafics illicites : la liste est longue des risques que ce recul ou que cette nouvelle faiblesse des États accentue et que la mondialisation globalise. Parmi eux, quelques-uns sont moins connus mais pas moins dangereux comme les risques épidémiques ou le renouveau des mafias et de la piraterie maritime.

ÉPIDEMIES, ÉPIZOOTIES : DES RISQUES MONDIALISÉS

Qu'il s'agisse de l'émergence de nouvelles maladies infectieuses comme le sida, de l'expansion de certaines épidémies comme le SRAS ou encore du développement d'épizooties comme la grippe aviaire, on constate qu'il existe un lien complexe entre notre santé et la mondialisation. Un peu comme si la globalisation du risque sanitaire répondait celles à des économies.

Des épidémies de plus en plus « économiques »

Une épizootie est une épidémie qui touche les animaux. Provoquées par des virus ou des bactéries, ces maladies animales sont d'autant plus dangereuses que certaines peuvent se transmettre à l'homme comme la vache folle ou la grippe aviaire. En cas de flambées épizootiques, elles soulignent le risque que représente l'intensification de l'élevage pour l'économie comme pour la santé publique.

Tout est lié. C'est pourquoi la lutte contre les épizooties ou l'émergence de nouvelles épidémies impose de savoir faire les liens entre les économies, les modèles de développement et nos modes de vie. Il faut à chaque fois repartir des facteurs d'apparition, de mutation et de dispersion des agents infectieux responsables des maladies (virus, parasites, bactéries) et de la dissémination des vecteurs qui les transmettent (eau, air, invertébrés).

La première cause de dissémination des virus, des parasites et des bactéries est liée aux déplacements de ceux qui les portent ou de ceux qui les transmettent, qu'ils soient humain ou animal. Il peut s'agir de dispersion « naturelle » comme les vents qui déplacent les moucherons vecteurs de la fièvre catarrhale du mouton, ou les migrations d'oiseaux sauvages qui disséminent la fièvre du Nil. Toutefois, il s'agit de plus en plus souvent de flux « anthropiques », qui découlent des activités des hommes, de leurs déplacements (paludisme, dengue), de leurs animaux

LA FIÈVRE CATARRHALE

En dépit de son nom, la fièvre catarrhale ovine ne touche pas seulement les moutons : elle affecte aussi les caprins et les bovins. Or depuis quelques années, cette fièvre virale connaît une expansion remarquable sur le pourtour méditerranéen. Elle y progresse grâce à son vecteur, le Culicoides imicola, *un moucheron qui, pour vivre et se reproduire, a besoin de chaleur : plus il fait chaud, plus la maladie progresse. C'est pourquoi en élevant les températures moyennes, le réchauffement climatique menace d'élargir le champ de la fièvre catarrhale, tout comme celui de maladies humaines comme le paludisme ou la dengue.*

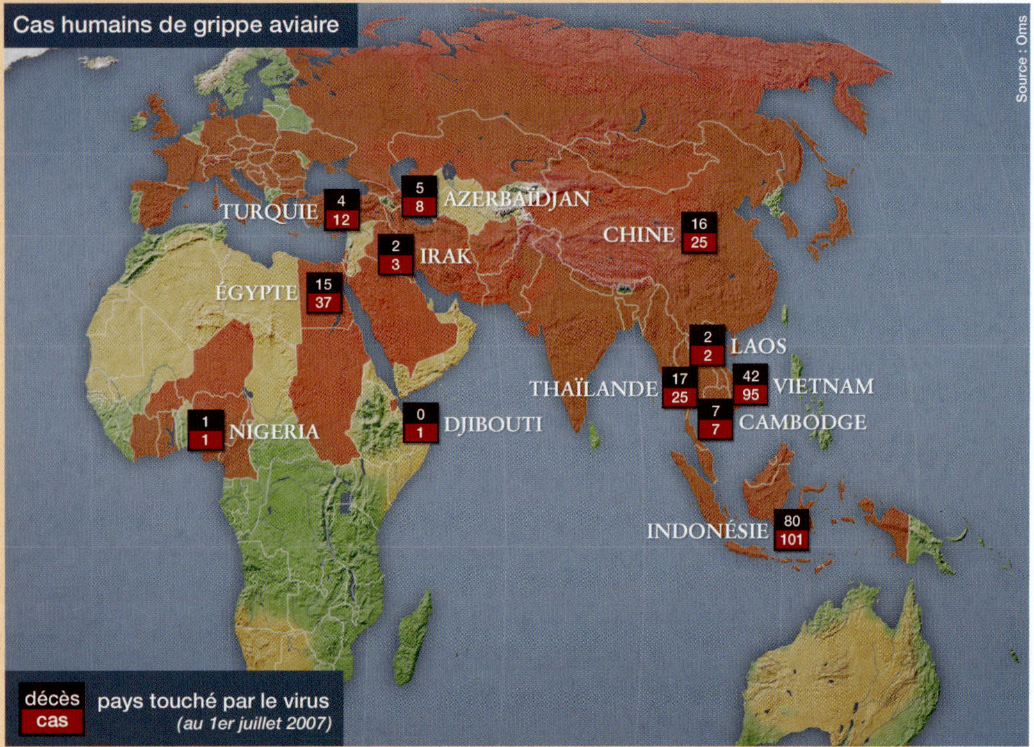

LA GRIPPE AVIAIRE : DU POULET À L'HOMME

La grippe aviaire ignore les frontières entre espèces.
Au 1er juillet 2007, le virus H5N1 avait déjà tué 191 personnes dans le monde.

domestiques (rage) et de leur bétail (fièvre de la vallée du Rift). Directement liés à la croissance du commerce international, aux avancées des transports et au développement du tourisme mondial, la dissémination des maladies infectieuses reflète aussi la mondialisation des échanges.

Au même moment, on peut souvent associer la dispersion des agents infectieux aux modifications de l'environnement naturel. En élevant les températures moyennes et en changeant le régime des précipitations, le réchauffement climatique modifie également la répartition géographique, la reproduction et l'abondance de certains vecteurs, en particulier celles des invertébrés (insectes, crustacés, araignées) responsables de la transmission de nombreuses maladies.

À son tour, l'évolution de nos modes de vie contribue à la diffusion de certaines pathologies : on peut penser aux systèmes de climatisation qui, s'ils sont mal entretenus, favorisent le développement de la légionellose, une infection pulmonaire sévère. On peut également mentionner la circulation croissante des viandes d'élevage d'une région à l'autre du monde, la croissance des villes et donc de la promiscuité favorable aux phénomènes de contagion, l'augmentation de la fréquentation aérienne et aéroportuaire… Les exemples sont innombrables des évolutions qui permettent aux agents infectieux de se disperser et de contaminer de nouveaux espaces, même géographiquement lointains.

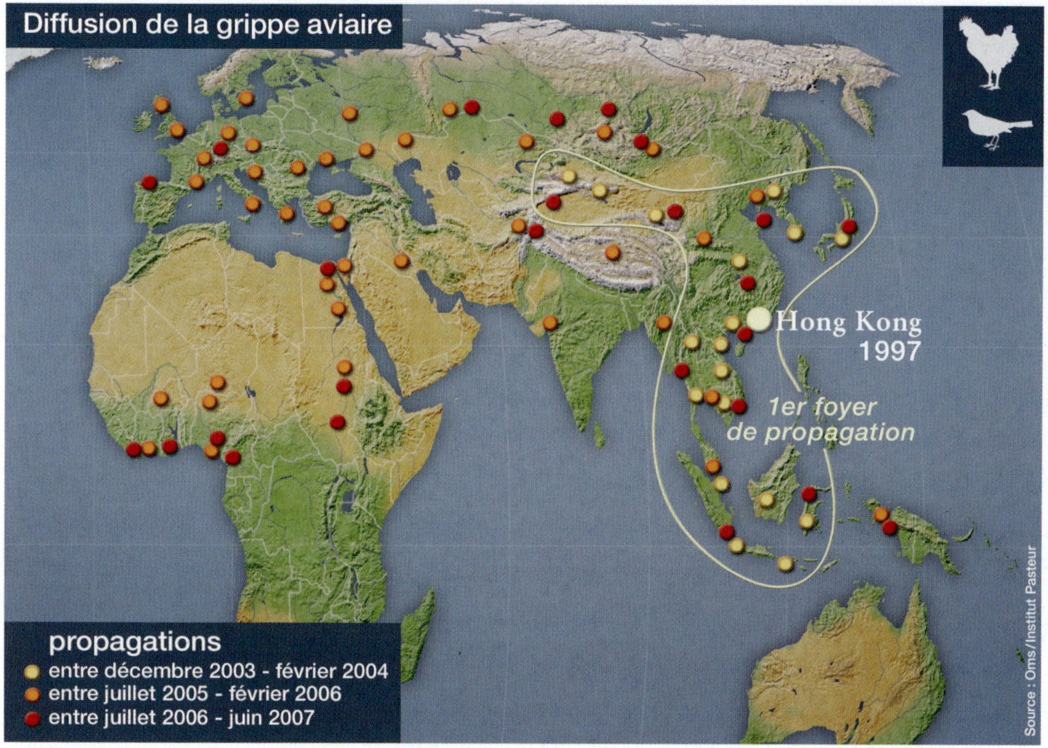

H5N1, UN VIRUS SANS FRONTIÈRES

Diagnostiqué pour la première fois à Hongkong en 1997, le virus H5N1 – plus connu sous le nom de « grippe aviaire » – réapparaît en 2003, en Corée du Sud, touchant dans le même temps de nombreux pays asiatiques (Viêt Nam, Thaïlande, Indonésie, Chine...). À partir de 2005, le virus gagne d'autres régions avec la découverte de foyers en Asie centrale, au Moyen-Orient, en Europe orientale et même dans certaines régions d'Afrique.

À leur tour, en février 2006, plusieurs pays de l'Union européenne dont la France enregistrent leurs premiers cas d'infection d'oiseaux migrateurs, mais aussi d'oies, de poulets ou de dindes d'élevage.

Si la grippe aviaire ignore les frontières géographiques, elle ignore également celles qui sépare les espèces : alors qu'il ne touchait jusque-là que les oiseaux, le virus contamine désormais d'autres mammifères comme le porc, le chat, le chien et, surtout, l'homme. Très faible au regard de l'impact du VIH/sida ou du paludisme dans le monde, le chiffre permet toutefois d'évoquer la menace que fait peser la probable mutation du virus. Car si elle devait permettre la transmission de l'infection très pathogène d'homme à homme, le risque serait alors grand d'assister à une pandémie comparable à celle de la grippe espagnole dont on estime qu'elle tua entre 40 et 50 millions de personnes de 1918 à 1920. Un scénario que l'OMS prend donc très au sérieux.

En attendant, le virus continue sa progression en soulevant d'autres enjeux. Au-delà du risque sanitaire qu'il représente, il engendre en effet des pertes économiques majeures dans les pays touchés. Abattage de volailles, fermeture d'élevages, embargos et, plus largement, baisse de la consommation : dans certains pays d'Asie du Sud-Est, d'Afrique et d'Europe, c'est toute la filière avicole qui se trouve fragilisée.

Cependant, on s'aperçoit au même moment que la crise profite à d'autres. Comme ils sont les seuls capables de se plier aux contraintes de la FAO dans les régions infectées, les grands exploitants peuvent ainsi récupérer l'activité des petits aviculteurs, dont les moyens ne suffisent pas à garantir la sécurité sanitaire et le confinement des volailles. Au Viêt Nam par exemple, la production du géant thaïlandais Charoen Pokphand a doublé en 2006 au détriment des fermes familiales locales. Parmi les autres gagnants de la crise figure également le Brésil. Situé sur un continent encore vierge de toute souche H5N1, il a lui aussi su développer sa filière avicole de manière industrielle afin de devenir, depuis 2004, le premier exportateur mondial de volaille.

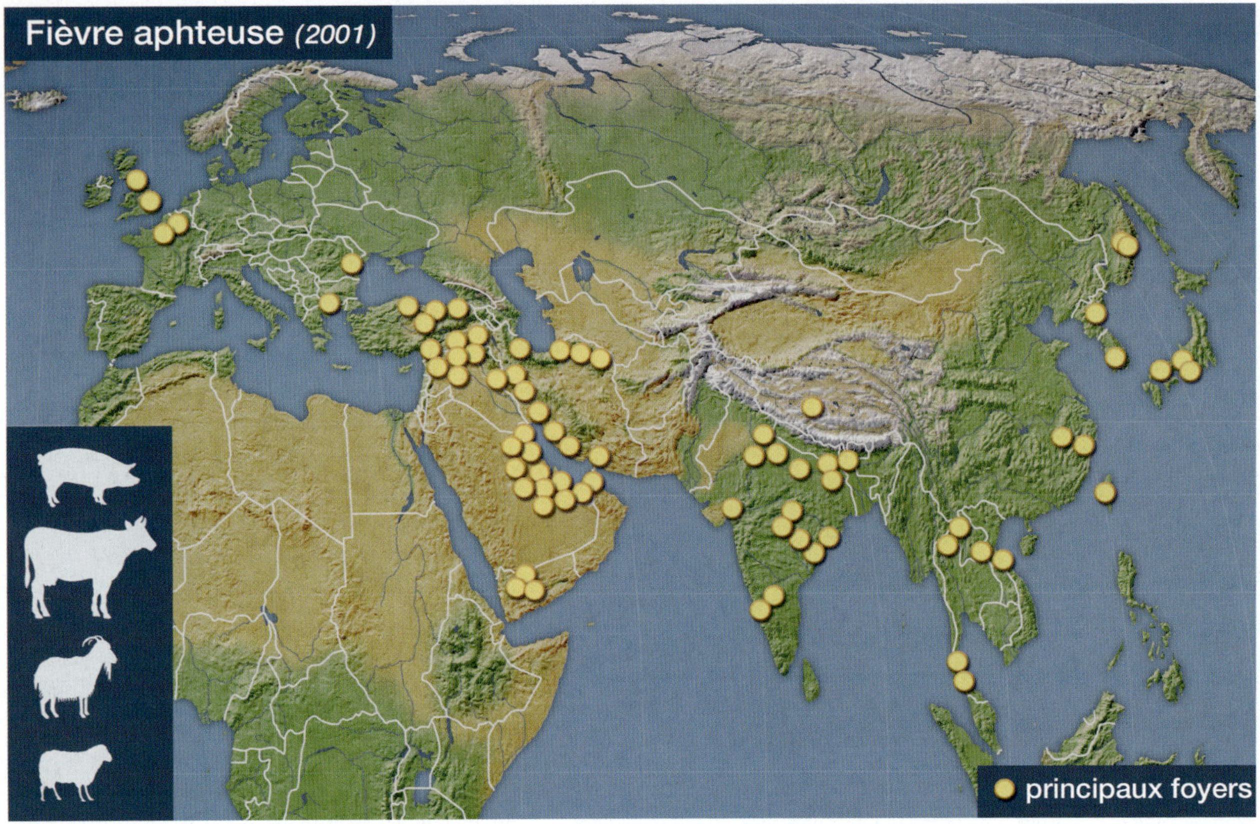

CHRONIQUE D'UNE ÉPIZOOTIE CONTRÔLÉE

Endémique dans plusieurs pays d'Asie et très contagieuse, la fièvre aphteuse, dont on voit ici la progression en 2001, touche aussi bien bovins, ovins, caprins et porcins. Sporadique dans les années 1960-1970 en Europe, elle y avait ensuite été maîtrisée grâce à la vaccination du bétail.

Pourtant, le 20 février 2001, les autorités sanitaires du Royaume-Uni identifient des porcs atteints de fièvre aphteuse lors d'un abattage. Des enquêtes épidémiologiques menées plus tard révèleront que le virus aurait franchi les frontières dans les bagages d'un passager contenant une viande contaminée. Celle-ci aurait alors été servie dans un restaurant dont les viandes non consommées auraient été réutilisées comme nourriture animale pour les porcs.

Très vite, on s'aperçoit que la maladie a touché 70 exploitations de l'Angleterre au pays de Galles, et qu'elle a également contaminé des ovins. L'alerte est alors lancée dans les pays de l'Union européenne, où de nombreux moutons viennent justement d'être exportés par les Britanniques pour l'aïd el-kébir, une fête religieuse musulmane à l'occasion de laquelle on sacrifie des moutons. En Irlande, aux Pays-Bas, en France, les autorités vétérinaires mettent en place des mesures de prophylaxie sanitaire, qui amènent à abattre tous les ovins importés du Royaume-Uni. Pour les éleveurs britanniques, la mesure est économiquement sévère, humainement très lourde.

Exemplaire sur le plan de la maîtrise de l'épizootie grâce aux mesures de précaution, l'épisode épizootique l'est aussi sur le plan de son parcours géographique que l'on peut attribuer à deux facteurs principaux : le relâchement de la veille sanitaire lors du contrôle des importations et la croissance des déplacements d'hommes, d'animaux et de biens liée à l'essor des transports internationaux.

Des maladies de plus en plus « anthropiques »

Parallèlement aux phénomènes de dissémination, on assiste à l'émergence de pathologies inconnues, ainsi qu'à la réémergence de maladies disparues. Ici encore, les actions de l'homme sont en cause. Ainsi, les modifications profondes de l'environnement comme la déforestation et le défrichage induisent l'adaptation et la mutation des espèces. En favorisant l'introduction de nouveaux agents pathogènes, elles stimulent aussi l'émergence de nouvelles maladies. On trouve parmi elles la fièvre de Kyasanur, une maladie virale transmise par les tiques et dont l'émergence est directement associée à la mise en pâture de terres déforestées dans l'État du Karnataka en Inde.

À son tour, la hausse de CO_2 dans l'atmosphère a pour résultat indirect d'augmenter l'humidité ambiante. Or tout comme les systèmes d'irrigation en zone aride ou semi-aride, l'humidité facilite le développement des moustiques et avec eux, des nombreuses maladies qu'ils véhiculent (fièvres, encéphalites).

En changeant la salinité et l'acidité de l'eau, la construction de barrages et de canaux favorise elle aussi le développement de nouveaux vecteurs, comme par exemple les escargots d'eau douce dans le fleuve Sénégal qui y propagent le ver parasite responsable de la bilharziose. Parfois mortelle, cette maladie infectieuse touche plus de 200 millions d'individus dans le monde.

Des réponses de plus en plus mondiales

Face à l'augmentation et à la dispersion des risques épidémiques et épizootiques, la question qui se pose est celle des moyens disponibles pour lutter. Or, en dépit des limites qu'imposent les phénomènes migratoires de la faune sauvage (oiseaux, tiques, insectes, mollusques), il existe plusieurs types de mesure pour prévenir, maîtriser et enrayer les crises sanitaires, à condition qu'elles soient prises à l'échelle mondiale.

La première mesure consiste à réglementer les échanges internationaux de végétaux et d'animaux grâce à l'adoption de normes phytosanitaires et vétérinaires comme en

LE COÛT D'UNE ÉPIDÉMIE

En 2001, la fièvre aphteuse a « touché » 2 000 exploitations en Angleterre et au Pays de Galles. Elle a conduit à l'abattage de 6 millions de bêtes, soit 11 % du cheptel anglais, et représenté un coût final de 8 milliards d'euros, soit un demi-point du PIB au pays.

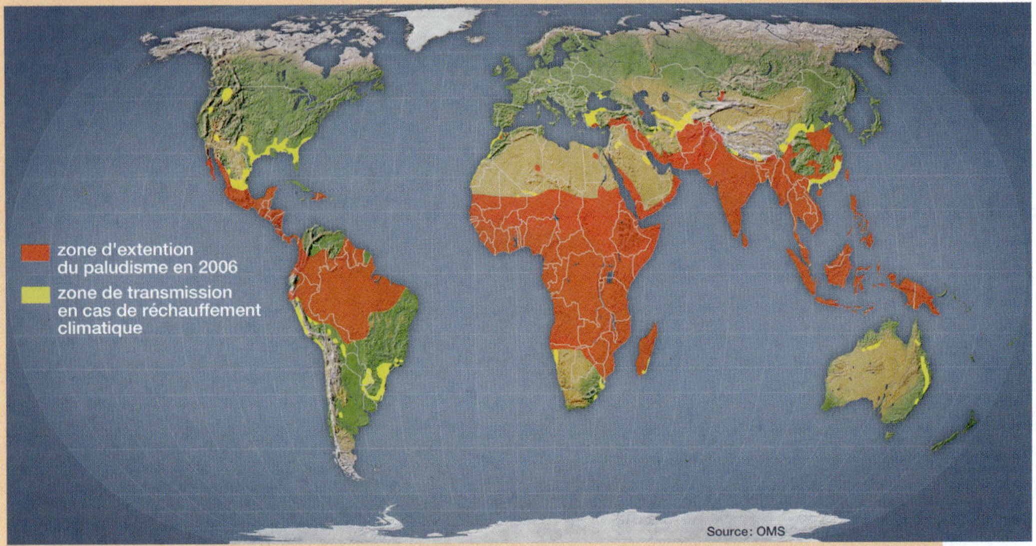

QUAND LE PALUDISME PROFITE DU RÉCHAUFEMENT CLIMATIQUE

Le paludisme ou malaria fait partie des cinq maladies responsables de 80 % des décès par maladies infectieuses dans le monde. Réparti dans les zones tropicales d'Amérique latine, d'Afrique et d'Asie, où le parasite vecteur de la maladie trouve les conditions de se développer (humidités, marécages, etc.), il tue chaque année en Afrique de 1 à 3 millions de personnes. Les études épidémiologiques du paludisme révèlent que le réchauffement climatique fait peser des risques sur les populations qui vivent en altitude : dans ces régions encore trop froides pour que le parasite responsable de la maladie tropicale puisse se développer, une légère hausse de température pourrait suffire à en augmenter la transmission à des populations dépourvues de toute immunité.

sont chargés plusieurs organismes internationaux. Pour les animaux par exemple, c'est une organisation intergouvernementale regroupant 167 pays qui s'en charge, l'OIE (Office international des épizooties).

Une deuxième mesure consiste à mettre en place des réseaux internationaux de veille et de surveillance afin d'identifier précocement toute nouvelle épidémie, de lancer l'alerte et d'organiser la réponse. C'est par exemple le rôle du GOARN, le Réseau mondial d'alerte et d'action en cas d'épidémie mis en place par l'OMS en 2000.

Une troisième mesure exigerait alors de l'État concerné qu'il informe le plus tôt possible le reste du monde sur son statut épizootique ou épidémique... Une exigence dont le SRAS et la grippe aviaire ont permis de mesurer qu'elle est trop tardivement respectée.

Viennent ensuite les mesures de précaution comme la mise en quarantaine ou l'abattage systématiques des sujets suspects ou ayant été en contact avec l'un d'entre eux. Si elles sont difficiles à mettre en place, ces dispositions sont aussi très efficaces comme on l'a vérifié avec la fièvre aphteuse et avec le SRAS.

Se pose alors la question des coûts et des moyens nécessaires pour mettre en œuvre toutes ces mesures, et la solidarité qu'elle exigerait entre les États. Car en dépit de son efficacité, elle reste très limitée. L'épidémie de VIH/sida en donne un premier exemple, la grippe aviaire un second : on sait désormais qu'il eût été beaucoup plus efficace de se concentrer dès le début de l'épidémie sur les régions sources en Chine pour les aider, massivement, sur le plan technique et financier plutôt que d'acheter des millions de doses d'antiviraux coûteux dont l'efficacité reste douteuse.

La dernière mesure est utopique, mais elle permettrait de faire le lien, en temps réel, entre les activités humaines et leurs impacts écologiques et sanitaires afin de mieux les proportionner, de les ajuster à ce que la planète peut supporter. Une utopie en contradiction avec la mondialisation, qui offre de nouveaux champs aux épidémies et aux épizooties.

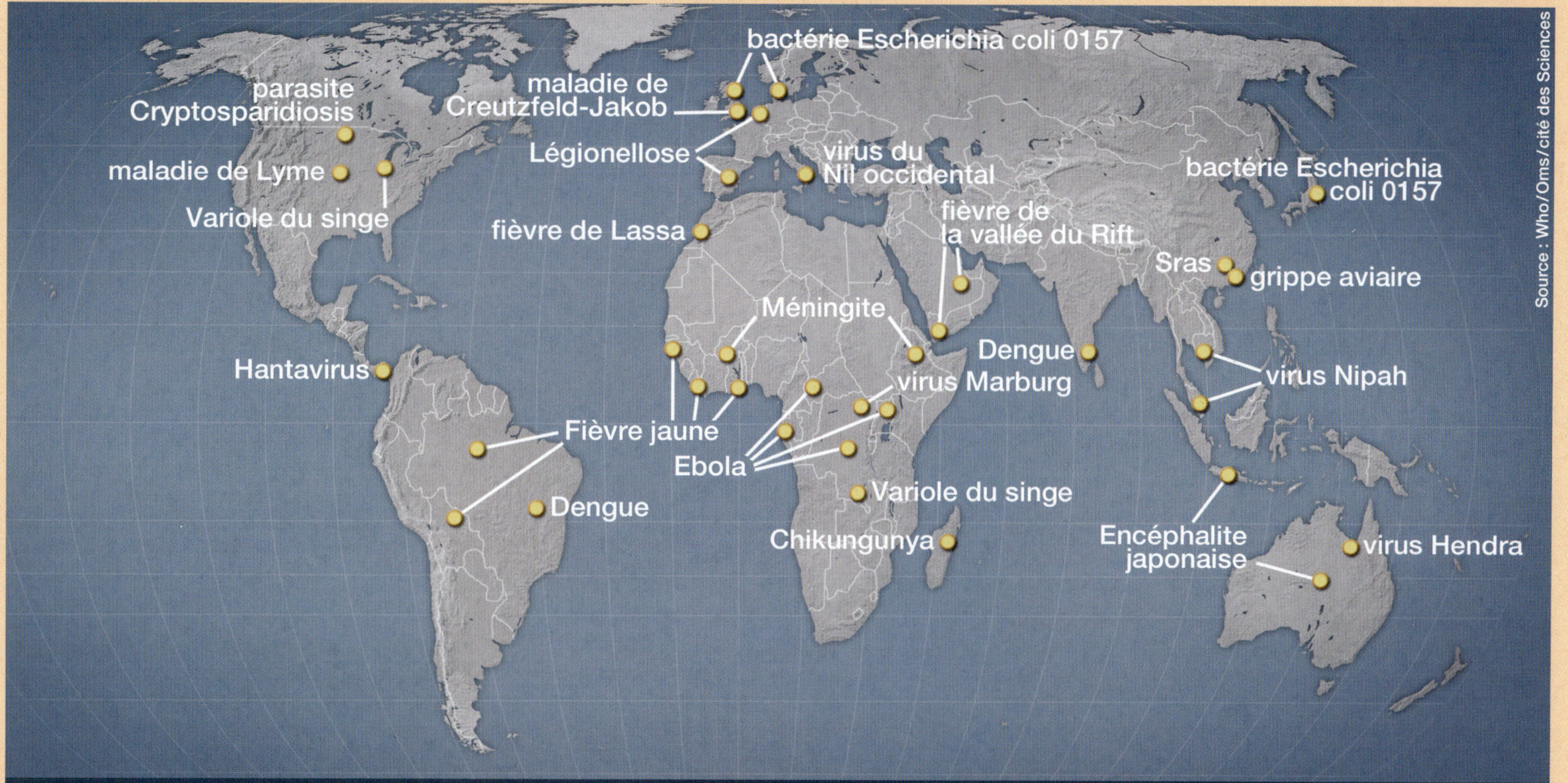

Foyers d'émergence ou de ré-émergence des maladies infectieuses depuis 1996

LES NOUVELLES MALADIES INFECTIEUSES DEPUIS 1996 – SOURCE OMS

De l'apparition du sida en 1983 à celle du SRAS (syndrome respiratoire aigu sévère) vingt ans plus tard, on recense plus de trente nouvelles maladies infectieuses dans le monde (dont les principales figurent sur la carte). Transmises par des germes inconnus ou mutants, véhiculées par l'homme (sida, SRAS) ou par des vecteurs issus du monde animal (fièvre du Nil, chikungunya), ces maladies sont dites «émergentes» ou «réémergentes». Les bouleversements écologiques en cours mais aussi la multiplicité des agents pathogènes et des bactéries portent à croire que ces pathologies se multiplieront dans les années à venir.

UNE PANDÉMIE COMME UNE GUERRE MONDIALE

Bien plus meurtrière que la Première Guerre mondiale, la pandémie de sida ne suscite qu'une faible mobilisation internationale insuffisante pour la faire régresser. Ainsi, depuis qu'elle a débuté, l'épidémie a déjà contaminé 68 millions de personnes dans le monde dont 28 millions sont décédées. Et même s'il existe de multiples moyens d'en ralentir l'impact, le virus continue sa progression mondiale : entre 3,6 et 6,6 millions de personnes ont été infectées pour la seule année 2006 soit 10 000 à 15 000 par jour !

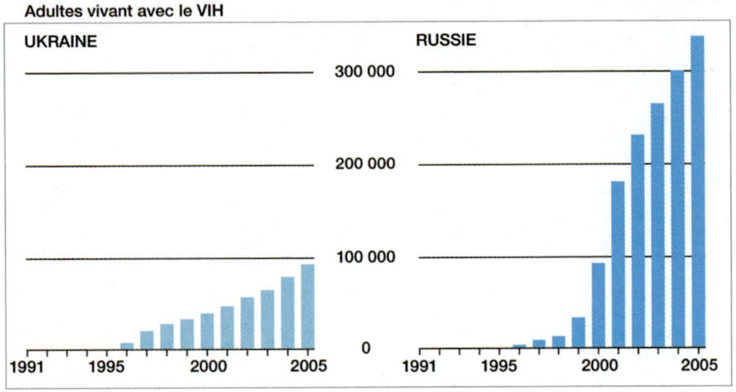

UN VIRUS OPPORTUNISTE

L'opportunisme représente une caractéristique majeure du VIH/sida. Ainsi, en Russie ou dans les anciennes républiques soviétiques comme l'Ukraine, l'épidémie sait profiter de trois ruptures :
– l'ouverture des frontières qui, depuis 1991, favorise la circulation des personnes, et avec elle celle du virus ;
– la privatisation des systèmes de santé qui réduit l'accès aux soins et affaiblit les politiques nationales de prévention et de surveillance ;
– la mise en œuvre de réformes politiques, économiques et sociales qui engendrent dans certaines couches de la population incertitude, exclusion et violence, et qui, à leur tour, stimulent la prostitution et la consommation de drogues. Or ce sont là deux des vecteurs efficaces pour l'épidémie.

DE L'ÉPIDÉMIE À LA PANDÉMIE

Quand on reconstitue l'évolution mondiale du nombre de personnes vivant avec le VIH – le virus responsable de l'infection dont le stade final est le sida – on constate que l'infection progresse à la fois rapidement et partout dans le monde. L'évolution soutenue est également continue puisque la légère inflexion que montre la courbe vers la fin des années 1990 correspond au moment où les personnes contaminées dans les années 1980 commencent à mourir, dix ans plus tard en moyenne, en sortant du graphique. Enfin, on relève qu'une douzaine d'années à peine ont été nécessaires au VIH pour gagner l'ensemble du monde, et notamment en 1993, les zones géographiquement plus isolées du Pacifique.

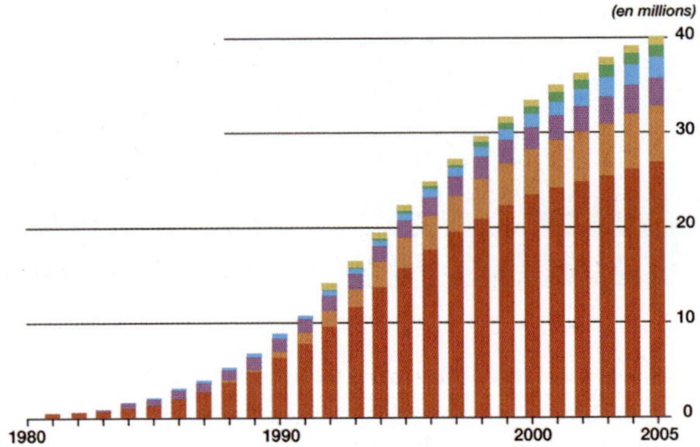

source : OMS

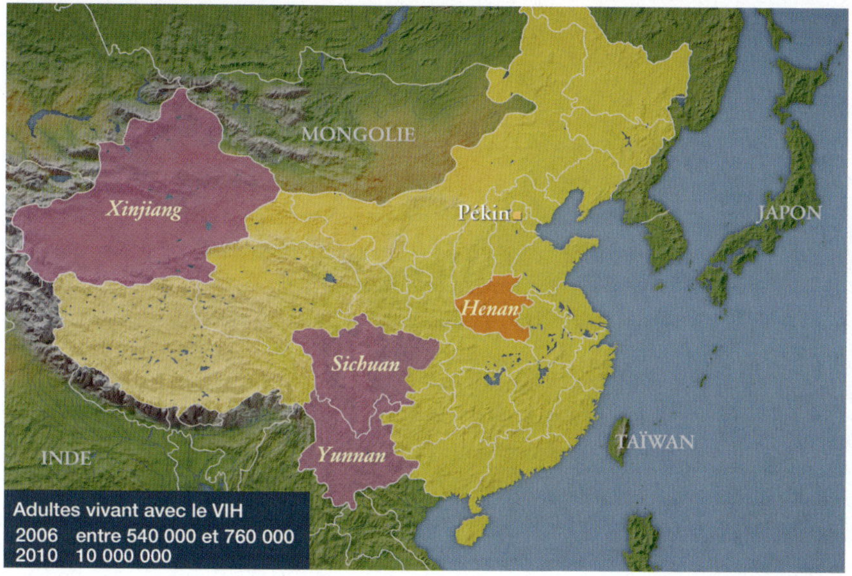

LES QUATRE ÉPIDÉMIES CHINOISES

C'est en Asie que la progression du VIH est la plus préoccupante, car la région, où l'on recense déjà plus de 8,5 millions de personnes infectées, est à la fois la plus peuplée du globe et celle où l'épidémie est la plus active. Si l'Inde est aujourd'hui le pays qui compte le plus grand nombre de personnes infectées au monde, la situation n'est pas moins inquiétante en Chine où quatre épidémies se sont enchaînées en s'amplifiant mutuellement : la première cible les consommateurs de drogues injectables, dans le Yunnan, le Sichuan et le Xinjiang ; la seconde touche la population homosexuelle masculine ; la troisième se développe dans le Henan au sein de populations très pauvres, qui vendent leur sang pour compléter leurs revenus ; la quatrième enfin progresse dans la population hétérosexuelle, et notamment parmi les plus vulnérables comme les travailleurs migrants. Ainsi, le cas de la Chine illustre à son tour comment le VIH/sida s'adapte au contexte économique, social, culturel d'une région ou d'une population pour mieux s'y propager.

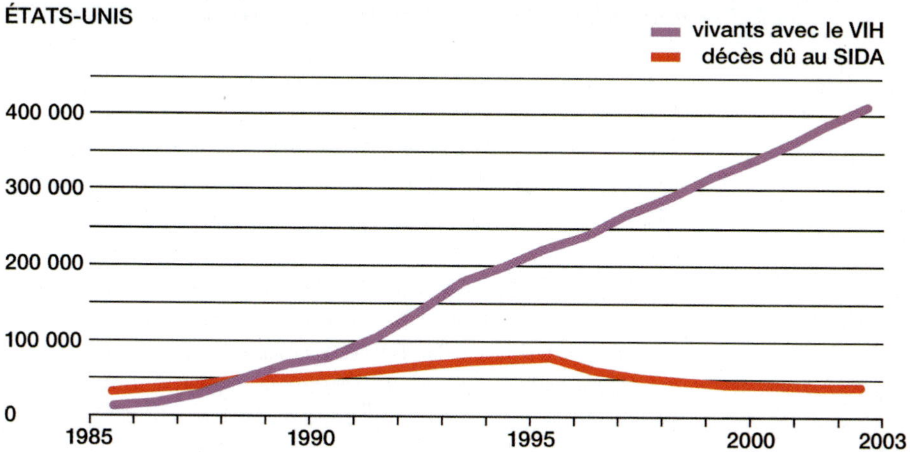

TRAITER L'ÉPIDÉMIE

C'est à l'évolution de l'épidémie dans les pays où les traitements antirétroviraux (ARV) sont accessibles à tous que l'on peut apprécier leur efficacité pour lutter contre la maladie et l'épidémie. Ainsi, la généralisation des traitements ARV aux États-Unis en 1995 a fait chuter la mortalité des personnes infectées, dont l'augmentation correspond au nombre de décès ainsi évités. À l'échelle mondiale, en 2006 seules 24 % des personnes qui en ont besoin reçoivent le traitement, ce qui signifie que 76 % sont condamnées, et même 84 % en Asie. En plus de l'insuffisance des capacités logistiques et humaines nécessaires à la prise en charge des patients dans les pays les plus touchés, c'est l'application des règles imposées par l'OMC pour protéger l'industrie pharmaceutique qui est ici largement en cause. Autrement dit, en matière de sida comme de réchauffement climatique ou de famine, il n'y pas de fatalité mais des choix, des priorités et leurs effets.

LES BERCEAUX DES MAFIAS

Une dizaine d'organisations criminelles dans le monde peuvent être qualifiées de mafia. Cinq d'entre elles sont italiennes : la Cosa Nostra en Sicile, la N'drangheta en Calabre, la Sacra Corona Unita dans les Pouilles, la Camorra en Campanie. Quant à la cinquième, elle est en réalité américaine, puisqu'il s'agit de l'émanation à New York de Cosa Nostra dont elle est aujourd'hui parfaitement autonome. Ailleurs dans le monde, on trouve également les yakuzas au Japon ou les triades en Chine et à Taïwan. Enfin, il faut ajouter à ces mafias réputées deux autres organisations peut-être un peu moins connues : la maffya en Turquie et la mafia « albanaise » dans la région des Balkans.

MAFIAS ET PIRATERIE : LE RENOUVEAU

Loin d'être obsolètes ou dépassées par les évolutions politiques et économiques de la planète, mafias et piraterie maritime connaissent un nouvel essor grâce à leur grande faculté d'adaptation : à la faveur des déréglementations, de l'ouverture des frontières, du recul des États mais aussi de l'ignorance à leur sujet ou de la croissance du fret, elles profitent de la mondialisation pour redéployer leurs activités.

Définir les mafias

Selon le spécialiste Jean-François Gayraud[1], trois caractéristiques permettent de distinguer les mafias des autres organisations criminelles :

– il y a d'abord l'ancrage territorial : Palerme en Sicile pour Cosa Nostra, New York pour la mafia américaine, Tokyo et Osaka pour les yakuzas japonais. Essentiel et déterminant, ce rapport au territoire impose d'en être soi-même originaire pour devenir membre d'une mafia. Ainsi, seuls les catholiques siciliens peuvent rejoindre Cosa Nostra. Tout comme il faut être d'ascendance italienne pour entrer dans la mafia américaine ;

– vient ensuite l'ancienneté de ces organisations : créées pour la plupart il y a deux siècles environ, les mafias constituent « l'aristocratie » du crime organisé ;

– enfin, les mafias se distinguent aussi par leur pratique du secret, leur forte hiérarchie et la grande variété de leurs activités criminelles : racket, usure, contrebande, arnaque aux marchés publics, prostitution, jeu, trafic de drogues, de cigarettes ou d'êtres humains.

Par conséquent, si on s'en tient à cette définition, seule une dizaine d'organisations criminelles appartiennent à la catégorie des mafias, un titre auquel ne peut justement pas prétendre celle qu'on désigne comme la « mafia russe ». Dépourvue d'assise territoriale précise, récemment établie sur les décombres du système soviétique, l'organisation criminelle procèderait en effet plutôt du grand banditisme.

1. *Le Monde des Mafias*, Odile Jacob, 2005.

COSA NOSTRA

C'est dans la région de Palerme que Cosa Nostra naît au début du XIXe siècle, au moment des révoltes paysannes contre la réorganisation du système agricole. Car pour faire face à ces mouvements, les grands propriétaires terriens recrutent alors des gardes privés qui peu à peu s'enrichissent, et finissent par devenir autonomes sous le nom de Cosa Nostra, « notre chose ». Par la suite, Cosa Nostra parvient à se maintenir en s'emparant de la vie politique locale. Ainsi, à la libération de la Sicile en 1943, les Américains installent aux postes de maire ou de préfet des hommes liés aux clans mafieux pour s'assurer du maintien de l'ordre. Plus tard, le soutien politique et l'appel au vote de Cosa Nostra à la Démocratie chrétienne par crainte de l'expansion communiste vient à nouveau renforcer l'intrication des milieux politiques et mafieux.

Pour étendre ses activités, Cosa Nostra s'appuie sur les réseaux que tissent les vagues d'émigration sicilienne puis italienne aux XIXe et XXe siècles : émigration vers l'Italie d'abord – en Lombardie, au Piémont et en Toscane dans les années 1950-1960 – émigration vers l'Europe de l'Ouest à la même époque ; vers les États-Unis enfin, où de 1890 à 1914 4 millions d'Italiens émigrent dont 80 % sont originaires du sud de l'Italie. Parmi eux, certains vont fonder la Cosa Nostra américaine dont New York devient l'épicentre.

Aujourd'hui, tandis que les grands groupes criminels explorent de nouveaux espaces à la conquête des marchés que leur offre la mondialisation, la mafia sicilienne se replie sur son territoire d'origine. Affaiblie par deux décennies de luttes intestines mais aussi par la détermination de l'État italien dans son combat contre l'organisation criminelle, elle choisit à présent de rester concentrée sur l'économie locale. Désormais, ses principales sources de revenus sont le racket, l'usure (très répandue en Sicile) et le pilotage des appels d'offres publiques pour détourner les subventions de l'État italien ou de l'Union européenne. Financée à 60 % par des fonds publics, la construction du pont de Messine qui doit relier d'ici 2012 la Sicile et la péninsule italienne laisse ainsi présager de jolis profits pour la mafia italienne.

LA « FAMILLE » D'ABORD

Les mafias sont toutes des organisations de type pyramidal. Ainsi, on trouve à la base de la mafia sicilienne des « familles » (cosca) d'une trentaine de membres qui gouvernent chacune un territoire délimité : il peut s'agir d'une commune (comme Corleone ou Trapani) ou d'un quartier de Palerme dont la famille prend alors souvent le nom. Au-dessus de ces « familles », les « cantons » regroupent trois à six familles chacun avec à leur tête un chef de canton. À leur tour, les cantons siciliens sont regroupés sous l'autorité d'un chef unique qui, traditionnellement, est le chef de famille de Palerme.

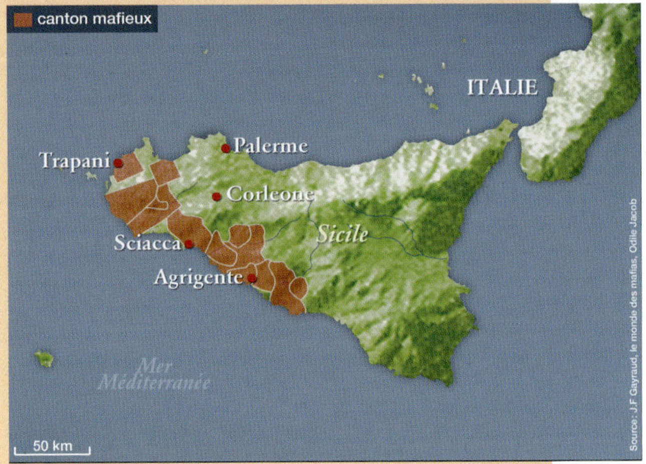

TRIADES : LE GRAND BOND DEHORS

Historiquement concentrées à Hongkong et dans la province du Fujian au XIXe siècle, les triades chinoises vont essaimer dans le monde au fil des événements politiques et des migrations chinoises :

– à l'arrivée des communistes au pouvoir à Pékin en 1949, elles se replient sur Taïwan, Hongkong et Macao ;

– elles gagnent ensuite les régions où sont implantées d'importantes communautés chinoises en Asie du Sud-Est, aux États-Unis ou à l'ouest du Canada ;

– plus récemment enfin, l'ouverture de la Chine continentale à la fin des années 1980 les conduit à s'y réimplanter, notamment à Shanghai et dans la province du Guangdong.

Mafias : opportunistes, flexibles et invisibles

Au départ, les mafias naissent des ruptures ou des vides de pouvoir comme ce fut le cas pour Cosa Nostra en Sicile ou pour les yakuzas au Japon. Par la suite, elles prennent appui sur les diasporas qu'ont constitué dans le monde et au fil des migrations des ressortissants de leur pays d'attache : Italiens en Europe et aux États-Unis, Chinois en Asie du Sud-Est et en Amérique du Nord, Albanais en Europe de l'Ouest. Enfin, pour se maintenir sur les territoires qu'elles occupent, les mafias y développent de nombreuses méthodes à commencer par la corruption. Invisibles, les mafias infiltrent aujourd'hui aussi bien le monde politique que les secteurs du bâtiment, de l'immobilier, du traitement des déchets, du spectacle, du tourisme, de l'hôtellerie, du jeu et des casinos.

Opportunistes, elles savent également tirer partie des évolutions mondiales en s'adaptant aux changements qu'ils provoquent. Bouleversements géopolitiques en Europe de l'Est et en Yougoslavie, mondialisation, création de l'Alena et de l'Union européenne, retour de Macao et de Hongkong à la Chine : en relâchant certaines contraintes juridiques, ces processus d'ouverture des territoires et de libéralisation des économies avantagent non seulement les acteurs les plus mobiles, mais aussi les moins scrupuleux comme les mafias pour lesquelles il est désormais plus facile de réinvestir l'argent du crime dans des entreprises légales. Pour autant, les mafias ne deviennent pas investisseurs, ne créent pas d'emplois et ne redistribuent pas non plus les dividendes de leurs placements.

À la place, elles gangrènent l'économie mondiale, créent de la précarité partout où elles sont présentes et fragilisent les économies locales au seul bénéfice de leurs « parrains ».

Piraterie : vers un essor mondial ?

Apparue vers 5000 ans avant Jésus-Christ dans le golfe Persique, la piraterie maritime est sans doute aussi ancienne que la navigation. Depuis cependant, plusieurs facteurs auraient pu y mettre un terme : le contrôle accru des États sur l'ensemble des territoires du monde, la sécurisation des grandes routes maritimes, la construction de navires marchands plus grands, plus rapides et donc plus sûrs, enfin, la pénalisation de l'acte de piraterie (droit de la mer, 1982). Or loin d'avoir disparue, la piraterie maritime connaît depuis le début des années 1990 un renouveau de dimension mondiale.

De nos jours, la piraterie maritime désigne surtout le vol de cargaisons coûteuses (pétrole, matières premières), ainsi que le détournement de navires dont les équipages sont eux-mêmes l'objet d'enlèvements. Pour la seule année 2006, 239 attaques de navires ont été enregistrées à l'échelle mondiale, aussi bien dans les eaux internationales en pleine mer qu'en zone portuaire. La piraterie reste donc reste un phénomène préoccupant pour la navigation internationale, en dépit de sa baisse pour la troisième année consécutive.

Déjà, le premier semestre 2007 montre une recrudescence des attaques dans les eaux bordant la Somalie et le Nigeria, deux pays dont les États inexistants ou fragiles peinent à imposer leur autorité sur l'ensemble de leur territoire, maritime compris : au Nigeria, le détournement de tankers et la prise en otage de leurs équipages par les groupes rebelles du delta du Niger répond au refus de l'État de redistribuer les reve-

GÉOPOLITIQUE DE LA MAFIA ALBANAISE

La mafia albanaise couvre l'ensemble de la zone albanophone des Balkans. À l'origine, son développement s'appuie sur sa position géographique entre l'Italie et la Turquie, au cœur d'un réseau de routes qu'utilise depuis le XIXe siècle le commerce de l'opium puis de l'héroïne entre l'Asie et l'Europe. À leur tour, deux événements géopolitiques contribuent à l'essor de la mafia albanaise :

– dans les années 1980, la répression communiste pousse des Albanais à émigrer vers la Suisse, la Suède, l'Allemagne et les États-Unis, où dès lors la mafia albanaise essaime et se structure ;

– dans les années 1990, les guerres en Yougoslavie entraînent un vide de pouvoir qui, à son tour, favorise l'expansion de l'organisation albanaise. On la voit ainsi prendre pied au Kosovo au départ des Serbes en 1999, « sur les talons » des troupes de l'OTAN.

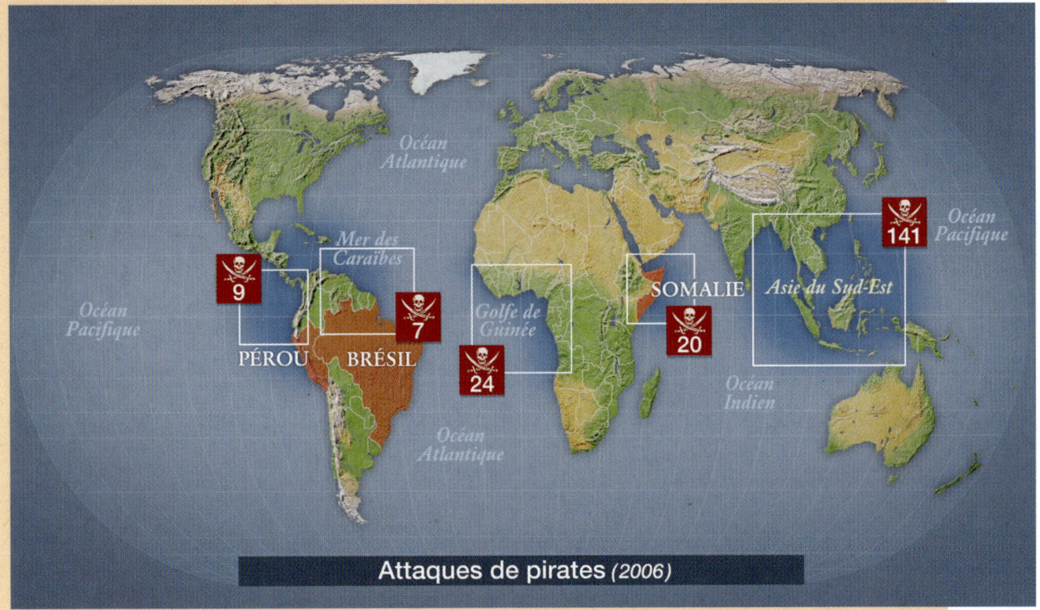

PIRATERIE : LES ZONES À RISQUE

Si sur 239 actes de piraterie recensés en 2006, 50 touchaient l'Indonésie et 47 le Bangladesh, la recrudescence des attaques observée depuis le début des années 1990 concerne de nombreuses régions de la planète, que ce soit en Amérique du Sud au large des ports brésiliens et péruviens, mais aussi en Afrique dans le golfe de Guinée, le long des côtes de Somalie et du golfe d'Aden, ou encore en Asie du Sud.

nus tirés de l'exploitation pétrolière de la région ; en Somalie, l'augmentation des actes de piraterie est directement liée au conflit armé qui déchire le pays, mais aussi à sa fragmentation politique qui empêche de mener une action concertée de lutte contre les pirates. Ces derniers peuvent ainsi prélever sans encombre l'aide alimentaire dont 80 % sont expédiés par la mer.

Quels moyens de lutte ?

C'est justement parce qu'elle profite des faiblesses des États, des moyens qui leur manque et des espaces qui leur échappe que la lutte contre la piraterie est difficile, car son efficacité dépend de la mobilisation coordonnée des États, aux échelles nationale et internationale. Une exigence paradoxale dans certaines régions comme au large de la Somalie ou du Nigeria, mais à laquelle d'autres pays savent aujourd'hui répondre. Ainsi, pour lutter contre la piraterie dans le détroit de Malacca, la Malaisie n'économise aucun effort :

– renforcement des patrouilles de sa marine, de sa police maritime et du département des douanes ;
– engagement d'un système de surveillance électronique ;
– création d'une agence spécifique de lutte contre la piraterie ;
– promotion de la sécurité maritime au rang de priorité régionale avec la mise en place de patrouilles communes avec l'Indonésie et Singapour.

Résultat : depuis 2004, la piraterie a nettement diminué dans le détroit, avec seulement 11 attaques en 2006 contre 38 en 2004

C'est aussi en Malaisie, à Kuala Lumpur, que le Bureau maritime international a ouvert en 1992 un centre mondial d'information sur la piraterie. Grâce, entre autres, à sa carte interactive accessible sur Internet (« World Piracy Map »), il permet aux armateurs de localiser les zones risquées et donc d'anticiper les attaques. Parallèlement, le Bureau maritime international fournit également un système de traque par satellite bon marché (SHIPLOCK), qui permet aux compagnies maritimes de connaître la position exacte de leurs navires, et qui peut être utilisé comme système d'alerte en cas d'attaque.

Cependant, le problème que rencontrent aussi ces dispositifs, c'est qu'ils dépendent de la capacité des États à intervenir.

Voir également ÉNERGIE ET DÉPENDANCE, pages 104-117.

L'ASIE : ÉPICENTRE DE LA PIRATERIE MONDIALE

Traversée par l'une des principales routes maritimes qui relie le Japon, la Chine et la Corée du Sud à l'Europe et au Moyen-Orient, l'Asie du Sud-Est représente la région la plus exposée à la piraterie.

À elle seule, l'Indonésie concentre 25 % à 30 % de la piraterie observée dans le monde sur la dernière décennie. Si le caractère archipélagique du pays facilite les attaques et le repli des pirates, le trafic d'armes et la piraterie y profitent également de l'instabilité du pays depuis sa crise financière en 1997, ainsi que de l'activité des mouvements autonomistes ou rebelles (Timor, Moluques et Aceh).

En dépit d'une baisse significative des attaques depuis 2004, les détroits de Malacca et de Singapour où transitent 80 % du commerce mondial restent eux aussi très prisés des pirates. Plus au nord, dans le golfe du Bengale, la piraterie connaît après deux années de forte baisse un nouvel essor en 2006, notamment dans le port de Chittagong où les pirates s'attaquent aux navires prêts à décharger.

C'est donc pour faire face à cette menace qu'en 2004, seize pays asiatiques ont signé l'« Accord de coopération régionale pour combattre la piraterie et les attaques armées contre les navires » le ReCAAP entré en vigueur en septembre 2006.

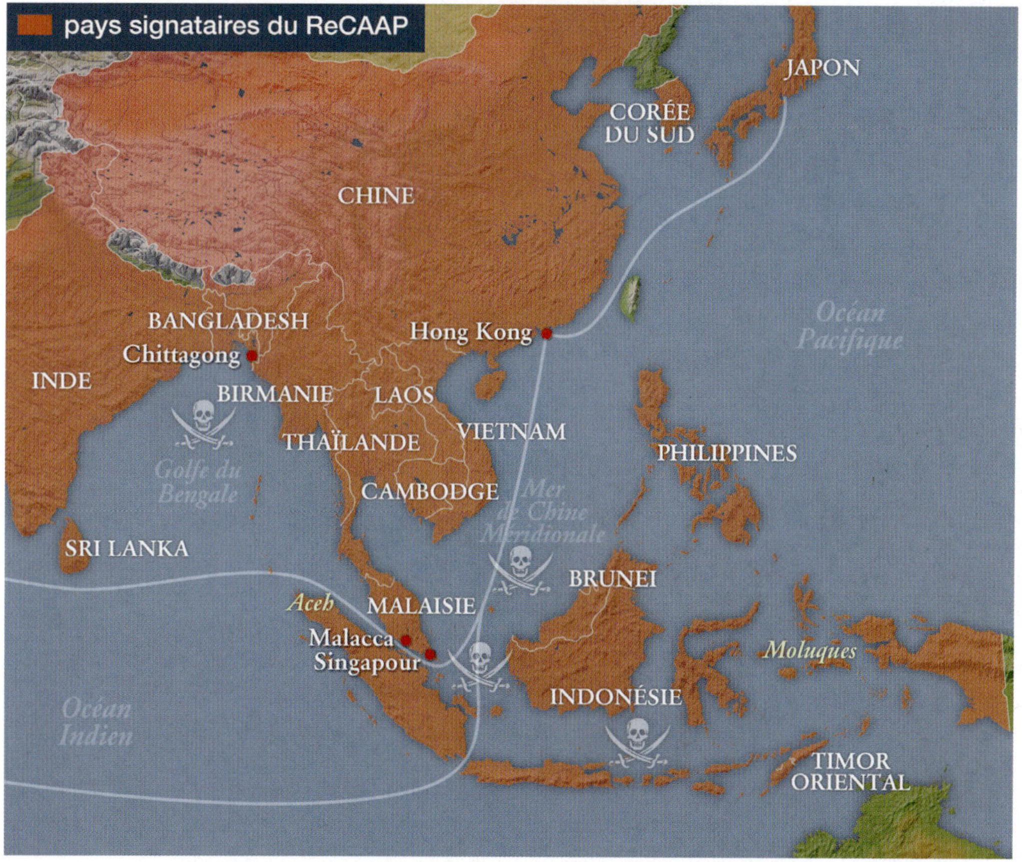

UN MONDE PLUS FRAGILE

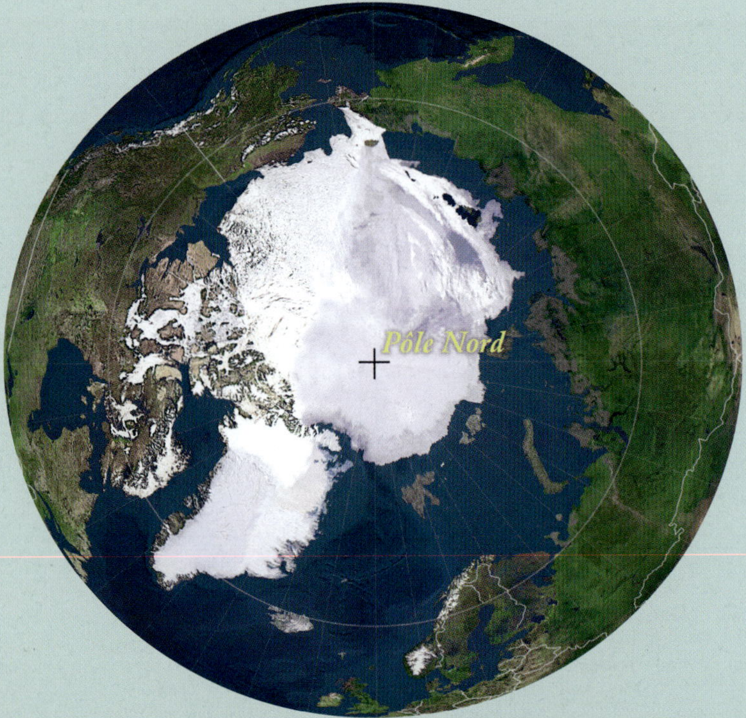

UNE PLANÈTE VULNÉRABLE

Diminution de l'épaisseur de la banquise, de sa superficie et de la durée annuelle de sa présence : pour les régions arctiques, le réchauffement climatique n'est plus une hypothèse mais un constat.
Effet secondaire et irréversible de l'industrialisation, de la croissance démographique globale et de la mondialisation, le réchauffement climatique s'attaque aux vulnérabilités de la planète. Ainsi, il représente une rupture d'équilibre majeure pour les régions boréales dont il affecte à la fois les populations, la faune et les écosystèmes.

Comme la mondialisation déconnecte peu à peu les identités des territoires, les territoires des économies et les économies des États, elle maintient séparé le développement de son empreinte écologique. Ainsi, en zone arctique ou dans les îles du Pacifique, ce sont les civilisations les moins industrialisées et les plus isolées qui sont les premières victimes du réchauffement climatique.
Peu sensibles aux alertes que leur envoient souvent loin de chez eux la disparition des espèces ou la fonte de la banquise, les hommes n'ont à ce jour concédé aucune altération de leurs modèles de développement ou presque. Au contraire, la mondialisation tend à valoriser la croissance, à accélérer l'urbanisation. Or en plus du problème conservatoire que cette indifférence soulève pour la biodiversité, en devenant le prédateur de l'environnement dont il dépend, l'homme ne finit-il pas par compromettre son propre avenir ?

TENSIONS SUR LES VILLES

Tout à la fois moteur et syndrome de la mondialisation, les villes concentrent aujourd'hui les hommes, la richesse et l'innovation, la demande, les besoins et les tensions, la pollution, la pauvreté et l'insécurité. Ensemble complexe vers lequel convergent toutes sortes de flux, la ville apparaît comme un système paradoxal, à la fois prédateur et créateur : créateur de la croissance qu'elle stimule et du développement qu'elle entraîne, prédateur des ressources qu'elle consomme et des populations qu'elle fragilise.

La population urbaine, au cours du seul XXe siècle, est passée de 220 millions à 2,8 milliards d'habitants. L'urbanisation de la population mondiale représente donc un bouleversement majeur pour la planète, l'un des plus durables en termes écologiques. En 2007, un nouveau seuil symbolique est franchi puisque pour la première fois de l'histoire, plus de la moitié de la population mondiale vit en milieu urbain, soit 3,3 milliards d'habitants. Le chiffre devrait avoisiner les 5 milliards en 2030 dont 80 % vivront dans des villes du monde en développement.

C'est en Afrique et en Asie, où la population urbaine devrait doubler entre 2000 et 2030, que la situation sera alors la plus critique. Pôle de richesses, d'échanges et de services, les grandes villes du Sud doivent désormais – comme les États – faire face aux problèmes que soulèvent ensemble la demande exponentielle de logements, d'emplois, d'éducation et de santé, la gestion des déchets, la circulation automobile, l'expansion anarchique des bidonvilles, l'aménagement des systèmes d'évacuation des eaux usées ou ceux d'approvisionnement en électricité. Enfin, si

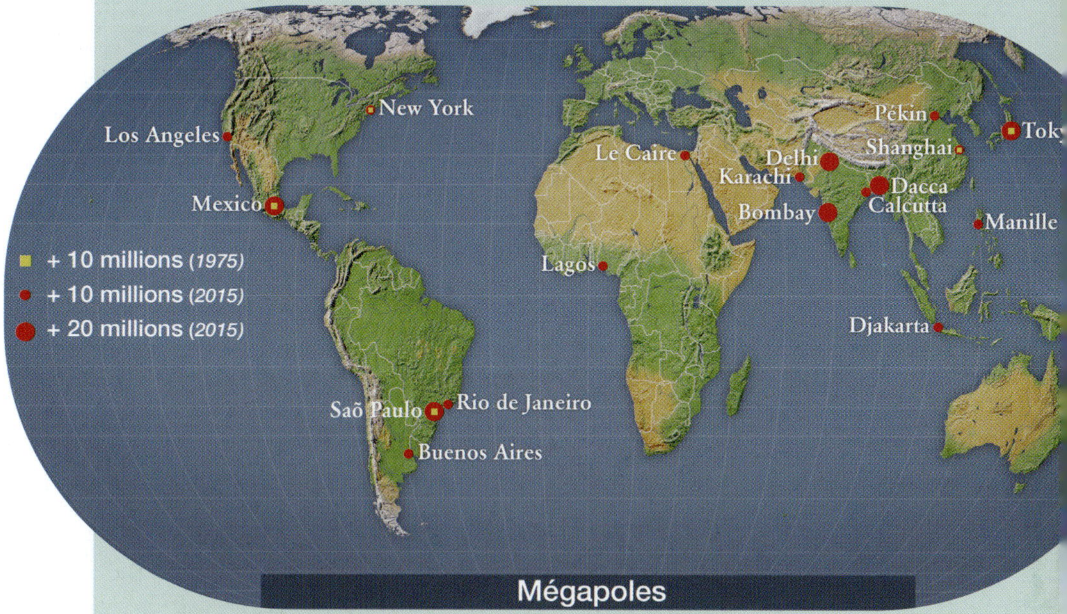

MÉGAPOLES : CONCENTRATION AU SUD

Les mégapoles – grandes agglomérations de plus de 8 millions d'habitants selon les Nations unies – représentent une part toujours plus grande de la population de la planète, dont elles absorbent partiellement l'accroissement démographique. En 1975, cinq villes dépassaient 10 millions d'habitants (Tokyo, New York, Shanghai, Mexico, São Paulo). Elles seront dix-huit dès 2015, dont quinze dans les pays en développement et les pays émergents. Avec 27 millions d'habitants, Tokyo restera la plus grande agglomération du monde, devant Dacca au Bangladesh, Bombay et Delhi en Inde, São Paulo au Brésil et Mexico au Mexique, qui cependant compteront toutes plus de 20 millions d'habitants. Ainsi vers 2030, près de 60 % de la population mondiale vivra dans les villes.

DE MEXICO À BANGKOK : LES LIMITES DE LA CROISSANCE URBAINE

Mexico concentre 20 millions d'habitants et 50 % de l'activité économique du Mexique. Un développement record donc, qui fragilise de plus en plus les besoins en eau de la mégapole.

BESOINS D'EAU

Les sources et les lacs de la cuvette montagneuse où Mexico est situé ne suffisant plus à satisfaire ses besoins en eau, c'est d'abord à sa périphérie qu'on est allé pomper les nappes phréatiques, notamment autour de Toluca. Quand à son tour la capacité maximale de ces nappes a été atteinte, de nouvelles stations de pompage ont été installées sur les ríos Cutzamala, Lerma, Amacuzac et Tecolutla. Le premier problème, c'est que ces sites sont situés à 1 200 mètres en aval de Mexico. Ensuite, on voit sur la carte que les prélèvements effectués à la station de pompage du río Amacuzac entrent en conflit avec les besoins en eau de l'État de Morelos pour l'irrigation et le tourisme. Face aux risques de conflits d'usage et de pénuries d'eau, la ville de Mexico se voit donc contrainte d'aller s'approvisionner toujours plus loin et toujours plus profond. Or d'une part cela ne suffit pas (ce sont des camions-citernes qui approvisionnent les quartiers pauvres), d'autre part la surexploitation des nappes phréatiques augmente sensiblement les risques liés aux séismes. Ainsi, les sols les plus secoués par le tremblement de terre de 1985 furent ceux du centre-ville de Mexico, là où le pompage des nappes avait provoqué les tassements de terrain les plus importants. La fréquence et la gravité des inondations que connaît la ville sont elles aussi directement liées à son expansion : au centre d'une cuvette, la mégapole a dû repousser banlieues et bidonvilles à flanc de colline, sur des terrains en pente. Cimentés pour y construire des logements, ils n'absorbent plus les eaux de pluie qui ruissellent et inondent alors la vallée.

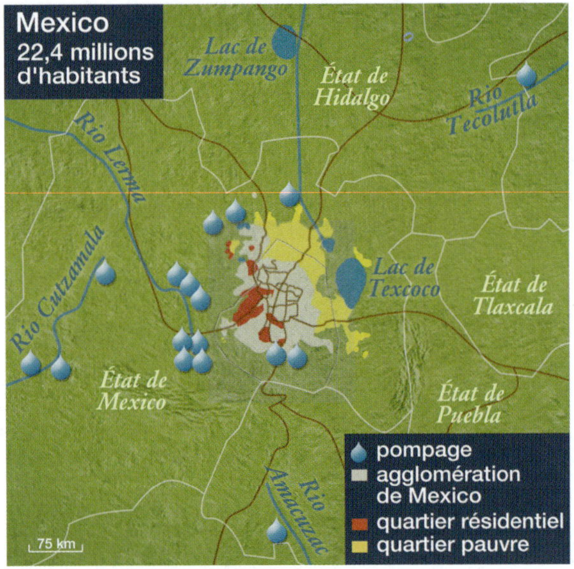

LE « POIDS » DU DÉVELOPPEMENT

Le cas de Bangkok, comparable à celui de Mexico, illustre les difficultés que rencontrent les villes asiatiques dans leur croissance.

En passant de 700 000 habitants en 1950 à plus de 8 millions en 2007, la capitale thaïlandaise connaît depuis plusieurs décennies déjà un développement accéléré, sans doute trop rapide pour être écologiquement soutenable. Ainsi, comme à Mexico, de nombreux pompages ont été effectués dans les nappes phréatiques de Bangkok au point que la ville s'affaisse désormais de plusieurs centimètres par an. Ce faisant, bâtis et infrastructures se trouvent dangereusement fragilisés. Or en dépit des risques qu'elle fait peser sur la population, l'expansion de la ville se poursuit sous la pression de sa croissance démographique : à l'est et au sud de Bangkok, on continue de combler les canaux pour construire par-dessus ou à la place de nouvelles rues. Résultat : l'évacuation des eaux vers le fleuve qui traverse la capitale, le Chao Phraya, se trouve ralentie conduisant, en saison des pluies, à l'inondation de plusieurs quartiers de la ville.

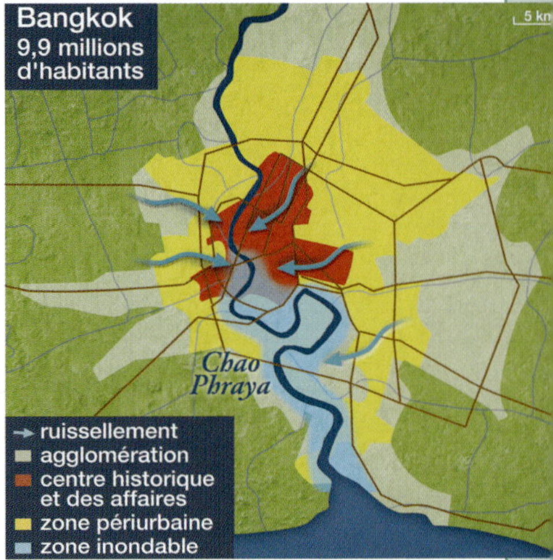

la ville représente le meilleur espoir d'échapper à la misère, elle constitue aussi le plus grand foyer de pauvreté, ce qui soulève alors d'autres questions délicates : gestion des tensions sociales, innovation des systèmes de gouvernance, adaptation des dispositifs de sécurité, prévention des crises sanitaires. Au croisement de la croissance démographique globale et de la mondialisation, la ville impose désormais de savoir inventer au plus vite des solutions pour que l'urbanisation de la planète soit « économiquement bénéfique, humainement acceptable et écologiquement supportable ». Une équation utopique donc, pour laquelle l'eau est une donnée essentielle.

Les villes au défi de l'eau

Directement liées à la croissance de la population et à celle de ses besoins (alimentation, cuisson, hygiène), les tensions sur l'eau constituent l'une des premières expressions de l'urbanisation accélérée du monde en développement. Déjà, la consommation en eau douce devrait globalement augmenter de 40 % d'ici 2025, posant d'emblée la question de la disponibilité des ressources pour répondre à cette demande. Car sur la même période, la croissance des besoins alimentaires des populations urbaines pourrait entraîner une augmentation des surfaces irriguées d'au moins 30 %. Or dans certains pays comme l'Inde, la Chine et le Mexique où l'eau douce est déjà consommée pour près de 85 % par le secteur agricole (20 % en Europe), le risque est grand de connaître des situations de pénurie.

Au problème de l'approvisionnement en eau douce qu'accentue la croissance des villes s'ajoute également celui de son assainissement. Comme le disait Louis Pasteur, « nous buvons 90 % de nos maladies ». Or en 2004, seulement 10 % des eaux usées étaient traités dans l'ensemble des pays en développement. Chargées de contaminants chimiques et bactériologiques, les eaux usées représentent ainsi l'un des premiers vecteurs de pathologies infectieuses comme le choléra, la fièvre typhoïde, les diarrhées et certaines hépatites. Au total, on estime que ces maladies transmises par l'eau tuent plus de trois millions de personnes chaque année.

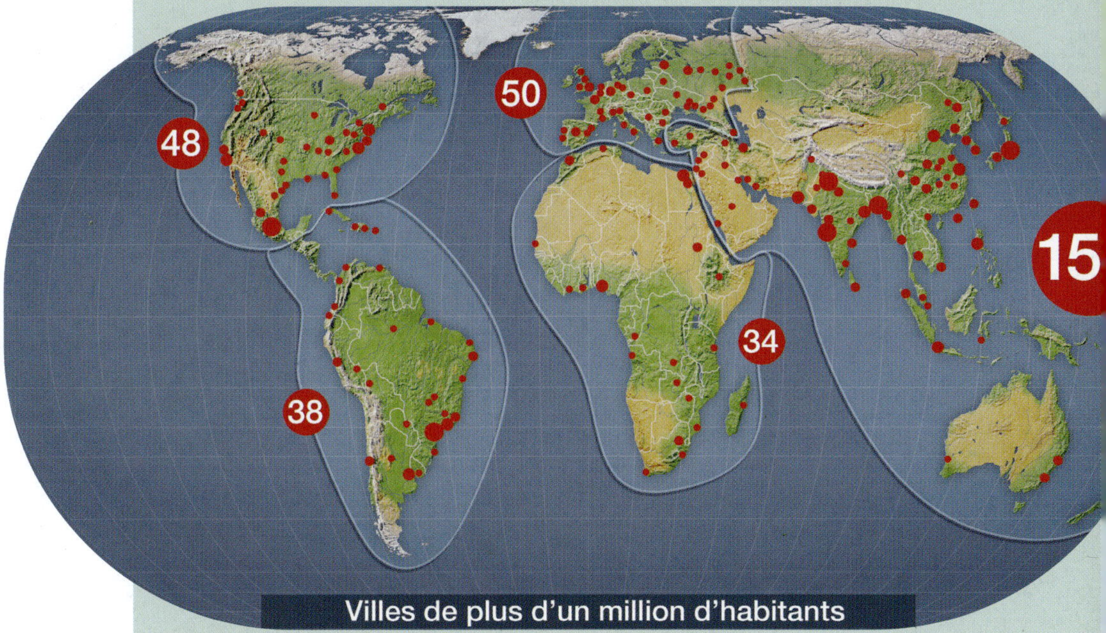

ASIE(S) : L'EXPLOSION URBAINE

Si l'urbanisation est un phénomène mondial, il reste géographiquement très inégal : sur 323 villes de plus d'un million d'habitants dans le monde, l'Asie en rassemble presque la moitié à elle seule. Un déséquilibre que la distribution géographique de la population du globe explique en partie mais à laquelle fait également écho la participation particulièrement dynamique du continent à la mondialisation.

DE L'USAGE DE L'EAU

Il existe deux façons de mesurer l'usage de l'eau :
– les « prélèvements d'eau » correspondent à la quantité d'eau que l'homme puise dans les ruisseaux, les rivières ou les nappes souterraines pour ses besoins mais dont une partie n'est pas consommée ou renvoyée à la nature après usage ;
– la « consommation d'eau », elle, correspond à la quantité d'eau rendue indisponible par son usage. Or les écarts que ces modes de calcul induisent pourraient conduire à des analyses très différentes : à l'échelle mondiale par exemple, l'agriculture représente 93 % de la consommation d'eau dans le monde mais seulement 66 % des prélèvements.

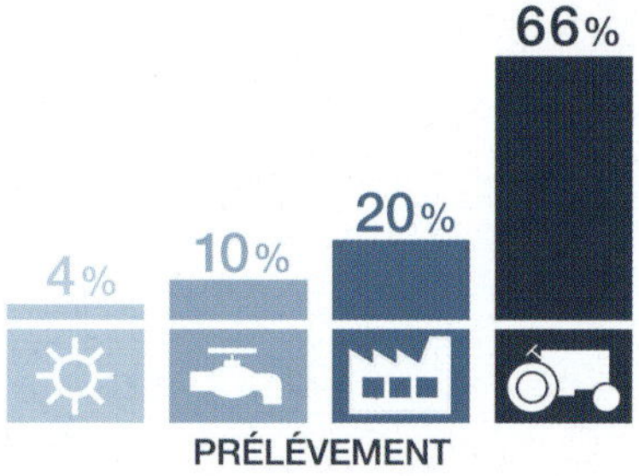

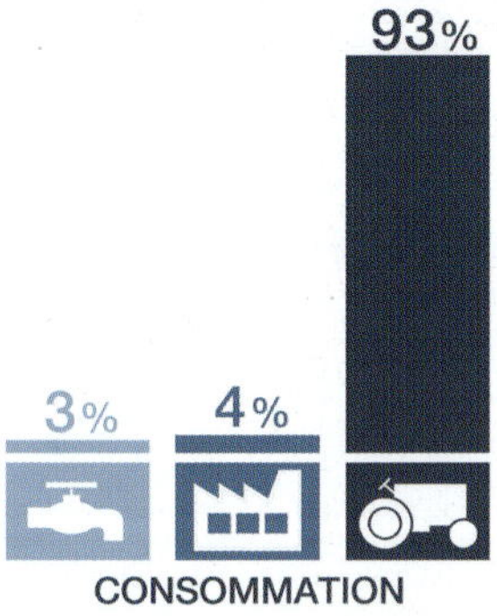

En sens inverse, l'usage domestique de l'eau (alimentation, hygiène) qui ne compte que pour 3 % de la consommation à l'échelle du globe correspond à 10 % des prélèvements. Même chose pour l'industrie qui représente 4 % de la consommation mondiale d'eau mais 20 % des prélèvements.
Cependant, les chiffres varient encore sensiblement d'une région à l'autre, car si on consomme en moyenne 10 à 20 litres d'eau par jour et par personne en Afrique subsaharienne, le chiffre s'élève à 200 litres en Europe et à 350 litres en Amérique du Nord et au Japon.

Vers une crise de l'eau en Asie

Parmi les régions du monde les plus touchées par les problèmes de disponibilité et de qualité de l'eau, l'Asie figure au premier rang : elle est à la fois le continent le plus peuplé et celui qui compte la plus grande part des surfaces irriguées dans le monde. Le problème devrait d'ailleurs encore s'accentuer car le continent, qui absorbe déjà 70 % de la consommation mondiale d'eau douce, devrait voir sa population urbaine passer de 1,4 milliard d'habitants en 2000 à 2,6 milliards en 2030. Par conséquent, si des systèmes de répartition d'eau ne sont pas rapidement mis en place à l'échelle régionale, il est probable que la Chine, l'Inde et le Pakistan connaissent d'ici 2025 de sérieuses pénuries… auxquelles pourraient même s'ajouter quelques épidémies. Car le problème de l'eau en Asie est tout aussi aigu sur le plan sanitaire : en Chine, en Inde et en Indonésie, entre un quart et la moitié de la population n'a pas accès à l'eau salubre, davantage encore au Laos, au Népal et au Bhoutan. Plus largement, en dehors du Japon et de la Corée du Sud, une majorité de foyers asiatiques ne disposent toujours pas d'accès à l'eau courante, ni de sanitaires. Pour ces populations, cela signifie qu'elles utilisent des eaux non traitées : prélevées dans les canaux, les rivières et les fleuves, les eaux sales fragilisent ainsi à la fois la santé des populations, les écosystèmes et la biodiversité.
Désormais, avec l'augmentation des cultures irriguées, les diverses formes de gaspillage, les pollutions que les villes émettent chaque jour davantage, ou encore les déchets qu'elles déversent dans leur périphérie sans les traiter, c'est l'équilibre écologique global de la planète que la croissance urbaine finit par modifier, y compris dans des zones aussi lointaines et peu urbanisées que les régions australes et boréales.

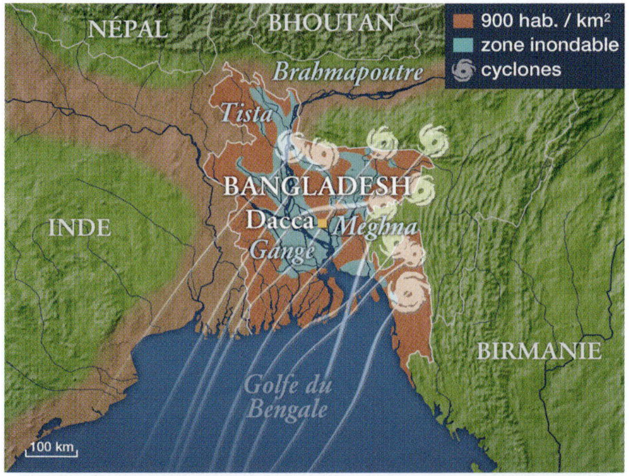

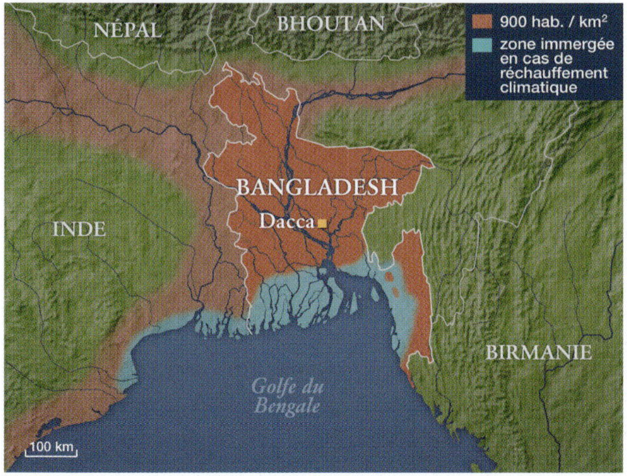

BANGLADESH : VERS L'EXIL CLIMATIQUE

À l'échelle de la planète, le Bangladesh est l'un des pays les plus vulnérables aux changements climatiques et à l'élévation du niveau des océans. En moyenne, on estime qu'une montée de 1,5 mètre pourrait inonder 16 % du territoire et toucher 17 millions de personnes. Pour le pays, le réchauffement climatique n'est donc plus une hypothèse ni même un risque : il constitue une menace majeure.

Plusieurs paramètres expliquent cette situation. Sur le plan géographique, le Bangladesh s'organise autour des deltas du Gange et du Brahmapoutre et des fleuves Meghna et Tista. Sur le plan climatique, c'est un pays tropical touché par la mousson, un phénomène naturel qui apporte chaque été de fortes précipitations pendant quatre mois. Sur le plan agricole, le Bangladesh est un pays rizicole. Grâce à la fertilité de ses terres alluviales, ce pays de 142 millions d'habitants en 2006 est quasiment autosuffisant sur le plan alimentaire.

Omniprésente dans le pays dont elle imprime à la fois la culture et l'économie, l'eau n'en est pas moins l'une des principales menaces. Car la position du Bangladesh au fond du golfe du Bengale soumet régulièrement le pays à de puissants cyclones tropicaux. La combinaison de pluies diluviennes, de crues pendant la mousson et de vents violents poussent alors les eaux de la mer vers les côtes et provoque ainsi d'importantes inondations.

À cette configuration géoclimatique très spécifique, le Bangladesh ajoute la particularité d'être l'un des pays les plus densément peuplés au monde (985 habitants au kilomètre carré), donc l'un des plus vulnérables, à commencer par Dacca, la capitale. Située en zone inondable et peuplée de 12 millions d'habitants, la ville se trouve déjà particulièrement exposée aux aléas météorologiques et climatiques. Pourtant, son extension anarchique se poursuit sans relâche, y compris de l'autre côté du fleuve où se développe un habitat précaire en zone marécageuse.

Très préoccupé par la montée des océans, le gouvernement du Bangladesh ne s'en trouve pas moins impuissant face à la montée du péril. Car comme les régions arctiques ou les îles du Pacifique, le sort du pays dépend de l'adoption de mesures globales dont les enjeux économiques sont tels qu'ils paralysent leur mise en œuvre. En attendant, le Bangladesh pourrait bien devenir le premier pays d'exil climatique.

ARCTIQUE : LA RUPTURE D'ÉQUILIBRE

Voilà des millénaires qu'un équilibre subtil permettait de maintenir ensemble hommes, animaux et écosystèmes dans les conditions géoclimatiques hostiles des zones arctiques. Contraints pour survivre de s'adapter à ces milieux impropres à l'agriculture et à l'exploitation forestière, les hommes y avaient développé au fil des siècles des techniques de pêche et de chasse du gibier migrateur très spécifiques, quasiment identitaires. Or on s'aperçoit sur les cartes que cet équilibre ancestral sur lequel s'appuyait la survie des populations arctiques risque d'être définitivement rompu par le réchauffement climatique, un phénomène pour lequel ces peuples n'ont pourtant aucune responsabilité et face auquel ils restent sans marge d'action.

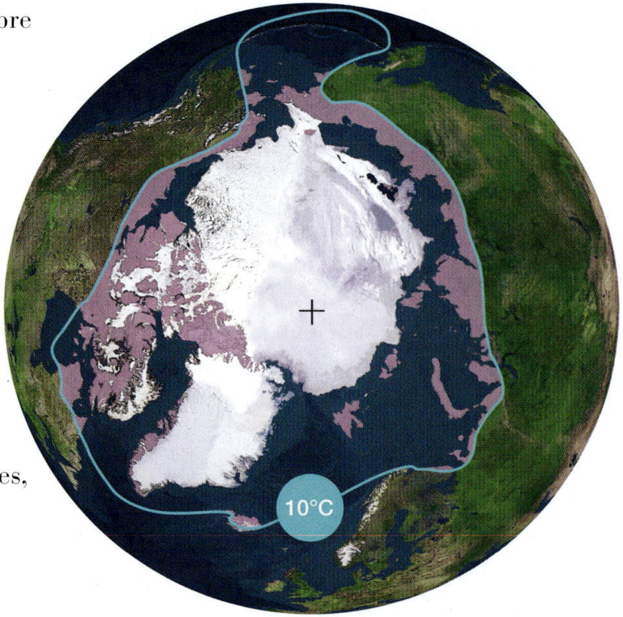

GÉOGRAPHIE DU FROID

Pour les météorologues, la limite de l'Arctique est celle que dessine la ligne isotherme moyenne de 10 degrés, maximum au mois de juillet, marquant le passage de la taïga où poussent les conifères à la toundra où l'on ne trouve plus qu'herbes et lichens. Cette ligne convient aussi aux biologistes car c'est justement ce changement de végétation qui délimite la présence de la faune arctique : ours polaire, renard, loup, bernaches, sternes, etc.

GÉOGRAPHIE POLITIQUE

L'Arctique abrite plusieurs peuples qui dépendent de différentes souverainetés : canadienne, américaine (Alaska), danoise (Groenland), norvégienne (Spitzberg), suédoise, finlandaise et russe. Quant au pôle Nord géographique qui est situé au centre de l'océan Glacial arctique, il n'est soumis à aucune souveraineté mais à la convention de Montego Bay qui régit le droit de la mer. Or depuis 2007, la Norvège et la Russie y ont des revendications liées aux ressources énergétiques.

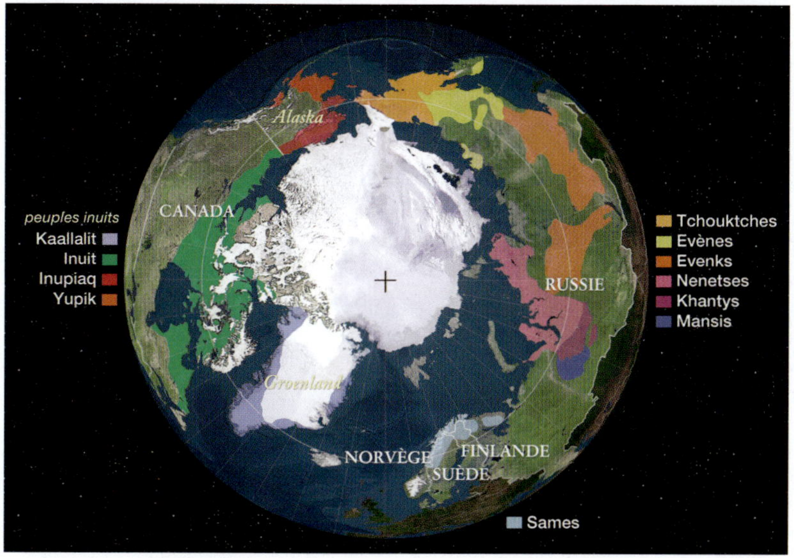

GÉOGRAPHIE HUMAINE

La population arctique rassemble environ 600 000 personnes. Peu nombreuses à l'échelle de la population mondiale, elles se répartissent cependant entre plusieurs peuples distincts. Dispersés sur des territoires immenses et discontinus, ces peuples vivent en petites communautés villageoises, que les conditions extrêmes de l'Arctique maintiennent séparées. Car en plus d'interdire la construction et l'entretien de routes, le froid qui gèle l'océan pendant l'hiver ne permet pas non plus de maintenir des lignes de communication régulières tout au long de l'année. On mesure donc comment le réchauffement climatique peut bouleverser toute l'économie des échanges de la région.

GÉOGRAPHIE DU RÉCHAUFFEMENT POLAIRE

En Arctique, le réchauffement climatique est aujourd'hui visible à l'œil nu, comme le montre cette carte de l'océan Glacial qui compare l'extension de la banquise de 1994 à 2004. Il entraîne plusieurs changements profonds, comme par exemple, la migration des espèces. La raréfaction de la banquise modifie en effet la chaîne alimentaire : ainsi, les poissons qui migrent avec la banquise sont suivis par les oiseaux, les phoques, et donc par les ours. Les hommes ne sont pas moins touchés par ces altérations climatiques. Dans certains endroits, leur cadre de vie est menacé par le réchauffement et la fonte du permafrost. (sol gelé en permanence). Ainsi, en Alaska on assiste à l'effondrement du village côtier de Shishmaref, sous l'effet du dégel. En 2006, les 600 habitants du village ont été déplacés vers l'intérieur des terres en risquant, ce faisant, de perdre leurs traditions de pêcheurs, leurs ressources économiques et leur source de protéines. Parallèlement, la fonte du permafrost augmente l'étendue des zones humides et favorise l'apparition de moustiques dans des régions où ils étaient absents. Surtout, en libérant de la tourbe, elle relâche du CO_2 dans l'atmosphère et contribue donc à son tour au réchauffement climatique !

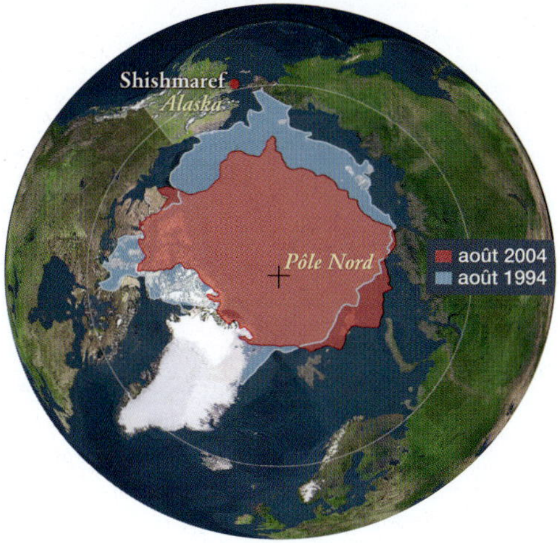

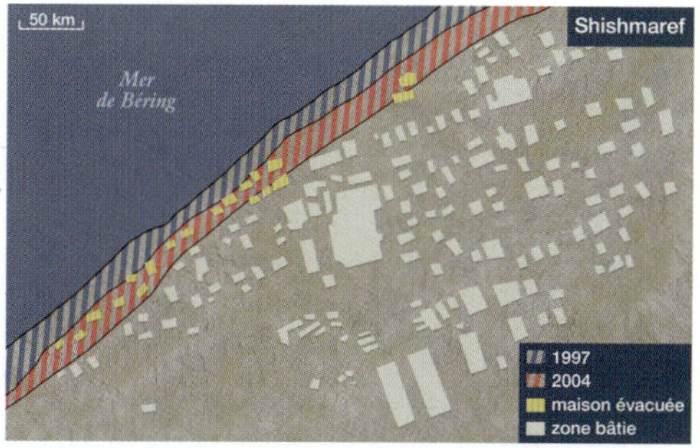

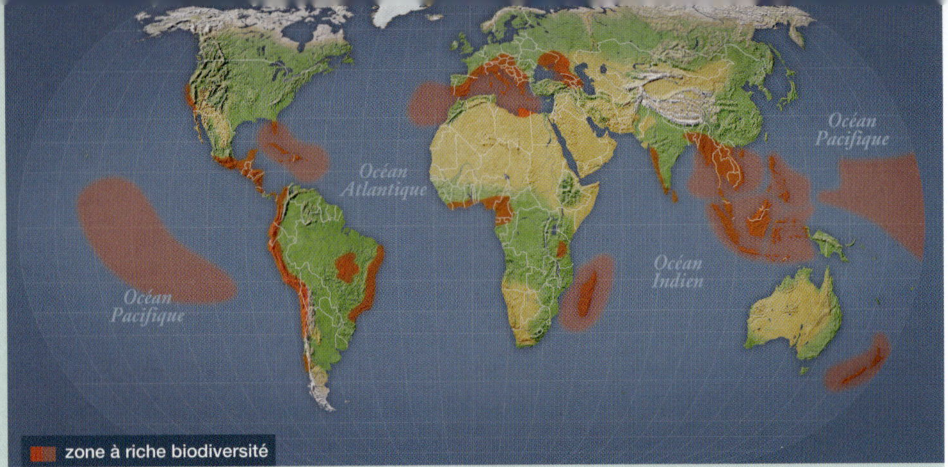

MENACES SUR LA BIODIVERSITÉ

Les vingt-cinq régions du monde où la biodiversité est la plus riche ne couvrent que 1,5 % des terres émergées de la planète. Elles abritent 44 % des espèces de plantes à fleurs et 35 % des animaux vertébrés. Pour leur majorité, il s'agit d'espèces endémiques à ces régions, ce qui signifie qu'on ne les trouve nulle part ailleurs dans le monde. Or c'est justement dans ces zones que vivent la plupart des plantes et des animaux les plus menacés d'extinction comme l'orang-outan de la forêt indonésienne, l'alligator de Chine, le lynx ibérique ainsi que des milliers d'invertébrés comme les papillons, les coraux et les mollusques.

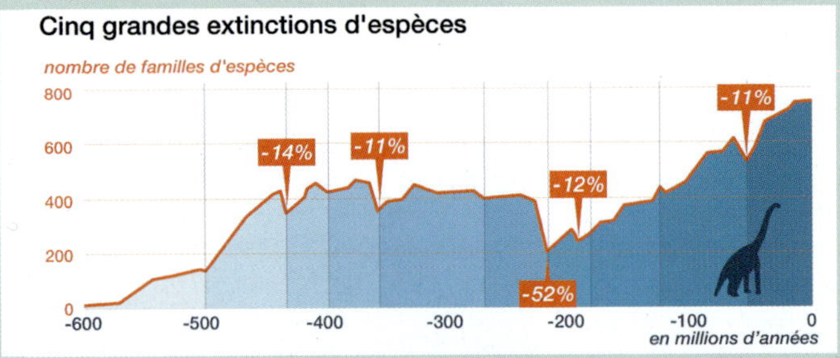

MENACE SUR LES ESPÈCES

Serions-nous à l'aube de la sixième grande vague d'extinction des espèces ? Selon l'Union internationale pour la conservation de la nature (IUCN) en tout cas, la terre pourrait perdre 20 % de ses espèces d'ici 2020. Jusque-là pourtant, elle n'avait encore connu que cinq grandes vagues d'extinction au cours desquelles plus de 60 % des espèces auraient disparu. La plus connue d'entre elles qui vit la fin des dinosaures remonte à la fin du crétacé, il y a 65 millions d'années.

L'HOMME PRÉDATEUR

Industrie et transports, construction et chauffage, agriculture et pêche, urbanisation et tourisme : le champ des impacts de l'homme et de son mode de vie sur la nature et ses espèces vivantes est à la fois vaste et croissant. Car à ce jour, les modèles de croissance et de développement auxquels les hommes se réfèrent sont la plupart du temps ignorants des écosystèmes et prédateurs des espèces.

Espèces en péril

En 2006, l'Union internationale pour la conservation de la nature (UICN) considère que près d'un mammifère sur quatre est menacé de disparaître, et un oiseau sur huit. Plus grave encore, le rythme d'extinction des espèces serait en train de s'accélérer. Ainsi, avec l'altération de leur environnement et la destruction de leur habitat, la moitié des espèces vivantes seraient menacées d'ici 2050. Avant elles, 800 espèces auraient déjà disparu au fil des cinq siècles derniers comme le dodo de l'île Maurice, le grand pingouin de l'Atlantique Nord ou le tigre de la Caspienne.
Moins médiatisé que le réchauffement climatique et tout aussi irréversible que la désertification, la disparition des espèces modifie de nombreux équilibres aux échelles locales, régionales et mondiales. Or chacune d'entre elles constituant un maillon d'une chaîne alimentaire, elles risquent de les rompre en disparaissant et de provoquer à leur tour l'extinction d'autres espèces. C'est ce que révèle par exemple la disparition des coraux ou des mangroves qui pourrait entraîner avec elle la mort de nombreuses espèces qu'ils abritent. C'est aussi la menace qui pèse désormais sur des grands animaux comme l'ours blanc.
Depuis une trentaine d'années en effet, les variations climatiques sont devenues une nouvelle cause de la réduction des espèces, car elles contribuent à en modifier la répartition, l'alimentation et l'abondance. Ainsi, dans plusieurs régions arctiques comme dans la baie d'Hudson ou dans la région du Spitzberg, la fonte de la banquise que provoque l'arrivée plus précoce du printemps oblige les ours polaires à gagner la terre ferme où il leur est plus difficile de trouver de la nourriture. À la

chute de poids des ours que ces changements entraînent correspond aussi une baisse de leur fécondité et donc à terme, une menace sur l'espèce. Selon le même mécanisme, la réduction de la banquise hivernale sur le continent Antarctique aurait entraîné une baisse de 33 % du nombre de manchots en terre Adélie depuis 1980. Plus largement, les scientifiques avancent que le réchauffement climatique pourrait menacer d'extinction jusqu'à 37 % des espèces étudiées d'ici 2050.

La pollution biologique par introduction d'espèces étrangères dans un écosystème donné constitue une troisième cause importante de l'extinction des espèces. Ainsi, qu'il s'agisse d'importations volontaires destinées à l'agriculture et à l'élevage, ou de déplacement accidentel dans les soutes des bateaux et des avions, le transfert des espèces ne cesse d'augmenter à travers le monde depuis le début du XIXe siècle. On se souvient par exemple du percement du canal de Suez et de celui de Panamá qui ont mis en présence des espèces jusque-là séparées depuis des millions d'années. Aujourd'hui, le phénomène de pollution biologique encore peu connu et mal réglementé concerne surtout les milieux insulaires comme les îles Galápagos ou Hawaii, dont les écosystèmes sont les plus fragiles.

Par exemple, la quatrième cause d'extinction des espèces est directement liée au commerce dont elles sont victimes. Chaque année, des primates de Chine et de Tanzanie, des perroquets d'Afrique du Sud ou d'Argentine, des orchidées de Thaïlande et plusieurs millions de serpents d'Indonésie ou d'Afrique sont exportés pour être vendus dans les pays occidentaux ou au Japon. À ce commerce difficilement contrôlable mais légal s'ajoute un trafic important, lucratif et illicite de plantes et d'animaux rares dont certaines espèces (serpents) peuvent se monnayer jusqu'à 230 000 euros.

MENACES SUR LA FORÊT

À l'origine, la forêt primaire « atlantique » d'Amérique du Sud s'étendait sur un million de kilomètres carrés, du nord de la côte brésilienne au Paraguay. Sous l'effet conjugué de l'exploitation du bois et des ressources naturelles (fer, manganèse, bauxite), du développement de l'agriculture extensive (café, coton, canne à sucre) et de l'urbanisation, cette immense zone a, depuis le XVIe siècle, perdu l'essentiel de son couvert forestier. Il ne reste plus aujourd'hui dans cette région que 8 % de la forêt primaire où pas moins de vingt-huit espèces sont menacées d'extinction. Parmi elles, on trouve trois des quatre espèces de tamarins, un petit singe de couleur fauve.

MENACES SUR LES MILIEUX MARINS

Dans la mer des Caraïbes, l'océan Indien et dans les espaces maritimes d'Asie du Sud-Est, le blanchiment des récifs coralliens annonce leur extinction prochaine sous l'effet de la pollution, des sédiments, des remblais, du tourisme et de l'augmentation de la température de la mer. En 2000, 27 % des récifs coralliens avaient déjà définitivement disparu du globe. D'ici 2020, 14 % pourraient encore mourir. Or ces animaux rudimentaires qui fournissent nourriture et protection aux algues, aux crustacés et à quelques 4 000 espèces de poissons font partie des écosystèmes les plus riches en biodiversité de la planète puisqu'ils abritent pas moins de 400 000 espèces animales et végétales.

De la même façon, les mangroves qui bordent les littoraux tropicaux sont aujourd'hui fragilisées par le bétonnage des côtes. Or la disparition de ces petits écosystèmes forestiers qui servent de lieux de reproduction à de nombreuses espèces marines pourrait menacer non seulement la stabilisation des littoraux, mais aussi la survie des poissons et donc avec elle les activités de pêche.

Globalement enfin, en dehors des zones de pêche qui bordent l'Amérique du Sud et l'océan Indien, ce sont tous les océans de la planète qui sont aujourd'hui surexploités : la Méditerranée est considérée comme « vidée » et l'Atlantique Nord est en voie d'épuisement des espèces. Premier acteur du désastre : la pêche industrielle et ses bateaux-usines dont les capacités de conditionnement et de congélation à bord permettent de rester plus longtemps sur les zones les plus riches en poissons, au risque d'en épuiser certaines espèces, comme l'aiguillat commun (famille des requins) dans l'Atlantique Nord désormais en danger d'extinction. À son tour, le nombre de dauphins en Méditerranée a diminué de plus de moitié depuis 1970 : privés d'une nourriture qui se réduit d'année en année, les mammifères marins sont également victimes des filets « dérivants » – parfois longs de 3 kilomètres – dans lesquels ils se font prendre en se blessant.

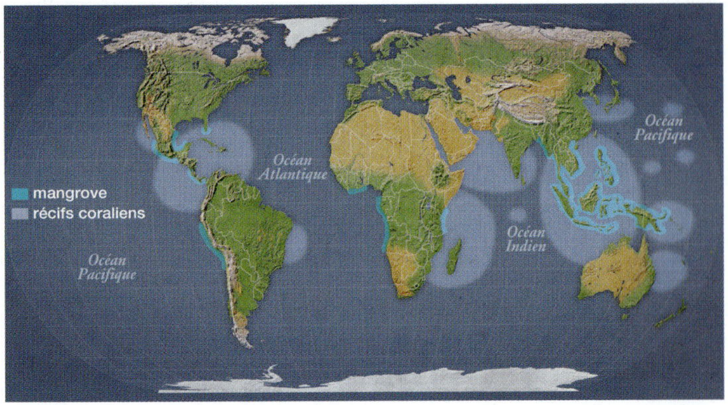

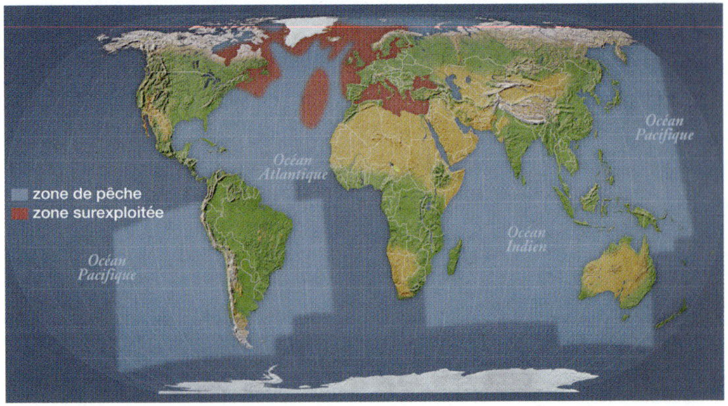

Face à la menace

Face à la disparition des espèces, plusieurs mesures de type conservatoire sont mises en place pour tenter de protéger ou de sauver celles qui sont menacées. Parmi elles, la création de zones et de parcs protégés est sans doute la plus ancienne puisque la fondation du premier parc naturel – Yellowstone aux États-Unis – remonte à 1872. Très largement développée depuis, la mesure semble cependant très insuffisante. Car pour la plupart, les 40 000 espèces qui sont protégés dans le monde aujourd'hui se situent dans les pays industrialisés en zone tempérée, alors que les zones de plus grande biodiversité, elles, sont presque toutes situées en climat tropical, dans les pays en développement. Par ailleurs, l'instauration du statut de zone protégée n'indique pas qu'elle le devient vraiment : le plus souvent, les moyens manquent, qu'il s'agisse de matériels, de personnels, de moyens scientifiques ou de surveillance.
De plus en plus utilisée, la réintroduction dans leur milieu naturel d'animaux élevés en captivité permet à son tour de préserver certaines espèces de la disparition comme l'oryx d'Arabie ou le bouquetin des Alpes.
Enfin, à l'échelle mondiale, la signature en 1992 de la convention sur la diversité biologique a pour vocation d'inciter les États à adopter des dispositions visant à la conservation de la biodiversité et au développement durable. Un objectif qui se révèle aussi incertain qu'ambigu, car on peut douter que ces mesures puissent être efficaces si elles ne s'attaquent pas au cœur du problème, c'est-à-dire à notre mode de vie, à nos modèles de développement, à nos objectifs de croissance. Or on sait qu'aucun gouvernement au monde ne s'y risquerait encore aujourd'hui, à moins d'y être poussé par son électorat.

Voir également *Atlas du Dessous des Cartes* 2005 page 196-243.

L'EUROPE, UNE CHANCE POUR LES ESPÈCES ?

En Europe, la protection des espèces est couverte par deux directives de l'Union européenne : la première qui date de 1979 concerne les oiseaux sauvages ; la seconde qui fut votée en 1992 et dénommée « Habitat » porte sur la mise en place d'un réseau de zones protégées.
Limitées à l'espace européen, ces directives présentent l'intérêt d'entraîner des sanctions en cas de non-respect. Ainsi, en 2004, la Commission européenne a lancé une première action judiciaire contre huit États membres pour non-prise en compte des espèces protégées.

ANOMALIES GÉOPOLITIQUES

SAINT-MARIN, SAUVÉ PAR LE PAPE ET BONAPARTE

Saint-Marin est un cas unique de survivance d'une commune italienne du Moyen Âge à travers les siècles. Enclavé au cœur du territoire italien, Saint-Marin est, dès le XIIIe siècle, qualifié de république en raison de son organisation étatique : deux capitaines régents sont élus à la tête de l'État par un Grand Conseil, formé de 20 nobles, 20 bourgeois et 20 paysans. Après avoir longtemps bénéficié de la protection du pape, la ville est épargnée par l'occupation napoléonienne en 1796 en raison de l'admiration de Bonaparte pour l'esprit républicain qui prévaut dans le minuscule État. En 1860, Saint-Marin échappe cette fois à l'unification politique de la botte italienne pour avoir accueilli des révolutionnaires et nationalistes italiens comme Garibaldi en 1849. En reconnaissance de son geste, son indépendance se voit garantie par un traité d'amitié signé en 1862 avec l'Italie.

L'influence d'un État est-elle proportionnelle à sa superficie ? Pas forcément, la preuve, ces bizarreries de la géographie politique, confettis de souveraineté, plantés ici et là par l'Histoire, en Europe ou ailleurs : Saint-Marin qui survit à la formation de l'État italien ; Monaco ou le Liechtenstein portés par la mondialisation ; le Vatican, enclavé dans le cœur de Rome d'où il rayonne dans le monde ; le Somaliland, État bien réel et sans reconnaissance ; le Sahara occidental dont le statut est, au sens premier du terme, in-déterminé.

Voir également **UN MONDE PLUS GRAND, pages 14-31 ; UN MONDE PLUS FLUIDE ?, pages 32-43.**

ÉTATS MALGRÉ TOUT

Le statut d'État n'implique pas pour un pays qu'il exerce sa souveraineté sur un vaste territoire. Ainsi, si des pays comme la Russie, le Canada, la Chine, l'Australie, le Brésil ou le Soudan affichent des territoires de plusieurs millions de kilomètres carrés, la plupart des États s'étendent sur des territoires de superficie beaucoup plus modeste, oscillant entre 10 000 et 1 million de kilomètres carrés. Certains d'entre eux sont même encore plus petits et n'excèdent pas 1 000 kilomètres carrés comme les îles Maldives ou Seychelles dans l'océan Indien, Saint-Kitts-et-Nevis dans les Caraïbes, Tonga et Palau dans le Pacifique. Plusieurs de ces micro-États sont situés en Europe, comme par exemple le Vatican, le plus petit État au monde. Pour la plupart, ces États sont membres des Nations unies où ils disposent des mêmes droits que les «grands».

DE L'UTILITÉ D'ÊTRE PETIT…

Si de minuscules États comme Monaco, Andorre, le Liechtenstein et Saint-Marin ont pu survivre aux bouleversements territoriaux des deux derniers siècles, c'est avant tout pour les intérêts économiques qu'ils représentent. Paradis fiscaux, ils profitent aux citoyens et aux entreprises des États voisins, et leur pérénité semble assurée en tant que rouages avantageux de la mondialisation.

LE LIECHTENSTEIN, 24e CANTON SUISSE ?

Située entre la Suisse et l'Autriche, la principauté de Liechtenstein est née au XIXe siècle des rivalités de pouvoir qui opposent les Autrichiens et les Allemands, lors de l'unification allemande. Placé dans l'orbite économique de l'Autriche-Hongrie, le Liechtenstein se trouve alors écarté de la nation allemande en formation, puisque la Prusse prône l'unité de l'Allemagne… sans l'Autriche. Le Liechtenstein n'a alors d'autre choix que de se proclamer indépendant en 1866. Depuis 1923, il forme avec la Suisse une union douanière et monétaire. Comme il utilise le franc suisse pour monnaie nationale, certains le considèrent comme le 24e canton suisse. Aujourd'hui, ce minuscule territoire accueille le siège de quelque 35 000 sociétés étrangères. Tout comme la Suisse, il doit sa prospérité à son secteur bancaire et à sa législation fiscale favorable aux entreprises et aux fondations. Déjà accusé en 2000 par les services de renseignements allemands de blanchir de l'argent sale, le paradis fiscal se voit également reproché par l'OCDE son manque de coopération dans les enquêtes visant le crime organisé.

MONACO : UN PARADIS FISCAL GRAND COMME UN ROCHER…

Enclavé dans le département français des Alpes-Maritimes, Monaco est une principauté indépendante, dirigée par la famille Grimaldi depuis le XIIIe siècle. Longtemps protégée par la présence de falaises qui la place à l'écart des grandes routes, la principauté monégasque survit en tant qu'État indépendant en cédant en 1861 les communes de Roquebrune et Menton contre la protection de son grand voisin français. Ainsi maintenu sous la protection de Paris – qui propose au prince les noms des Premiers ministres du « rocher » –, le petit État jouit dès lors d'une grande prospérité économique – grâce à son casino et à ses hôtels de luxe. Fort de cette fortune, il supprime les impôts directs en 1869. Très appréciés des Français, ces avantages fiscaux entraînent en 1962 une crise entre Paris et Monaco. Pour contrer l'évasion fiscale des Français, Paris exige alors de Monaco qu'il assujettisse les ressortissants français résidant dans la principauté depuis moins de cinq ans aux mêmes impôts qu'en France. Aujourd'hui le paradis fiscal monégasque dispose d'un important centre bancaire offshore spécialisé dans la gestion patrimoniale. Bien que les autorités monégasques le nient et qu'elles aient adopté de nouvelles lois pour lutter contre le crime organisé, la principauté de Monaco est régulièrement soupçonnée de servir à blanchir de l'argent sale.

LE VATICAN, PLUS PETIT ÉTAT AU MONDE

Enclavée en Italie au cœur de la ville de Rome, la cité du Vatican est le plus petit État du monde (44 hectares). Il est dirigé par Benoît XVI, 265e pape et premier allemand depuis 482 ans, c'est-à-dire depuis la Réforme.

Le pape est à la fois le chef de l'Église et un chef d'État temporel, car historiquement, l'Église catholique est souveraine sur une grande partie du centre de l'Italie, « les États pontificaux », que l'unité italienne réduit à une peau de chagrin en 1860. Ce sont les accords du Latran signés avec l'Italie en 1929 qui définissent le statut de l'État du Vatican.

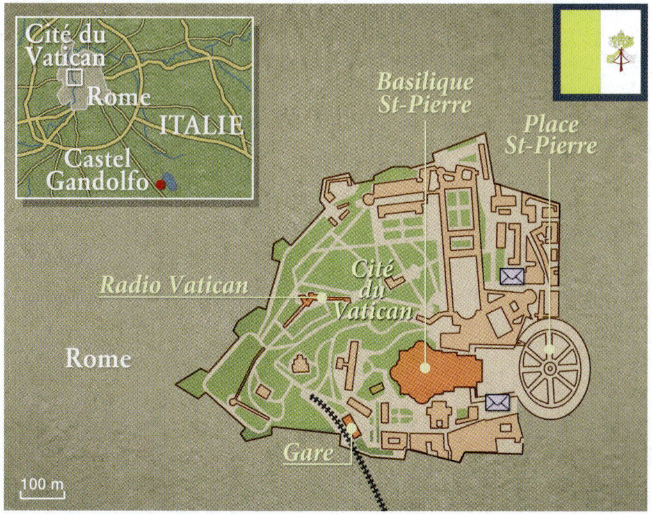

LA DIPLOMATIE VATICANE

Le Vatican est l'institution représentative de l'Église catholique universelle, qui compte 1,7 milliard de fidèles répartis sur les cinq continents. Entretenant des relations avec 174 pays, ainsi qu'avec des organisations internationales, le Saint-Siège, en tant que puissance spirituelle, joue un rôle important dans l'action diplomatique internationale. En 1979, la médiation de Jean-Paul II permet par exemple de désamorcer le conflit entre l'Argentine et le Chili, dans leur contentieux sur la délimitation de leurs zones maritimes respectives dans le canal de Beagle. Plus largement, la diplomatie joue un rôle crucial dans l'effondrement du communisme en Europe de l'Est. Sous Jean-Paul II, le Saint-Siège œuvre également au rapprochement des religions. En 1985, il effectue le premier voyage papal dans un pays musulman (Maroc). En 1986, il lance les rencontres d'Assise entre représentants des différentes religions Le rapprochement avec le judaïsme se concrétise par l'établissement de relations diplomatiques avec Israël en 1993, et un voyage en Terre sainte en 2000.

Les relations sont en revanche plus tendues avec l'orthodoxie, le patriarche orthodoxe russe Alexis II reprochant au Vatican son prosélytisme en Russie. Même chose avec la Chine : face à l'expansion de l'Église catholique (estimée à 15 millions de fidèles), Pékin cherche à contrôler les croyants à travers l'Association patriotique des catholiques chinois (que Rome ne reconnaît pas), soumettant ainsi les « vrais » catholiques à la clandestinité et à la répression. L'élection en 2005 de Benoît XVI, qui considère l'Asie comme « le continent du troisième millénaire pour l'Église catholique », pourrait faire évoluer la situation. Déjà, le 30 juin 2007 il a adressé une lettre aux catholiques chinois, soulignant sa volonté d'entamer un nouveau dialogue avec Pékin.

UN ÉTAT POUR L'ÉGLISE

*Organisée autour de la basilique Saint-Pierre, la cité du Vatican dispose, malgré sa petite taille, d'une gare, d'une station de radio qui émet en 33 langues, d'une imprimerie qui diffuse les documents pontificaux en 94 langues, d'un journal quotidien, L'*Osservatore romano*, et d'une poste, qui émet des timbres recherchés par les collectionneurs. Sa monnaie est l'euro et sa langue officielle l'italien, même si le latin reste la langue des textes officiels de l'Église. C'est le seul État au monde dont la nationalité est temporaire… et où personne ne vient au monde. Reconnaissable à son uniforme multicolore, la garde suisse assure la protection de la cité et du pape. Depuis l'attentat perpétré contre Jean-Paul II le 13 mai 1981, elle est devenue un corps d'élite.*

SAHARA OCCIDENTAL, DERNIER TERRITOIRE SANS STATUT

Ni indépendant, ni marocain, le Sahara occidental est un territoire sans statut.

Le Sahara occidental s'étend entre le Maroc au nord, l'Algérie à l'est et la Mauritanie au sud et ne compte que quelques centaines de milliers d'habitants, des nomades d'origine berbère et arabe. Si sa terre est aride, son sous-sol est riche en phosphate et son littoral donne accès à d'abondantes ressources halieutiques sur la côte atlantique.

Dès le lendemain de la Seconde Guerre mondiale, la souveraineté de cette ancienne colonie espagnole, est contestée :

– de l'intérieur par ses habitants nomades qui voudraient s'émanciper de la tutelle de l'Espagne ;

– de l'extérieur par la Mauritanie, qui estime que le Sahara occidental est peuplé de tribus nomades de même origine ethnique que les Mauritaniens ;

– par le Maroc qui appuie ses prétentions territoriales sur sa légitimité historique : la dynastie des Almoravides, fondatrice du premier royaume marocain, contrôlait une grande partie du Sahara. Le Maroc s'intéresse également aux matières premières que recèle le territoire sahraoui.

Au départ des Espagnols en 1975, le Sahara occidental est partagé entre la Mauritanie et le Maroc, puis annexé par ce dernier en 1979.

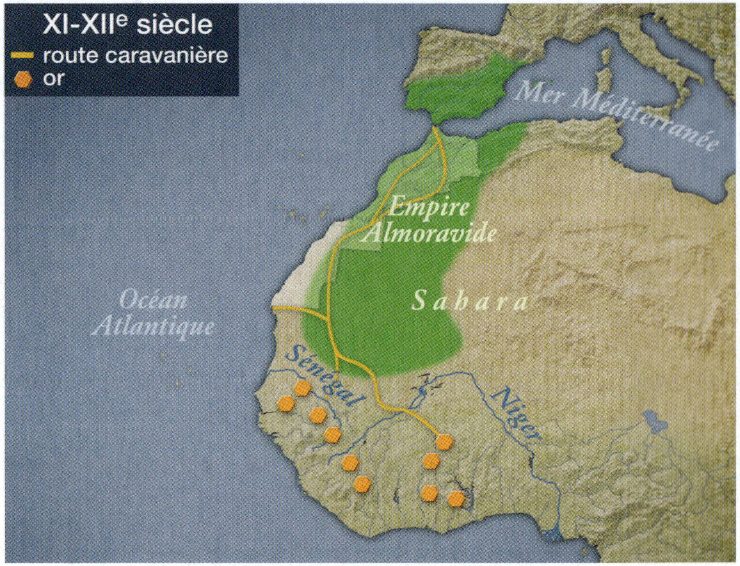

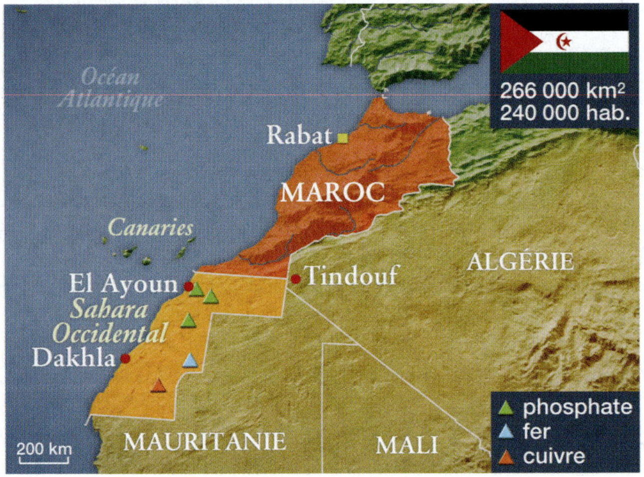

Les Sahraouis qui revendiquent leur autonomie politique auprès du colonisateur espagnol ripostent en créant le Front Polisario (Front pour la libération de la Saguía El-Hamra et du Río de Oro) et se lancent dans une guérilla contre l'occupant marocain. Le Polisario est soutenu par l'Algérie, qui accueille à Tindouf les militants sahraouis et les nomades qui fuient la guerre. En 1976, le Front Polisario proclame l'existence de la République arabe du Sahara démocratique, avant que l'ONU condamne l'occupation marocaine et se prononce en faveur de l'autodétermination du Sahara occidental. En 1991, un cessez-le-feu est signé entre Polisario et Maroc, Rabat acceptant alors l'organisation d'un référendum sur l'autodétermination du Sahara occidental sous le contrôle de l'ONU. Le Maroc et les Sahraouis n'arrivant pas à se mettre d'accord sur les listes électorales, le référendum n'a jamais pu être organisé.

Cependant, placées sous la pression américaine, les deux parties acceptent en avril 2007 d'ouvrir des négociations directes, sous l'égide des Nations unies. Derrière ce geste de Washington, il faut voir sa volonté de faire du Maroc un acteur de la stabilité régionale et d'éviter que les Sahraouis rejoignent les mouvements islamistes, très actifs au Sahel.

SOMALILAND, L'ÉTAT QUI N'EXISTE PAS

Située dans la corne de l'Afrique, la république du Somaliland fait sécession de la Somalie en 1991. Autoproclamé indépendant, sans qu'aucun État le reconnaisse depuis cette date, le Somaliland survit sans statut juridique, ni viabilité économique.

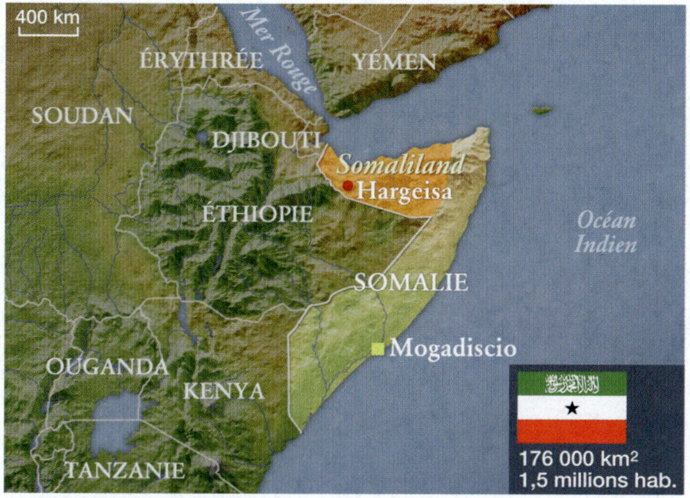

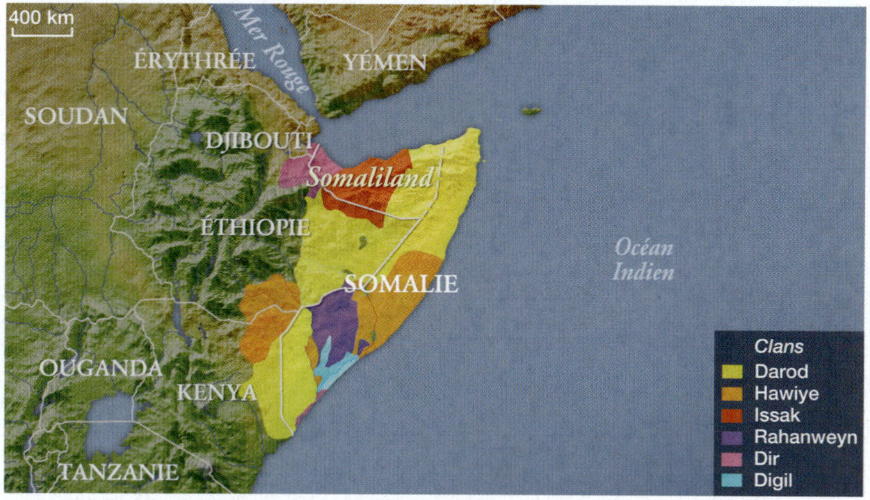

UNE ANCIENNE COLONIE BRITANNIQUE

La république du Somaliland est située dans la corne de l'Afrique, à l'est de l'Éthiopie. Sa capitale est Hargeisa. Sa monnaie est le shilling du Somaliland. Il est doté d'un drapeau, d'une Constitution, d'un gouvernement et d'un président de la République, Dahir Riyale Kahin. Jusqu'en 1960, le territoire est un protectorat britannique. En juillet 1960, il se déclare indépendant et fusionne, une semaine plus tard, avec l'ancienne colonie italienne de Somalie pour former, la république de Somalie. Cependant, cette fusion réunit des cultures politiques très différentes : les appareils administratifs et l'armée ont été formés selon deux traditions distinctes. En l'absence d'une écriture adaptée à la langue somali, l'anglais est utilisé administrativement au nord, et l'italien au sud jusqu'en 1972. Au niveau économique, le Somaliland continue de commercer avec la péninsule arabique, alors que le sud du pays reste très lié à l'Italie.

UN ÉTAT STABLE DANS LA CORNE DE L'AFRIQUE ?

Dans les années 1980, la politique clientéliste et corrompue du président somalien Siyad Barre exacerbe les rivalités entre clans somalis. Or, toute la société somalie repose sur son système clanique. En réaction, le clan des Issaks, majoritaires au nord, crée le Mouvement national somalien, qui entame à partir de 1982 une lutte armée contre la dictature de Siyad Barre. La riposte de l'armée somalienne est radicale : en 1988, Hargeisa est détruite à 80 %, près de 10 000 personnes sont tuées et 400 000 Somaliens se réfugient en Éthiopie et à Djibouti. Cette répression contribue alors au développement d'un sentiment séparatiste dans le nord du pays, qui aboutit après la chute de Siyad Barre à la proclamation d'indépendance du Somaliland en 1991. Pour donner une légitimité à sa souveraineté, le nouvel État, qui s'inscrit dans les frontières de l'ancien protectorat britannique, se réfère aux six jours d'indépendance qu'a connus le pays en 1960.
Avec l'indépendance, les affrontements entre factions s'interrompent, ce qui n'est toujours pas le cas dans le reste de la Somalie, touchée aujourd'hui par un nouveau conflit.

REDÉPLOIEMENT DES RAPPORTS DE FORCE

REDÉPLOIEMENT DES RAPPORTS DE FORCE

NOUVEL EST, NOUVEL OUEST

1950-2000 : LE DISPOSITIF DE LA GUERRE FROIDE

Historiquement, le déploiement militaire mondial des États-Unis répond à une stratégie de guerre froide (1948-1989), qui conduit les Américains à positionner des bases :
– en Europe occidentale pour contenir la menace soviétique et être capable de répondre à une invasion soviétique terrestre par le nord de l'Europe ;
– en Asie, pour endiguer le communisme en Asie du Sud-Est ;
– en Corée du Sud, pour pouvoir s'opposer à une invasion nord-coréenne, voire aux troupes chinoises ;
– dans le golfe Persique et l'océan Indien pour assurer la sécurité de l'approvisionnement énergétique des États-Unis.

Nouveaux risques, nouvelles menaces, nouvelles alliances : depuis le 11 Septembre, le paysage stratégique mondial serait en pleine recomposition. Mais l'est-il vraiment ? Les Européens peuvent-ils se passer des Américains pour assurer leur sécurité ? La Russie a-t-elle cessé d'être menaçante ? Et la Chine le deviendra-t-elle ?
À ces premières questions, l'Irak, l'Afghanistan et l'Iran en ajoutent de nouvelles : les forces et les alliances militaires « classiques » peuvent-elles répondre à des menaces et à des risques « nouveaux » comme le terrorisme ou la prolifération d'armes de destruction massive ?

LE REDÉPLOIEMENT MILITAIRE AMÉRICAIN

Les États-Unis d'Amérique sont, de loin, le seul pays capable de maintenir des bases et des centaines de milliers d'hommes répartis un peu partout dans le monde. Or jusqu'au redéploiement progressif des troupes américaines au début des années 2000, ce prépositionnement militaire s'inscrit encore dans une configuration inspirée de la Seconde Guerre mondiale. Les États-Unis avaient alors dû porter leurs troupes sur le front européen face à l'Allemagne, sur le front du Pacifique face aux Japonais et cinq ans plus tard sur le front asiatique de la guerre de Corée. Forts de cette expérience, les Américains décident donc de déployer leurs forces (*US Army*, *US Air Force*, *US Navy*, *US Marine Corps*) de telle façon qu'elles puissent mener « deux guerres et demie » – deux conflits de grande envergure et un troisième moins important –, sur trois théâtres de combats possibles : l'Europe, l'Asie et le Moyen-Orient. Ce dispositif est maintenu pendant 40 ans, jusqu'à la fin de la guerre froide en 1989.

À nouvelle menace…

Quand elle survient en 1991, la disparition de l'URSS impose une nouvelle équation aux services de renseignement et de planification militaire, car elle pose la question de savoir d'où va désormais venir la menace. Vers quel adversaire réorienter les services de renseignements ? Contre quel type d'ennemi élaborer les nouveaux programmes d'armement ? La réponse vient en 2001, comme un coup de tonnerre dans le ciel de septembre à New York et Washington. Placés sous le feu des

LE DÉPLOIEMENT AMÉRICAIN EN ASIE ET DANS LE PACIFIQUE

Jusqu'en 1991, les Américains entretiennent deux bases importantes aux Philippines, Clark et Subic Bay. Avec la fin de la guerre froide, les deux bases sont démantelées. Or onze ans plus tard, en 2002, Manille et Washington conviennent d'un nouveau déploiement américain sur le sol philippin, que motivent deux facteurs : la lutte contre les groupes islamistes d'Abu Sayyaf au sud du pays ; la position de l'archipel par rapport à la Chine, au cas où celle-ci devait devenir un adversaire pour les États-Unis, ou pour l'un de leurs alliés en Asie.
À son tour, le Viêt Nam connaît un étonnant retournement de l'histoire : trente-cinq ans après les accords de Paris qui mettent fin au conflit entre les États-Unis et le Viêt Nam du Nord, Hanoi serait en négociation avec Washington pour louer aux États-Unis la base de Cam Ranh, que la flotte russe du Pacifique a définitivement quittée en juillet 2003.

LE DÉPLOIEMENT AMÉRICAIN EN ASIE DU NORD

Présents sur l'archipel japonais depuis la fin de la guerre du Pacifique, en 1945, les États-Unis s'y maintiennent ensuite par un accord signé avec Tokyo en 1960. Au total, le dispositif de 47000 hommes représente un coût de 7 milliards de dollars par an, dont 60 % sont couverts par le budget japonais. Trois questions opposent désormais Américains et Japonais : le stockage et le transit des armements nucléaires miniaturisés ; le comportement des soldats américains au Japon ; l'ampleur de la réduction des forces américaines prévue au Japon. Face aux incertitudes que représentent la Corée du Nord, son régime imprévisible et son programme nucléaire, les États-Unis maintiennent 31000 soldats en Corée du Sud. Cependant, confinés au rôle de gardes-barrière du 38e parallèle depuis la fin de la guerre froide, 5000 d'entre eux ont été redéployés en Irak en 2007, le total des forces américaines en Corée du Sud devant être ramené à 25000 hommes d'ici 2008.

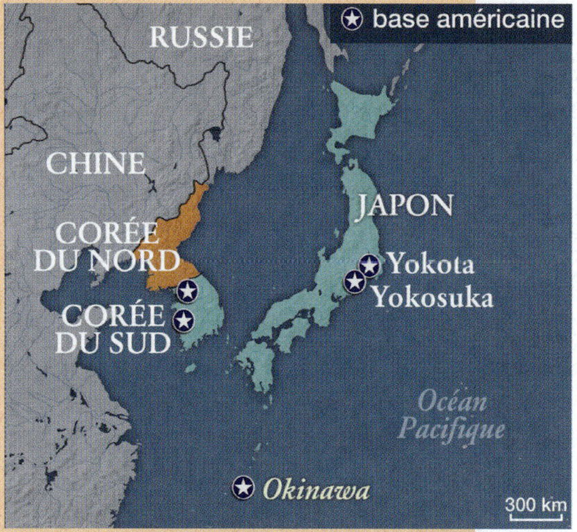

LE DÉPLOIEMENT AMÉRICAIN EN EUROPE DE L'OUEST

Après sa défaite en 1945, l'Allemagne est occupée dans sa partie occidentale par des troupes américaines, anglaises et françaises. Ainsi, sur 110000 soldats américains stationnés en Europe jusqu'en 2006, l'Allemagne en compte 70000, notamment à Wiesbaden et Ramstein. Dans le cadre du redéploiement mondial des forces américaines, 30000 hommes quittent définitivement le territoire allemand à partir de 2006 pour rejoindre soit les États-Unis, soit l'Irak. Ceux qui y restent sont, pour la plupart, appelés à constituer des brigades d'intervention rapide.
Le redéploiement américain en Europe concerne également la Grande-Bretagne et l'Italie. Les bombardiers de l'armée de l'air américaine quittent les îles Britanniques pour rejoindre l'Italie, qui devient ainsi la première plate-forme militaire en Europe. Elle comprend notamment le port de stationnement de la VIe flotte américaine en Méditerranée à Naples, et la base de Camp Darby entre Pise et Venise. Base de ravitaillement centrale pour les troupes en Irak, celle-ci constitue aujourd'hui le plus grand entrepôt logistique militaire mondial.

critiques, les services de renseignements américains doivent alors justifier au Congrès des États-Unis pourquoi leurs analyses n'étaient pas remontées jusqu'au pouvoir politique. Surtout, on les interroge sur la pertinence de maintenir la séparation entre les services de renseignements intérieurs (FBI) et extérieurs (CIA) alors que l'adversaire était probablement déjà sur le territoire national. En quelques heures à peine, le terrorisme islamique venait d'imposer à l'état-major et aux services de renseignement américains une révision stratégique profonde.

… nouvelle tactique

Changement de nature, de localisation et de forme : la menace terroriste impose aussi un changement de positionnement tactique. Au Pentagone, dans les « groupes d'experts » américains (*think tank*) comme *Rand Corporation*, *Heritage Foundation* ou *American Enterprise Institute*, les stratèges élaborent un nouveau plan de déploiement militaire dans le monde. Pour se rapprocher des nouveaux foyers de tension et de guerre, ce dispositif est à la fois moins lourd et moins statique. Car depuis le 11 septembre 2001, le raisonnement ne consiste plus à savoir « où sont nos troupes et avec quelle puissance ? », mais « nos troupes peuvent-elles arriver assez vite pour faire la différence ? ». Guerre sans territoire, sans revendication, sans négociation secrète : le terrorisme d'al-Qaida place les Américains devant un nouveau type de conflit, auquel ils se préparent avec un corps expéditionnaire à la fois léger et mobile, puisqu'on ne sait plus très bien ni où ni contre qui il va falloir livrer combat.

… et nouveau dispositif

Si cette vaste reconfiguration tactique des troupes de l'armée américaine en dehors de son territoire est menée pour l'essentiel sous l'administration républicaine de George W. Bush, elle s'inscrit dans la continuité d'évolutions déjà en cours.
Ainsi, au cours des années 1990, les États-Unis négocient des accords bilatéraux économiques puis parfois militaires avec plusieurs nouveaux États issus de l'URSS, que les Américains choisissent en fonction des lieux possibles de tension d'une part, d'enjeux énergétiques d'autre part. Dans le Caucase, en Asie centrale, cette présence militaire doit permettre aux États-Unis d'observer le flanc sud de la Russie, de contenir l'influence de Pékin dans la région, et de surveiller cette zone riche en hydrocarbures et en oléoducs. En 2001, elle leur permet aussi de conduire leur intervention en Afgha-

nistan en bénéficiant de l'appui logistique et militaire de bases déployées aux termes d'accords passés avec l'Ouzbékistan, le Tadjikistan et le Kirghizstan.

De la même façon, la base de Taszár en Hongrie est ouverte en 1995, à la veille des accords de Dayton qui mettent fin à la guerre en Bosnie-Herzégovine. Celle de Bondsteel au Kosovo, l'une des plus importantes en Europe, est construite suite aux bombardements de l'OTAN sur la Serbie pendant la guerre du Kosovo en 1999.

À son tour, le lancement de la guerre en Irak en mars 2003 conduit au redéploiement américain en Europe de l'Est à partir de 2004, avec la signature de nouveaux accords autorisant l'ouverture de bases en Roumanie, en Bulgarie et en Pologne. Du point de vue de l'administration américaine, ces pays offrent de multiples avantages :

– ils se trouvent à 1 500 kilomètres à peine de l'Irak, de l'Iran et de la Syrie, une distance qu'un chasseur bombardier peut couvrir en une heure et demie environ ;

– les coûts de main-d'œuvre y sont moins élevés qu'en Allemagne ;

– les opinions publiques et leurs gouvernements y sont proaméricains, contrairement à plusieurs pays d'Europe de l'Ouest. Pour ce qui concerne cette dernière, elle ne présente plus depuis la fin du conflit Est-Ouest le même intérêt stratégique pour les États-Unis : du statut de « zone de front » sous la guerre froide, elle passe à celui de plate-forme logistique. Cependant, en Allemagne et en Italie, les États-Unis maintiennent une forte présence militaire qui traduit à la fois l'importance qu'ils continuent d'accorder au « vieux continent » et leur volonté de demeurer une puissance européenne.

Par conséquent, en signant ces accords avec les pays est-européens à la veille de leur entrée dans l'Union européenne, les Américains appliquent la tactique du cheval de Troie et créent un nouvel obstacle à la construction d'une Europe de la défense autonome de l'OTAN, préservant ainsi leur rôle central sur le continent.

LE DÉPLOIEMENT AMÉRICAIN EN EUROPE DE L'EST

Près de dix ans après la fin de l'URSS, plusieurs rapports du Pentagone et de la commission des forces armées américaines du Congrès préconisent une réforme du dispositif militaire américain à l'étranger afin de faire évoluer le théâtre européen de « zone de front » au concept opérationnel de « tremplin » de la projection de puissance. Le centre de gravité stratégique mondial n'étant plus centre-européen mais moyen-oriental, caucasien et centre-asiatique, l'Europe orientale se voit ainsi désignée pour devenir une plate-forme logistique vers d'autres théâtres. À partir de 2004, la Pologne, la Roumanie et la Bulgarie signent avec les États-Unis des accords qui leur permettent d'ouvrir ou d'utiliser un archipel de bases dans la région.

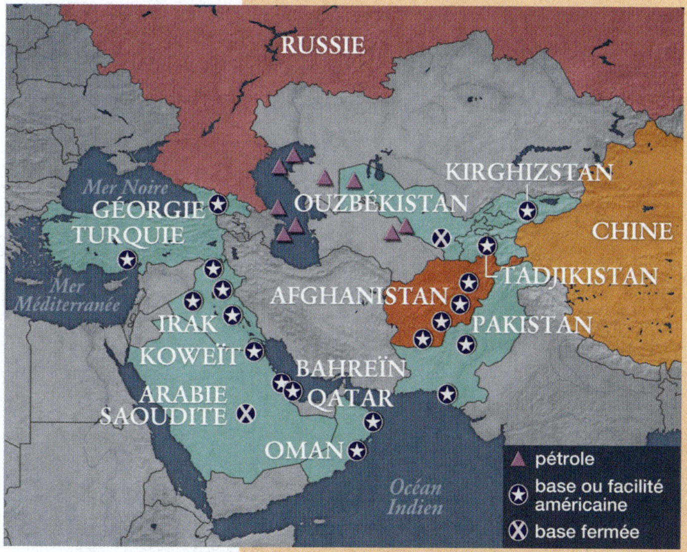

LE DÉPLOIEMENT AMÉRICAIN EN ASIE CENTRALE ET AU MOYEN-ORIENT

Depuis les attentats du 11 septembre 2001 dont plusieurs auteurs sont saoudiens, les relations bilatérales pourtant très développées entre Washington et Riyad se distendent. Progressivement, le Pentagone remplace alors la base saoudienne de Prince Sultan (centre de commandement pour les opérations aériennes en Irak en 1991) par une base au Qatar qui sert l'ensemble des forces américaines au Moyen-Orient. De son côté, le Bahreïn accueille désormais le port d'attache de la ve flotte au Moyen-Orient. Enfin, près de 50 000 hommes sont stationnés au Koweït depuis le début des opérations en Irak en 2003.

Plus au nord, les Américains sont présents en Géorgie, aux portes de la Russie, ainsi qu'à celles de la Chine au Tadjikistan et au Kirghizstan. Destinée à soutenir l'effort militaire américain en Afghanistan où environ 20 000 soldats sont stationnés, cette présence militaire des États-Unis leur permet également de surveiller une région doublement stratégique, sur le plan énergétique et militaire.

L'OTAN, VERS UNE ALLIANCE GLOBALE ?

L'Organisation du traité de l'Atlantique Nord (OTAN) forme aujourd'hui la première alliance militaire au monde (26 membres en 2007) et concentre à elle seule 60 % des budgets militaires mondiaux. Or, avec l'effondrement du bloc soviétique et la dissolution du pacte de Varsovie, l'alliance militaire a perdu l'objet initial de sa création en 1949 : endiguer la menace communiste et assurer la défense collective de l'Europe. Une situation paradoxale que l'apparition de nouvelles menaces et la reconfiguration du paysage stratégique mondial permettent cependant de comprendre.

LA NAISSANCE DE L'OTAN

Pour impliquer les Américains dans la défense du continent européen, plusieurs pays d'Europe occidentale signent avec les États-Unis et le Canada le traité de l'Atlantique Nord, le 4 avril 1949 à Washington. Face à la menace communiste, l'alliance militaire que rejoignent bientôt la Grèce, la Turquie et la RFA répond alors à la doctrine américaine de l'endiguement (containment). Jusqu'à la fin de la guerre froide en 1991, elle a pour mission d'assurer la défense collective de l'Europe face à l'URSS et ses alliés d'Europe de l'Est qui, de leur côté, sont unis par le pacte de Varsovie conclu en 1955.

MISSIONS DANS LES BALKANS

Face à l'immobilisme de l'Union européenne lors de la guerre en Yougoslavie (1991-1995) et au refus américain d'engager ses GI dans le conflit, l'OTAN finit par intervenir en bombardant de mai à septembre 1995 les positions serbes en Bosnie. Quand les accords de Dayton qui mettent fin au conflit sont signés en décembre 1995, l'OTAN se charge d'en assurer le respect par la mise en place d'une force d'interposition appelée IFOR.

Au printemps 1999, les forces de l'OTAN sont de nouveau mises à contribution dans les Balkans. Pour refouler les forces serbes hors du Kosovo et mettre fin à la politique d'épuration ethnique qui pousse les Kosovars albanais à l'exil, les avions de l'OTAN bombardent Belgrade et les positions serbes au Kosovo 78 jours durant. Au retrait des troupes serbes, l'OTAN déploie alors la KFOR, une force de stabilisation sur l'ensemble de la province.

Définir les rôles

L'efficacité d'une alliance militaire tient avant toute chose à la clarté de sa mission qui, à son tour, dépend de la menace identifiée. Ce sont là les principaux enjeux des discussions menées au sein de l'OTAN depuis 1991. S'allier avec qui, pour faire quoi et contre qui ? La réponse vient en plusieurs étapes.

La première se déroule dans les Balkans, que plusieurs conflits viennent successivement déchirer à partir de 1992, en Croatie, en Bosnie puis au Kosovo. Face à la progression des nationalistes serbes et croates et à la politique d'épuration ethnique lancée contre les populations bosniaques d'une part et albanophones du Kosovo de l'autre, l'Europe reste immobile, divisée, sans moyens militaires ni vision politique pour intervenir. De son côté, Washington refuse d'engager ses troupes au sol. Finalement, face à la pression des opinions publiques puis aux risques d'extension du conflit vers la Macédoine aux portes de la Grèce et de la Turquie, l'OTAN permet d'intervenir *a minima* : en 1995, ses forces bombardent des positions serbes en Bosnie, puis à Belgrade et au Kosovo en 1999.

À LA CONQUÊTE DE L'EST

Contrairement au pacte de Varsovie, alliance créée en 1955 par l'URSS et ses alliés d'Europe de l'Est, l'OTAN est dès l'origine une alliance de pays démocratiques ayant librement consenti à réunir leurs forces militaires pour faire face à la menace soviétique. C'est sans doute l'un des premiers facteurs qui expliquent qu'elle se maintient au-delà de la guerre froide, en 1991. Le second facteur est lié. La menace ayant disparu, il devient plus difficile pour les gouvernements européens de justifier le maintien de budgets militaires élevés.
Or en mutualisant leurs forces militaires, l'OTAN leur permet de pallier cette diminution.
Deux derniers paramètres consolident le maintien de l'organisation transatlantique:
– le vide stratégique que la reconfiguration géopolitique européenne laisse au cœur du continent et qu'il s'agit de combler au plus vite pour éviter tout risque de déstabilisation comme en Yougoslavie.
C'est dans cette perspective qu'en 1994, l'OTAN lance son « partenariat pour la paix » qui offre aux pays de l'Europe médiane et balkanique un cadre de collaboration avec elle dans le domaine de la politique de sécurité, mais sans garanties en matière de défense;
– le désir de nombreux États issus de l'URSS et du pacte de Varsovie de rejoindre l'OTAN et son commandement intégré. Marqués par des décennies d'alliance forcée à la Russie, ils souhaitent se placer dès que possible sous la protection de l'alliance qu'ils considèrent comme le garant principal de la sécurité, de la défense et même de la liberté en Europe.
Ainsi, loin de se dissoudre, l'organisation s'élargit à deux reprises: après avoir intégré trois premiers pays de l'ex-pacte de Varsovie (Hongrie, Pologne et République tchèque) en 1999, l'OTAN s'est étendue à sept autres en 2004: Bulgarie, Estonie, Lettonie, Lituanie, Roumanie, Slovaquie et Slovénie. À leur tour, l'Albanie, la Croatie et la Macédoine participent à un programme qui les prépare à entrer dans l'alliance, alors que l'Ukraine et la Géorgie ont affiché leur projet d'en faire autant. Ces élargissements satisfont aussi la volonté des États-Unis – principaux contributeurs – qui peuvent à la fois conserver le commandement de l'OTAN, consolider leur influence stratégique à l'est de l'Europe, et saper les efforts visant à construire, sous l'égide de l'Union, une Europe commune de la défense « trop » autonome dont les orientations pourraient leur échapper.

L'OTAN SUR LA MER NOIRE

Situées aux portes de l'Asie, proches des zones de conflit du Caucase et de Moldavie, placées sur une voie d'évacuation du pétrole de la Caspienne, la Bulgarie et la Roumanie constituent une zone commune d'intérêt pour les États-Unis, l'OTAN et l'Union européenne: dès septembre 2001, les deux pays servent de tremplin pour les opérations militaires américaines en Afghanistan et en Irak; en 2003, profitant du refus turc d'utiliser son territoire pour mener une offensive vers le nord de l'Irak, la Roumanie autorise l'armée américaine à utiliser plusieurs bases aériennes, dont celle de Mihail-Kogalniceanu qui devient fin 2005 une base permanente des États-Unis; en 2004, la Bulgarie et la Roumanie rejoignent l'OTAN qui élargit ainsi sa façade sur la mer Noire et donc aussi sur le sud de la Russie, le Caucase et le Moyen-Orient, des régions qu'elle considère stratégiquement centrales; en 2007 enfin, les deux pays intègrent l'Union européenne.

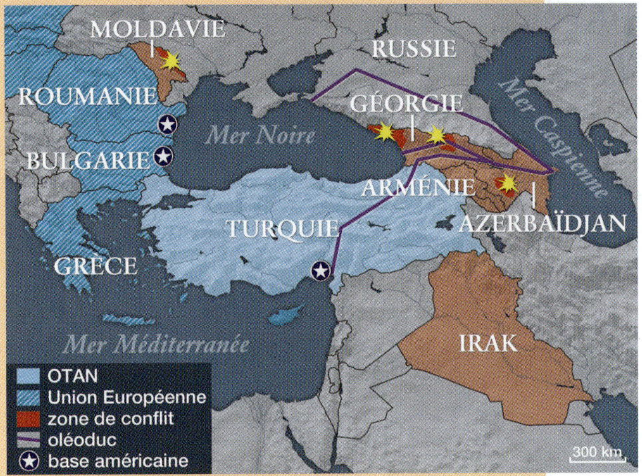

L'OTAN, UNE ALLIANCE GLOBALE ?

Après avoir servi pendant cinquante ans à défendre l'Europe, l'OTAN se transforme aujourd'hui en une structure plus flexible, apte à participer à des coalitions ponctuelles et/ou plus larges dans le monde.

Comme un test, cet « épisode » balkanique traduit une première évolution de la mission de l'OTAN que valide son sommet à Washington en 1999 : « Afin de renforcer la sécurité et la stabilité de la région euro-atlantique, l'alliance doit se tenir prête, au cas par cas, et par consensus, à contribuer à la prévention efficace des conflits et à s'engager activement dans la gestion des crises, y compris des opérations de réponse aux crises. »

Cependant, en dépit des élargissements de l'OTAN à la Pologne, à la République tchèque et à la Hongrie en 1999, il devient également clair que l'Europe n'est plus au cœur des préoccupations de sécurité américaines qui se déplacent vers le Moyen-Orient et vers l'Asie. Par conséquent, c'est aux Européens de prendre en charge les questions de stabilité intra-européennes. Pour cela, ils peuvent appuyer leurs opérations humanitaires et de maintien de la paix menées dans le cadre des missions dites de *Petersberg* sur les moyens et les capacités de l'OTAN. Parallèlement, les développements des politiques communes européennes en matière de sécurité (PESC) et de défense (PESD) doivent permettre de compléter ces dispositifs européens d'intervention, notamment pour prendre le relais de l'OTAN comme en 2003 avec l'opération de police « Proxima » en Macédoine, et depuis 2004 avec l'opération de maintien de la paix « Althea » en Bosnie.

Identifier la menace

Une seconde étape est symboliquement franchie à la suite des attentats du 11 septembre 2001. En requalifiant la notion d'ennemi, plus mobile, et celle de théâtre de combats, plus diffus, les terroristes d'al-Qaida conduisent l'organisation militaire à repenser ses capacités de réaction et de projection. C'est ainsi qu'au sommet de Prague en 2002, l'OTAN décide de se doter de nouvelles capacités, notamment par la création d'une force de réaction rapide, la *Nato Response Force* (NRF). Dotée de 21 000 hommes et opérationnelle depuis novembre 2006, elle est capable de se déployer « hors zone » en moins de cinq jours, c'est-à-dire bien au-delà des confins de l'Europe si nécessaire, et de mener des opérations à la fois de longue distance et de longue durée. À leur tour, les risques de prolifération des armes de destruction massive disséminent la menace à l'échelle planétaire en imposant à l'OTAN d'être soit plus présente dans les zones de risque, soit d'en être plus proche. Pour l'OTAN, il s'agit donc aussi d'étendre le déploiement des forces de l'alliance à d'autres échelles, beaucoup plus larges que celles de l'Europe. C'est en tout cas le point de vue des États-Unis pour lesquels l'élargissement de l'OTAN à de nouveaux membres doit permettre :

– de transformer l'alliance militaire régionale en une alliance fonctionnelle, réactive et mobile ;
– de la rendre susceptible de répondre aux nouveaux enjeux de sécurité mondiaux ;
– de répondre à leurs intérêts militaires et stratégiques, tout en préservant leur rôle et leur engagement en Europe.

Adapter le dispositif

Désireux d'ajuster l'alliance transatlantique à leur concept de « sécurité globale », déterminés à en faire une organisation plus politique, à compétences mondiales dans les domaines de sécurité collective, les États-Unis proposent à leurs alliés lors du sommet de l'OTAN à Riga en novembre 2006 d'en élargir les domaines de compétence, les modes d'action et même les partenaires : dans une logique « d'outil multifonctions », les États-Unis souhaitent associer aux 26 États membres, aux 20 pays du « partenariat pour la paix » et aux 7 pays du « dialogue méditerranéen » d'autres pays comme l'Australie, la Nouvelle-Zélande, le Japon, la Corée du Sud. Ils essuient alors le refus de plusieurs pays européens comme l'Allemagne (deuxième contributeur), l'Italie, la France et l'Espagne. Loin d'être entérinées, les réorientations de l'OTAN devront donc probablement être de nouveau débattues lors des deux prochains sommets de l'alliance, prévus en 2008 et 2009. Surtout, elles soulèvent un double problème, que les sommets successifs ne parviennent pas à résoudre : les réorientations stratégiques de l'OTAN appartiennent-elles à l'ensemble de ses membres (de plus en plus nombreux) ou à ceux qui la commandent (les États-Unis) ? Quelle vision stratégique et quels moyens tactiques l'Europe est-elle capable de développer face à la « déseuropéanisation » de l'OTAN ?

Voir également MOYEN-ORIENT, pages 160-177 ; EUROPE, pages 182-197.

LA RUSSIE, NOUVELLE FRONTIÈRE DE L'OTAN

L'élargissement de l'OTAN à d'anciens pays membres du pacte de Varsovie et à plusieurs républiques issues de l'URSS lui impose de redéfinir ses relations avec la Russie. La question est délicate. Car du point de vue de Moscou, l'élargissement de l'alliance aux pays baltes constitue une menace : alors que des siècles durant, ces pays ont constitué des marches de « l'Empire » (russe puis soviétique), leur intégration au sein de l'alliance place la surveillance de leurs frontières aériennes avec la Russie sous la responsabilité de l'OTAN, tout comme le règlement des différends qui peuvent les opposer à la Russie sur les minorités russophones, ou sur la question du statut de l'enclave russe de Kaliningrad. Pour répondre aux inquiétudes de la Russie et ménager les relations qu'elle entretient avec l'OTAN, celle-ci lui propose successivement un « partenariat stratégique » spécifique en 1997, puis en 2002, au sommet de Rome, la création d'un « conseil OTAN-Russie » pour favoriser un dialogue politique régulier. Dans ce cadre, les domaines de coopération entre la Russie et l'OTAN sont renforcés et portent désormais sur les questions de lutte contre le terrorisme, de prolifération d'armes de destruction massive, de défense contre les missiles de théâtre, de contrôle d'armements, de gestion de crise, etc. Pourtant, les termes de ce nouveau partenariat ne suffisent pas à satisfaire les Russes qui revendiquent d'avoir un droit de veto sur les actions de l'OTAN pour les décisions qui les concernent, comme par exemple dans la région baltique.

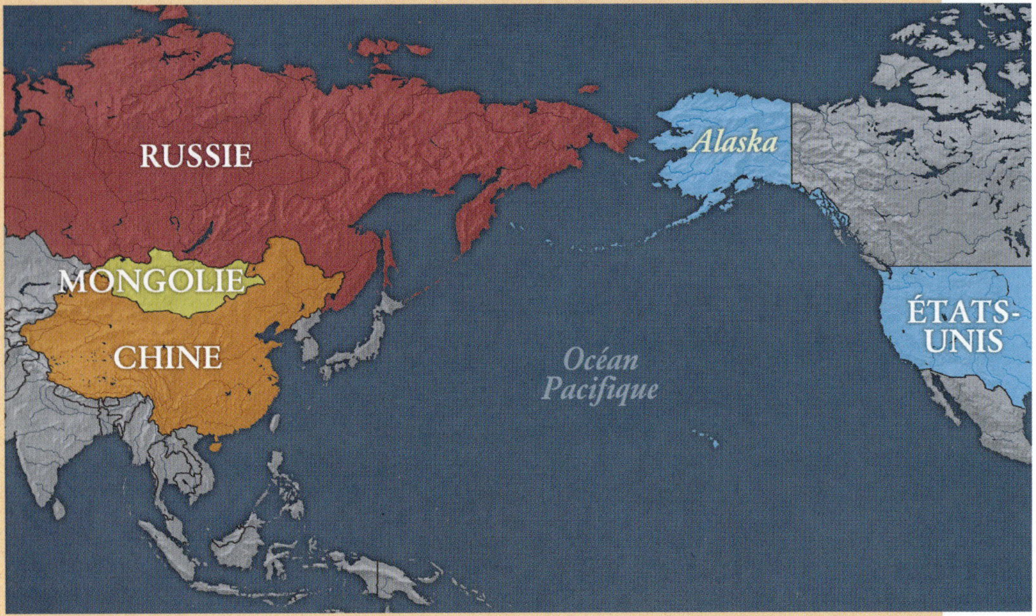

LES TROIS VOISINS DE LA MONGOLIE

Depuis plusieurs siècles, la situation géographique de la Mongolie entre la Russie et la Chine soumet le pays à leurs luttes d'influence. Or c'est précisément en utilisant la valeur stratégique de son enclavement qu'Oulan-Bator tente aujourd'hui de soustraire la Mongolie à la domination sino-russe : du point de vue des intérêts stratégiques et énergétiques américains, le double voisinage de la Mongolie représente en effet un atout majeur !

MONGOLIE, LE NOUVEL ALLIÉ AMÉRICAIN

Située au nord de l'Asie, aussi vaste qu'elle est peu peuplée, la Mongolie présente la particularité géographique d'être enclavée entre la Russie et la Chine. Enjeu de la rivalité entre ses deux puissants voisins, elle se trouve soumise pendant des siècles à leur influence et à leur domination. Or à la faveur des récentes réorientations de la politique de sécurité américaine, l'enclavement sino-russe de la Mongolie pourrait enfin devenir un atout pour ce pays.

L'étau sino-russe

La Mongolie devient vassale de la dynastie chinoise des Mandchous en 1696. Peu à peu, elle est transformée en marche militaire par Pékin qui, au XIXe siècle, perçoit l'expansion russe en Asie comme une menace. Soumis au régime militaire et arbitraire de la colonisation chinoise, les Mongols profitent de l'effondrement de la dynastie mandchoue en 1911 pour se tourner vers la Russie tsariste. Grâce aux armes que Moscou leur fournit, les Mongols proclament alors leur indépendance, le 18 novembre 1911.

L'autonomie sera de courte durée. Dès 1912, Moscou instaure un protectorat russe sur la majeure partie de la Mongolie. Pour la Russie, ce nouvel « État-tampon » la soulage d'une partie de la charge que représente le contrôle de sa très longue frontière avec la Chine. Plus sinisée, la partie sud du territoire mongol, où vivent des Mongols orientaux et méridionaux, est quant à elle intégrée à la Chine : on appelle aujourd'hui cette région chinoise la Mongolie-Intérieure.

Dans un troisième épisode de la rivalité sino-russe en Mongolie, la Chine profite de la révolution bolchevique en Russie pour reprendre le contrôle de la Mongolie, en 1919, brièvement. Car après avoir connu l'autonomie, les Mongols refusent de se soumettre de nouveau à la suzeraineté du régime féodal chinois. Dès 1921, ils se libèrent de l'emprise chinoise grâce à l'appui de l'Armée rouge et deviennent cette fois une république populaire, très dépendante du « grand frère » soviétique. Si dépendante d'ailleurs qu'en 1950, Moscou songe même à en faire une république soviétique !

De cette dépendance, la Mongolie ne parvient toujours pas à échapper après l'effondrement de l'Union soviétique en 1991. Depuis que le pays a lancé sa transition démocratique et qu'il s'est ouvert à l'économie de marché, il suscite l'intérêt des investisseurs étrangers. Car dans son sous-sol, ce pays pastoral possède du charbon, du cuivre, de l'or, du molybdène et du pétrole. Or ces ressources n'ont pas échappé aux Russes ni aux Chinois, qui demeurent aujourd'hui les principaux acteurs économiques dans le pays :

– pour les Chinois, dont la croissance est très gourmande sur le plan énergétique, la Mongolie présente l'avantage de ses réserves pétrolières ;

– pour les Russes, principal fournisseur du pays, il présente celui d'être situé sur une voie de passage vers la Chine que pourrait emprunter un oléoduc en provenance de Sibérie.

Les États-Unis ou la troisième voie

Face à l'influence grandissante de ses deux voisins, la Mongolie se rapproche du Japon, de l'Union européenne et surtout des États-Unis. La position géostratégique mongole entre le géant chinois et l'ancien ennemi russe suscite en effet l'intérêt

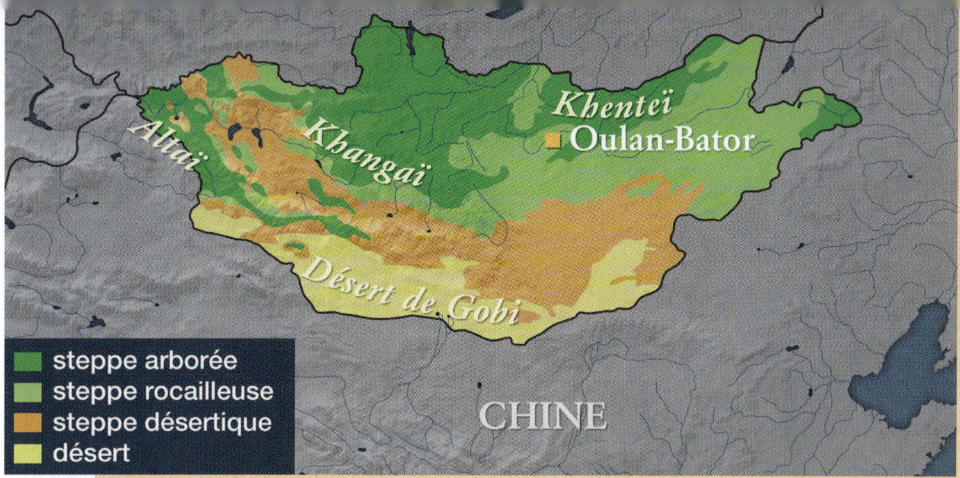

L'EMPIRE DES STEPPES

Couverte de hauts plateaux et de trois chaînes de montagnes, la Mongolie est un pays de steppe :
– steppe arborée au nord, autour des bassins fluviaux et des monts Khangaï, Altaï et Khenteï ;
– steppe broussailleuse au centre, principale zone de pâturages du pays, qui fait vivre presque la moitié de la population avec 32 millions de têtes d'ovins, de chameaux, de chevaux, de bovins et de caprins, notamment pour la laine cachemire ;
– steppe désertique plus au sud qui ouvre sur le désert de Gobi.

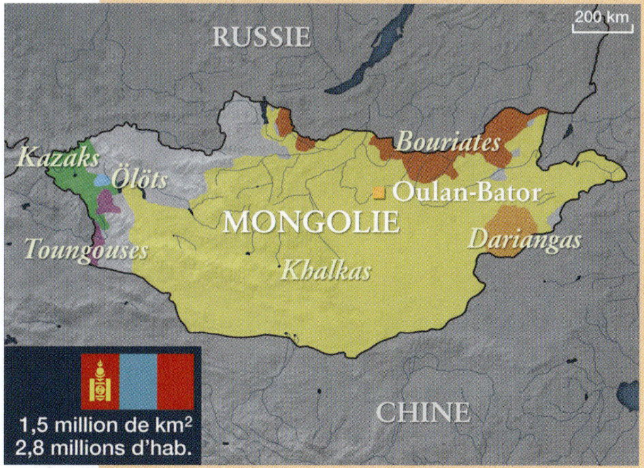

LE PAYS DES KHALKHAS

La Mongolie s'étend sur 1,5 million de kilomètres carrés, soit la France, l'Allemagne, les Pays-Bas, la Belgique, l'Espagne et le Portugal réunis. Elle ne compte pourtant que 2,8 millions d'habitants, soit environ vingt fois moins que la France. Cette faible densité trouve son explication notamment dans la rudesse du climat. À Oulan-Bator, la capitale, où vivent près des deux tiers de la population, la température moyenne tombe à moins 27 °C en janvier pour s'élever à 17 °C en juillet.
La population du pays se compose à 85 % de Mongols répartis en une vingtaine d'ethnies différentes, parmi lesquelles on retient les Khalkhas – majoritaires dans le pays – , les Bouriates, les Ölöts ou les Dariangas.

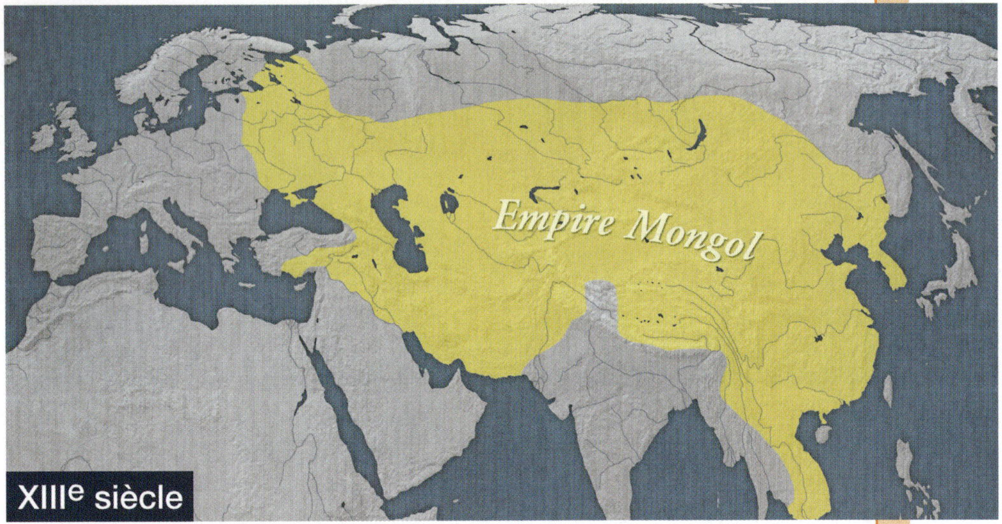

L'EMPIRE DE GENGIS KHAN

Le peuple mongol est à l'origine d'un empire mythique. On le doit à Temüdjin, plus connu sous le nom de Gengis Khan. En 1206, ce grand conquérant unifie les tribus nomades rivales et fonde le premier État mongol qu'il dote d'une administration et d'un code de discipline strict, le *Vassak*. Convaincu du destin universel de son empire mais aussi motivé par des raisons économiques, Gengis Khan se lance alors à la conquête du monde avec un avantage tactique majeur : les Mongols sont d'excellents cavaliers et archers. Au milieu du XIIIe siècle, l'Empire mongol s'étend sur l'ensemble du continent eurasiatique ou presque et devient le plus vaste empire du monde. Pourtant, dès 1260, l'unité des Mongols s'effrite.

En Chine, la division de l'empire donne naissance à la dynastie mongole des Yuan qui règne sur le pays jusqu'en 1378. Ce qui reste de l'empire se fragmente à partir du XIVe siècle en *khanats* (États) rivaux. Au terme de plusieurs siècles de domination et d'influence de la Chine et de la Russie, le glorieux passé impérial de la Mongolie sert de repère identitaire au pays qui, en 2006, a fêté son 800e anniversaire.

des États-Unis depuis 1990. Il faut cependant attendre 2001 pour qu'à la faveur de leur politique antiterroriste et de leur intervention en Irak, les Américains décident de mettre en place un partenariat stratégique avec la Mongolie. Le pays envoie alors 130 soldats en Irak et devient ainsi le troisième contingent en proportion de sa population. En échange les États-Unis versent une contribution de 20 millions de dollars à la Mongolie pour la modernisation de son armée. Ils détachent six officiers pour superviser l'interopérabilité des troupes mongoles et américaines. Ils envoient également une centaine de volontaires du *Peace Corps* qui enseignent l'anglais à 2 000 étudiants mongols. Enfin, pour la première fois dans l'histoire du pays, un président américain fait une visite officielle en Mongolie en novembre 2005. La visite de George W. Bush est à la mesure de l'enjeu mutuel :

– pour Oulan-Bator, une présence américaine soustrairait la Mongolie à l'étau sino-russe auquel elle est soumise depuis trois siècles ;

– pour Washington, le voisinage très particulier de la Mongolie offre de sérieux avantages pour la politique américaine d'endiguement de la Russie et de la Chine.

De son côté, Pékin perçoit le partenariat américano-mongol comme une manœuvre d'encerclement des États-Unis qui s'ajoute à leur déploiement en Asie centrale et à leurs rapprochements stratégiques avec l'Inde, l'Indonésie et le Viêt Nam.

Par conséquent, on peut se demander si en faisant des États-Unis leur « troisième voisin » comme Oulan-Bator en affiche la volonté, la Mongolie ne s'expose pas alors à devenir l'enjeu d'une nouvelle rivalité, cette fois-ci, entre Pékin et Washington.

DE LA DOMINATION POLITIQUE À LA DEMANDE ÉCONOMIQUE

Appréciée à l'aune de sa production et de ses échanges, la situation actuelle de la Mongolie s'inscrit dans la continuité de son histoire : un peu comme si à l'étau politique de Pékin et de Moscou s'était substitué leur étau économique.

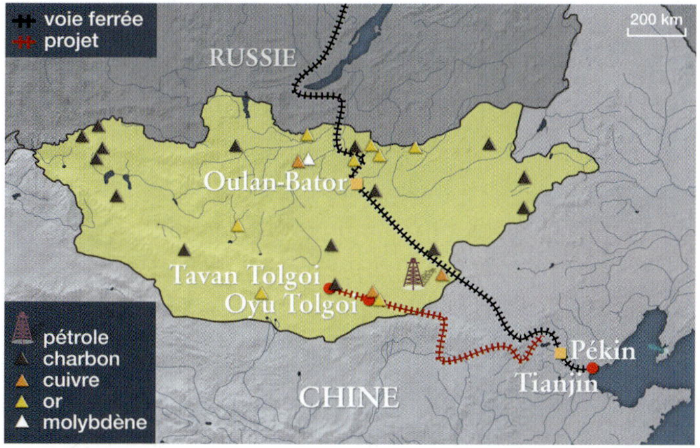

LE HANDICAP ÉCONOMIQUE MONGOL

La Mongolie possède d'importantes ressources minières. Elle dispose aussi de nappes de pétrole dans le désert de Gobi, dont l'exploitation a commencé en 2005. Plusieurs compagnies pétrolières chinoises, australiennes, japonaises prospectent aujourd'hui dans le pays. Cependant, la Mongolie étant non seulement enclavée mais aussi sous-équipée en infrastructures, l'évacuation de ces ressources reste problématique. C'est pourquoi les autorités mongoles envisagent de construire une voie de chemin de fer longue de 300 kilomètres pour relier au réseau chinois les mines d'or et de cuivre découvertes en 2001 à Oyu-Tolgoï et le gisement de charbon à Tavan-Tolgoï.

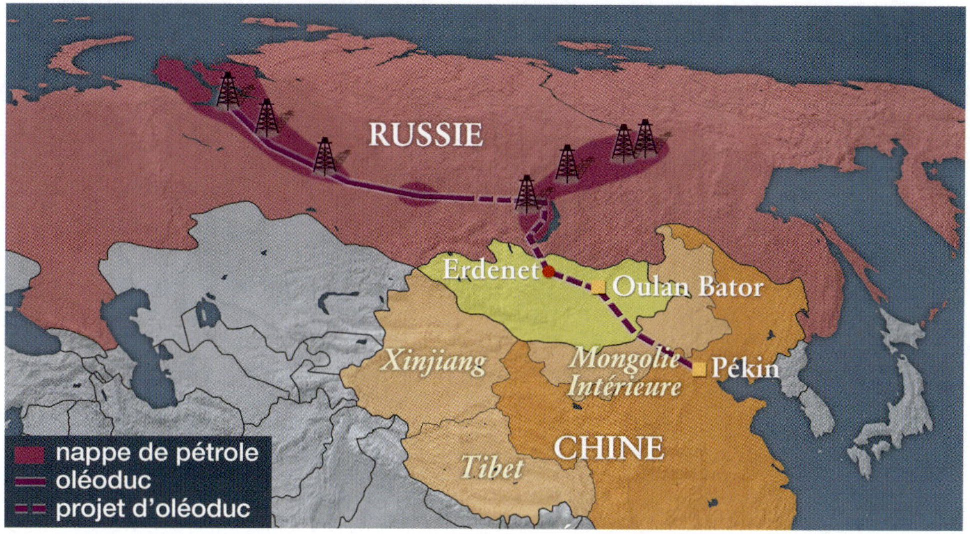

UNE ÉCONOMIE SOUS INFLUENCES

Pour la Russie, principal fournisseur du pays, la Mongolie présente le grand intérêt d'être placée sur une voie de passage vers la Chine que pourrait emprunter un oléoduc en provenance de Sibérie. Non loin de là, la mine de cuivre d'Erdenet appartient pour 49 % à la Russie. Plus largement, la Russie reste aujourd'hui le premier fournisseur de la Mongolie et un partenaire économique central : déjà, plus de 200 joint-ventures russo-mongoles ont été créées.

Pour les Chinois dont la demande d'énergie s'accroît, la Mongolie présente l'avantage de ses réserves pétrolières. Premier client de la Mongolie, premier investisseur et deuxième fournisseur, elle détient aussi une grande part de l'économie mongole. À cette influence s'ajoute l'immigration clandestine de Chinois qui viennent chercher de l'or en Mongolie, ou y faire du trafic de laine cachemire. Or, comme une armée de 15 000 hommes ne suffit pas à surveiller une frontière de 4 500 kilomètres, la Mongolie redoute le développement d'une colonisation chinoise, comparable à ce que subissent les provinces autonomes de Mongolie-Intérieure, du Tibet et du Xinjiang de l'autre côté de la frontière.

ÉNERGIE ET DÉPENDANCE

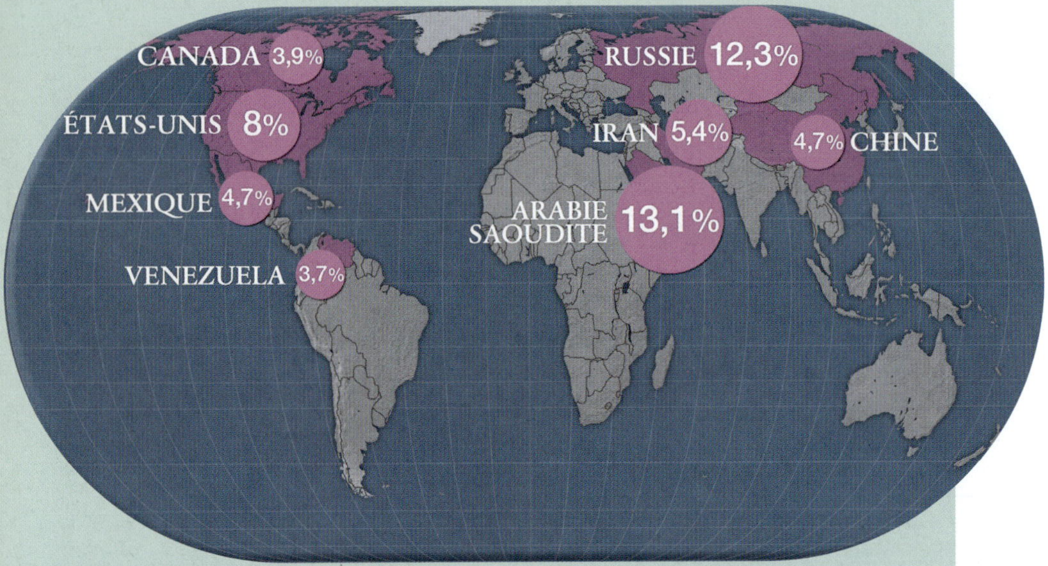

LES GRANDS PRODUCTEURS

Au classement des principaux producteurs de pétrole dans le monde en 2006, l'Arabie saoudite se rangeait en tête, suivie par la Russie et les États-Unis. Si l'importance des nappes dont ces pays disposent explique en grande partie le volume de leur production, de nombreux autres facteurs interviennent en amont comme les investissements que ces pays réalisent, les prix du marché ou le niveau de la demande mondiale. En aval, les capacités de production de ces pays déterminent ensemble la dépendance énergétique du monde, le poids que ces pays en tirent sur la scène internationale et les risques auxquels cela les expose.

À l'échelle mondiale, la demande d'énergie est en augmentation constante. Si ce constat n'a rien de nouveau, d'autres tendances viennent le préciser en ce début de XXIe siècle comme le déplacement géographique de la demande ou l'impact de la consommation d'énergie fossile sur le climat. À quoi faut-il donc s'attendre dans les décennies qui viennent en matière d'offre et de consommation d'énergie ? À quels rapports de force et à quels facteurs de risque la dépendance énergétique nous expose-t-elle aujourd'hui ?

L'APPÉTIT ÉNERGÉTIQUE DE LA CROISSANCE

Inégale d'une région à l'autre, la croissance économique devrait se situer entre 3 à 4 % par an en moyenne au cours des vingt-cinq prochaines années à l'échelle mondiale. Moins forte dans des régions très développées comme l'Europe ou les États-Unis, la croissance y reste cependant suffisamment élevée pour soutenir l'importante demande d'énergie de ces pays. Nettement plus accentuée dans des pays très peuplés comme l'Inde et la Chine, la croissance économique devrait même largement contribuer à accroître la consommation mondiale.

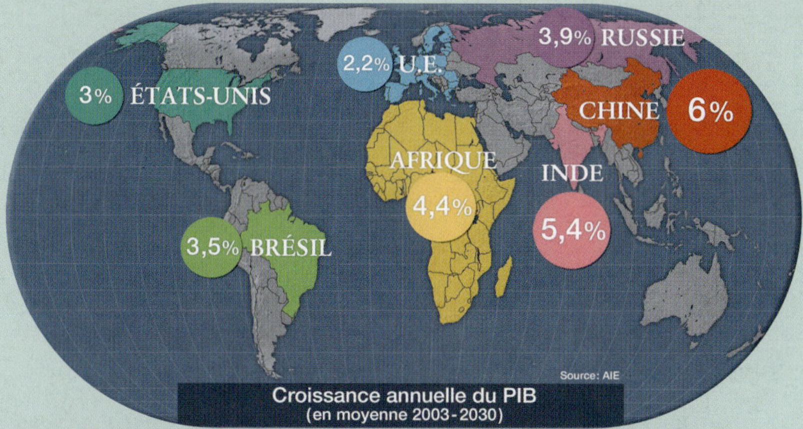

LE FACTEUR CROISSANCE

Anticiper la demande énergétique pour les décennies à venir est un exercice complexe : cela exige au minimum d'appréhender la structure et l'ampleur de la croissance économique mondiale à long terme. C'est pourquoi des organismes comme l'OCDE, la Banque mondiale, l'Agence internationale de l'énergie ou le département américain à l'Énergie appuient leurs études prospectives sur un calcul détaillé de la croissance moyenne du PIB et de la population, qu'ils mesurent aux échelles globale, régionale et nationale. De ces études, trois constats se dégagent :

– la croissance de l'économie mondiale devrait se maintenir en moyenne autour de 3 à 4 % d'ici 2030, portée par la globalisation des échanges commerciaux, mais aussi par les investissements directs entre États et au sein des zones d'intégration régionales ;

– rien ne permet d'anticiper aujourd'hui et pour les vingt-cinq ans à venir une rupture majeure telle qu'une crise financière comme celle de 1929, une guerre mondiale, ou tout autre type de menace d'échelle globale ;

– sur la même période, la « zone Asie » connaît une croissance nettement supérieure à la moyenne mondiale. On entend ici par « zone Asie » la région qui s'étend des îles Philippines à la frontière afghano-pakistanaise.

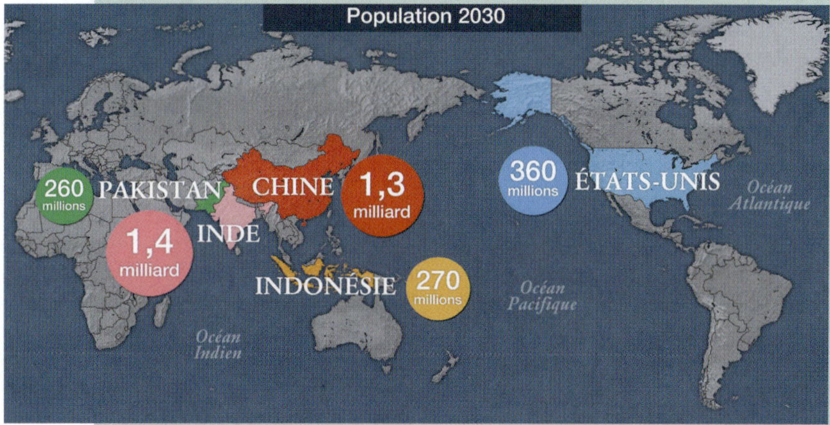

LE NOUVEAU MOTEUR DU MONDE

En 2006, la Chine et l'Inde cumulent à elles seules 30 % de la population mondiale. En 2030, quatre des cinq pays les plus peuplés seront en Asie : l'Inde, la Chine, l'Indonésie et le Pakistan. Avec un taux de croissance économique annuel moyen de 6 %, la région devient alors le moteur de la croissance mondiale et l'un des plus grands consommateurs d'énergie.

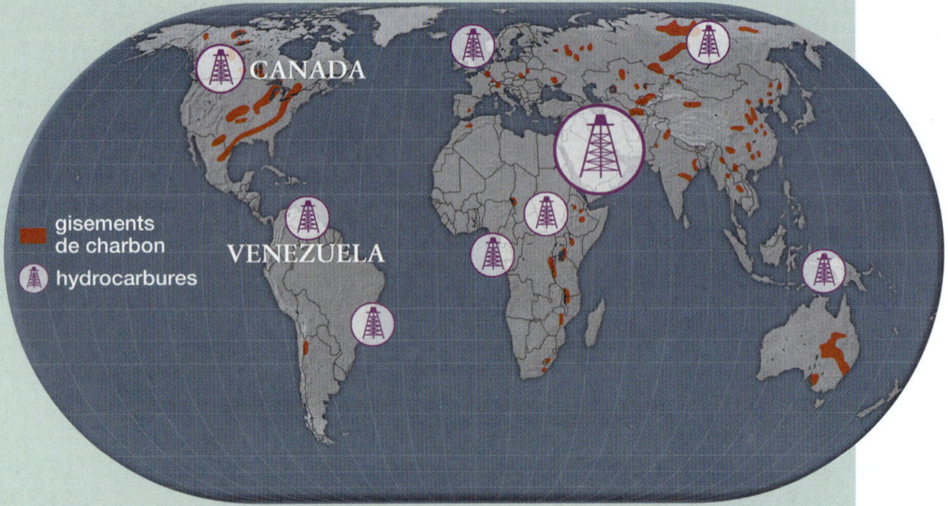

DES RESSOURCES JUSQU'À QUAND ?

En 2006, on estimait les réserves de pétrole à 41 années, celles de gaz à 59 années, et celle de charbon à plus de 200 ans. Mais ces chiffres peuvent encore évoluer en raison de l'amélioration des techniques d'extraction, de la découverte de nouvelles nappes et de l'exploitation de pétrole lourd, comme les schistes bitumineux dans l'Alberta canadien ou le pétrole lourd de l'Orénoque au Venezuela

LA DEMANDE EN ÉLECTRICITÉ

En 2006, 1,5 milliard d'habitants n'avaient toujours pas accès à l'électricité. Or en 2030, le chiffre devrait rester sensiblement le même. La demande en électricité continuera donc d'exercer une pression importante sur la demande mondiale en énergie.

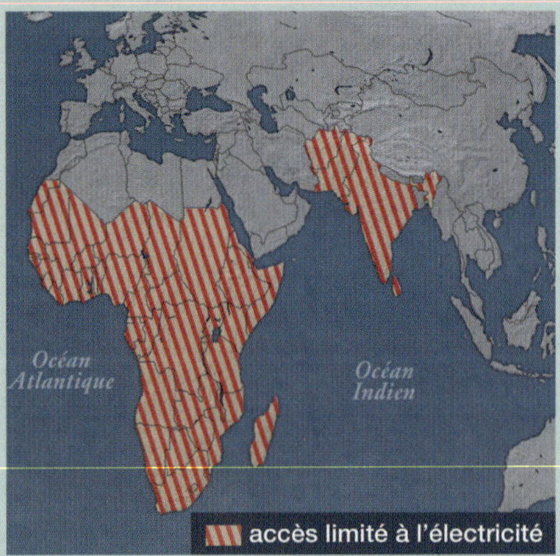

Un moteur asiatique

À l'échelle de l'économie et de la demande énergétique globales, la croissance asiatique est certainement le facteur le plus déterminant. Car avec leurs taux de croissance à la fois élevés et durables, les économies chinoise, indienne ou malaise vont entraîner une longue période de croissance mondiale sans doute plus longue que celle qu'avait engendrée le dynamisme de l'économie américaine après 1945. Sachant que cette croissance économique soutenue de l'Asie se double d'un dynamisme démographique tout aussi marqué, il est probable que sa demande énergétique connaisse elle aussi une forte augmentation d'ici 2030. Si forte qu'elle soulève la question de la disponibilité et de la diversité des sources d'énergie pour alimenter une telle croissance.

Des énergies fossiles

Quant on répartit les sources d'énergie dans la consommation mondiale des soixante prochaines années, le résultat obtenu est surprenant : en 2030, le charbon, le pétrole et le gaz – énergies fossiles polluantes – devraient encore fournir 80 % de la consommation mondiale d'énergie !

Trois facteurs permettent de comprendre un tel immobilisme.

Ces énergies fossiles sont et resteront disponibles. Ainsi, en 2006, on disposait d'environ deux cents années de réserves de charbon. Encore très abondant donc, le charbon offre aussi l'avantage d'être géographiquement mieux distribué que le pétrole dont les réserves sont très concentrées au Moyen-Orient. Par ailleurs, s'il est aujourd'hui moins consommé en Europe, le charbon produit toujours 40 % de l'électricité mondiale. Selon l'Agence internationale de l'énergie par exemple, la Chine met en service une centrale électrique chaque semaine. Or c'est au charbon qu'elle fonctionne. C'est pourquoi loin de ralentir, sa consommation pourrait au contraire tripler d'ici 2030. Surtout qu'il faut ajouter à cette perspective les prévisions en hausse de la demande en électricité dont un quart de la population mondiale était encore privé en 2006.

Ensuite, les énergies fossiles sont de plus en plus accessibles. Ainsi, aux 59 années de réserves de gaz et 41 années de réserves de pétrole encore disponibles (estimations 2006), il faut associer les découvertes constantes de nouvelles nappes ainsi que l'amélioration des techniques d'extraction. Par ailleurs, avec la hausse du prix du baril enregistrée depuis 2002, l'exploitation du pétrole lourd dont l'extraction est plus chère commence à devenir rentable, comme dans la région de l'Orénoque au Venezuela, ou comme dans l'Alberta canadien.

Enfin, en dépit des possibilités qu'offrent les biocarburants, l'hydrogène ou l'électricité pour le secteur automobile, les énergies fossiles restent prédominantes dans les transports routiers et donc dans la consommation mondiale. Curieusement, ce secteur connaît une évolution technologique plus lente que celle de l'industrie alors qu'il constitue le principal émetteur de gaz à effet de serre.

Sans surprise, c'est en Asie que le parc automobile est en train d'exploser. Déjà multiplié par trois entre 1990 et 2005, le parc chinois pourrait bien encore tripler dans les décennies à venir, surtout s'il devait atteindre le niveau d'équipement américain. On ne compte encore que 20 véhicules pour 1000 habitants en Chine contre 775 aux États-Unis. À l'échelle d'un pays de plus d'un milliard d'habitants, on peut imaginer l'impact qu'aura sur l'environnement sa consommation de carburant. Il devient donc impératif d'améliorer les techniques de motorisation !

En résumé, si l'on s'en tenait à ces projections, on devrait constater à la fois le statisme de la configuration énergétique mondiale et la gravité de notre aveuglement écologique. Cela dit, tout n'est pas prévisible ni chiffrable : d'autres variables peuvent encore venir modifier le tableau d'ici 2030.

BILAN ÉNERGÉTIQUE MONDIAL

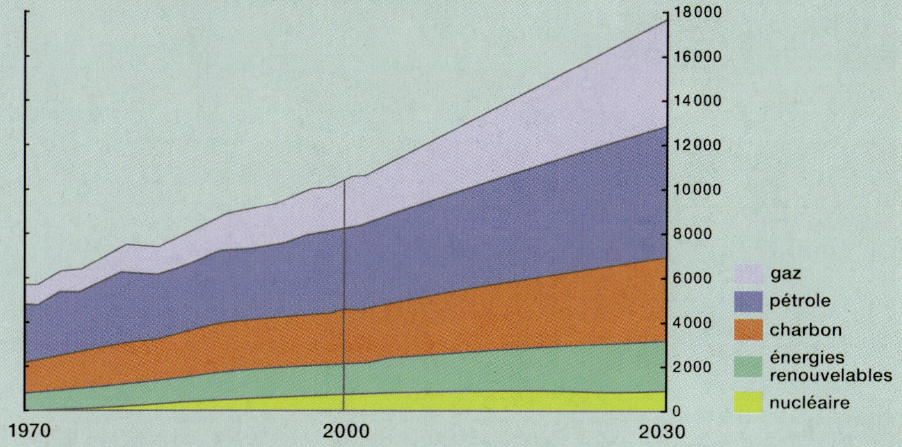

TOUJOURS PLUS FOSSILE

Entre 1970 et 2000, la consommation énergétique a augmenté de 48 %. Selon l'Agence internationale de l'énergie, la demande énergétique mondiale devrait encore augmenter de 52 % pour la période 2000-2030. D'après le département américain de l'Énergie, elle pourrait même atteindre 71 %.

Parallèlement, quelle que soit la source utilisée, on constate aussi que la consommation liée au transport automobile conserve une part prépondérante de la demande énergétique mondiale.

Les menaces qui pèsent sur l'environnement et le climat n'y changent rien. En 2030, la répartition des sources d'énergie dans la consommation mondiale n'évolue qu'à la marge : tandis que la consommation de nucléaire civil s'accroît très légèrement, tout comme les énergies renouvelables, celle des énergies fossiles – gaz, pétrole, charbon – augmente beaucoup plus rapidement. En 2030, elles représenteront quatre cinquièmes de la consommation mondiale d'énergie.

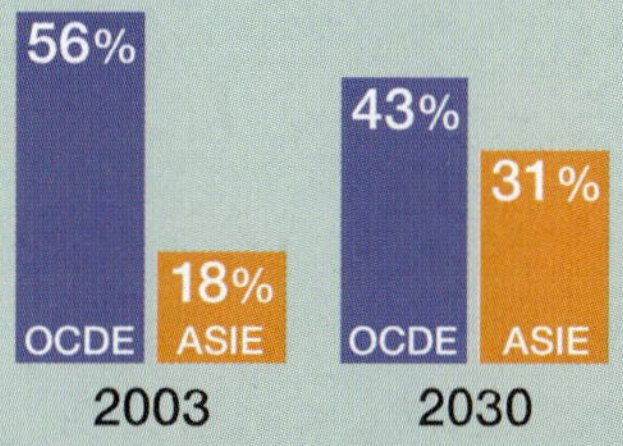

LA DEMANDE ÉNERGÉTIQUE EN 2030

Dynamisme économique et croissance démographique se répercutent directement sur la demande énergétique : en 2003, les pays d'Asie consommaient 18 % de l'énergie mondiale, contre 56 % pour ceux de l'OCDE. En 2030, l'Asie représentera 31 % de la consommation d'énergie et la région OCDE 43 %.

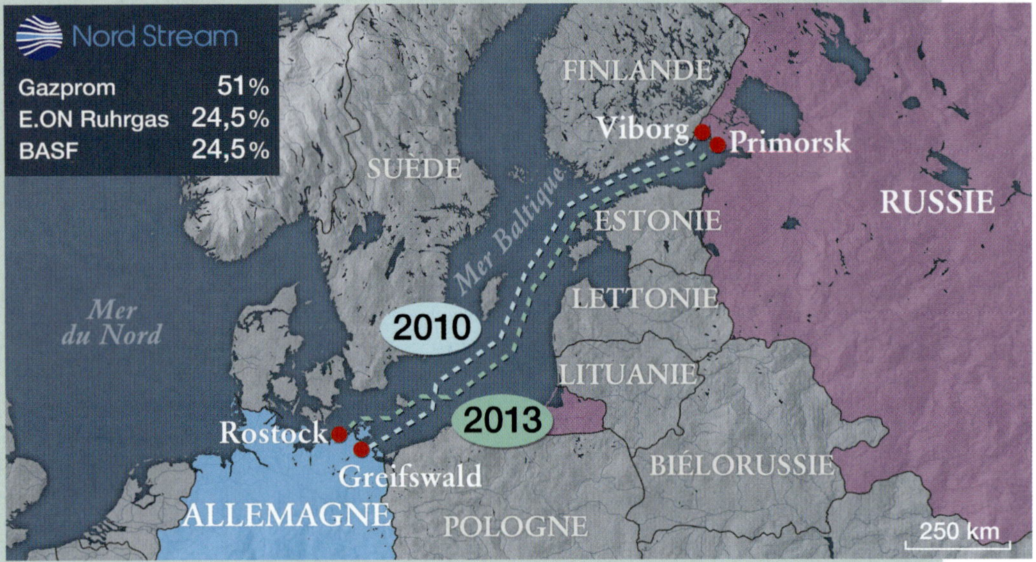

LE PROJET *NORD STREAM*

Lancée en septembre 2004 par une décision bilatérale germano-russe, la construction du gazoduc transbaltique est confiée à une société mixte, Nord Stream*. Créée par la compagnie russe Gazprom, qui détient 51 % des actions de la société, et par deux compagnies allemandes – E.ON Ruhrgas et Wintershall-BASF – qui se partagent le reste, la société est aujourd'hui dirigée par l'ancien chancelier allemand Gerhard Schröder. Mis en service en 2010, le gazoduc partira de Portovaïa, à côté de Vyborg en Russie, pour rejoindre mille deux cents kilomètres plus loin le port de Greifswald en Allemagne. À terme, plusieurs extensions devraient compléter ce tracé principal pour approvisionner la Finlande, la Suède, les pays baltes, l'enclave russe de Kaliningrad et le Royaume-Uni. Au-delà des questions d'accès, la construction du nouveau gazoduc permet surtout à Gazprom d'utiliser l'Allemagne comme tête de pont pour ses exportations de gaz vers l'Europe, dont la demande devrait augmenter alors que ses fournisseurs norvégien et algérien verront leur part diminuer d'ici 2023. Ainsi, le gazoduc devrait permettre d'acheminer 27,5 milliards de mètres cubes de gaz par an dès 2010, et même 55 milliards à l'achèvement du deuxième tube en 2013.*

LE POIDS DE LA DEMANDE : L'EXEMPLE DE *NORD STREAM*

La croissance économique et démographique mondiale soulève la question de l'offre énergétique disponible pour y répondre. Pour sa part, la dépendance énergétique qu'elle entraîne pose un autre problème : celui du poids politique prépondérant que les hydrocarbures donnent aux pays qui les détiennent sur la scène internationale. C'est aussi dans cette perspective qu'il faut inscrire la construction du gazoduc *Nord Stream* sous la mer Baltique.

Stratégie politique d'une décision énergétique

Quelques chiffres suffisent à illustrer la place que prend la Russie sur l'échiquier énergétique européen : à elle seule, l'Union européenne absorbe 88 % des exportations russes de gaz (2006). Or ses besoins devraient encore augmenter de 50 % d'ici 2020. Pour y répondre, la Russie détient le double avantage d'être géographiquement proche et de rassembler près du tiers des réserves mondiales. C'est donc au cœur de cette équation que la Russie et l'Allemagne décident en septembre 2004 de lancer la construction de *Nord Stream*, un nouveau gazoduc sous-marin qui reliera les deux pays par la mer Baltique.

Si les paramètres d'offre et de demande de gaz concourent à favoriser la construction de ce gazoduc, plusieurs autres facteurs viennent éclairer la décision germano-russe.

Le premier est un problème d'équipement. Aujourd'hui, le transport du gaz russe vers l'Europe se fait par deux gazoducs terrestres. Le premier qui passe par l'Ukraine, la Slovaquie et la République tchèque assure 80 % de la livraison ; le second en achemine 20 % par la Biélorussie et la Pologne. Or l'un et l'autre atteignent aujourd'hui leur capacité maximale. Pour l'Allemagne – premier importateur du gaz russe en volume –, la construction du gazoduc transbaltique représente donc la possibilité de bénéficier d'un acheminement à la fois plus rapide, plus sûr et moins cher que le transit terrestre actuel.

Le deuxième facteur est géopolitique : il concerne le rapport de force que l'acheminement du gaz instaure entre la Russie d'une part et l'Ukraine et la Biélorussie d'autre part. Tel qu'il est dessiné en effet, le parcours actuel du gaz soumet la Russie aux conditions de transit fixées par l'Ukraine et la Biélorussie. En sens inverse, la dépendance énergétique des deux anciennes républiques soviétiques vis-à-vis de la Russie laisse à Moscou la possibilité de les soumettre en interrompant tout approvisionnement comme pour l'Ukraine en janvier 2006. Par conséquent, en dispensant la Russie de faire passer son gaz par des pays tiers, *Nord Stream* la soulagera de la contrainte que représentent ces pays transitaires qui, de leur côté, se trouveront privés des revenus du transfert. Parallèlement, le nouveau gazoduc devrait épargner les pays ouest-européens des risques auxquels ce rapport de force entre Moscou, Kiev et Minsk expose aujourd'hui leur approvisionnement.

L'épine énergétique européenne

La reconfiguration du dispositif européen d'importation de gaz fait alors apparaître un troisième facteur : la faculté russe de venir troubler avec les Allemands le jeu politique entre les pays de l'Union. Soumis par leur très grande dépendance énergétique aux aléas de la politique russe, les Européens s'avancent divisés à l'annonce du projet de gazoduc. Ainsi, ils révèlent leur absence de vision commune tant sur la question énergétique que sur la Russie.

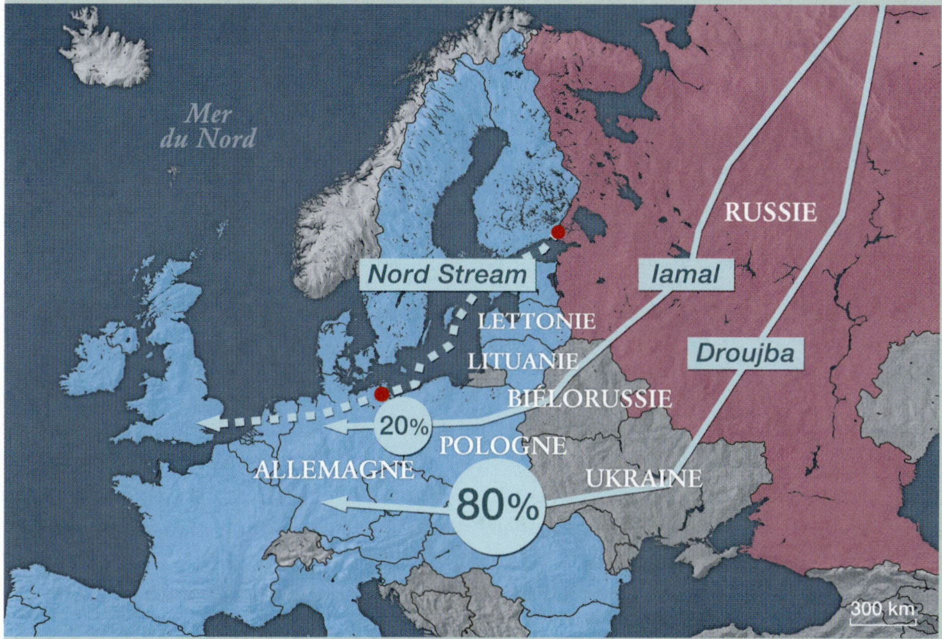

LES ROUTES DU GAZ

Jusqu'à présent, le gaz russe destiné à l'Europe est acheminé par deux réseaux de gazoducs. Le plus ancien, Droujba, *transite par l'Ukraine et transporte la plus grande part des exportations de l'hydrocarbure vers l'Union. Plus récent et de moindre capacité,* Iamal *traverse quant à lui la Biélorussie et la Pologne moyennant le versement de recettes de transit à ces pays. Dès 2010, un troisième gazoduc du nom de* Nord Stream *viendra compléter le dispositif d'acheminement du gaz russe vers les pays de l'Union, au détriment d'autres solutions envisagées pour faire face à la croissance de leur demande énergétique :*

– doublement de la capacité de Iamal, *au bénéfice de la Pologne et de la Biélorussie ;*

– création d'un nouveau gazoduc (Gintaras) *passant par la Lituanie pour permettre à la Russie de la relier à la Pologne sans passer par la Biélorussie ;*

– raccordement de la Lettonie au tronçon polonais du gazoduc Iamal. *Plus courte, cette voie lettone aurait aussi permis d'exploiter des tubes déjà existants auxquels aurait été relié un gazoduc sous-marin.*

En retenant finalement le tracé de la Baltique, plus direct et plus coûteux, Russes et Allemands ont surtout choisi celui qui leur évitait de transiter par des pays tiers.

DE LA DÉPENDANCE MUTUELLE À L'INTÉRÊT COMMUN

À l'échelle mondiale, la consommation de gaz de l'Europe des vingt-cinq (Union européenne sans la Roumanie et la Bulgarie) constitue 17 % du marché du gaz en 2006. Selon l'Agence internationale de l'énergie, elle devrait encore augmenter de 50 % d'ici 2020. Or déjà dépendante de l'importation à 50 % en 2006, l'Union européenne ne produira qu'un tiers de ses besoins en 2020 et sera même dépendante à plus de 80 % dès 2030. Déjà, on constate que le Royaume-Uni, premier producteur européen, est devenu importateur. À leur tour, les grands pays européens consommateurs de gaz comme l'Allemagne, l'Italie, la France ou l'Espagne montrent une autonomie de plus en plus faible. C'est donc dans ce contexte de dépendance énergétique extérieure croissante que viennent s'inscrire les relations entre la Russie et l'Europe.

La Russie est le premier producteur mondial de gaz. Selon les estimations, elle détiendrait entre 27 et 40 % des réserves mondiales. Elle apparaît donc comme un fournisseur incontournable pour l'Europe elle-même désireuse de sortir de sa dépendance à l'égard de l'OPEP (Organisation des pays exportateurs de pétrole). En 2006, la Russie représente déjà 25 % des importations européennes de gaz. Selon le ministère russe de l'Énergie, elle pourrait même en fournir 70 % d'ici 2020. À l'aune de ces proportions, on mesure le rapport de force qui s'établit entre la Russie (premier fournisseur énergétique de l'Europe) et l'Union européenne (premier partenaire commercial de la Russie), dont le poids dans l'environnement stratégique russe n'est pas moindre non plus.

GAZ RUSSE : LA DÉPENDANCE EUROPÉENNE *(2006)*

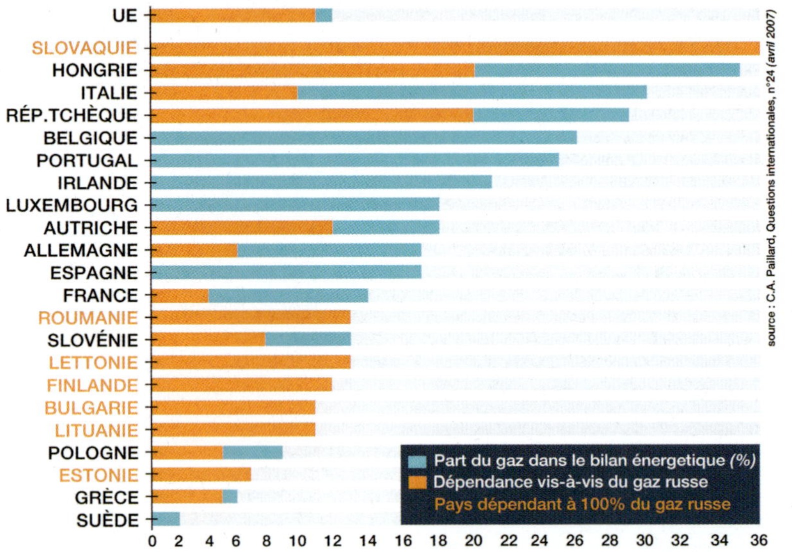

RÉPARTITION PAR PAYS DES IMPORTATIONS EUROPÉENNES DE GAZ *(2006)*

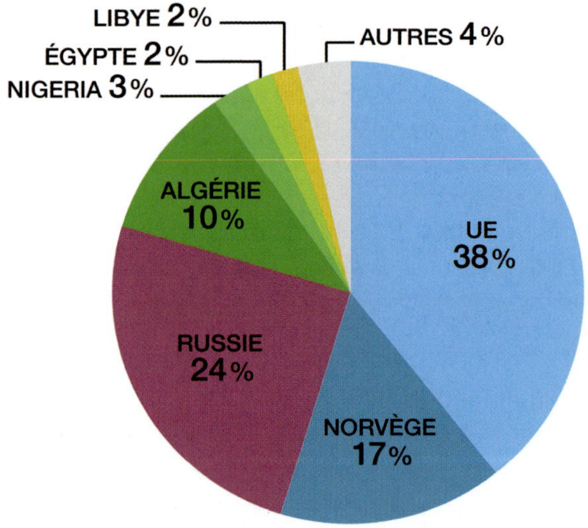

Selon la Pologne et les pays baltes – dont la quasi-totalité de l'énergie est importée de Russie –, le manque d'investissement dans les réseaux traditionnels au profit du gazoduc baltique fragilise leur approvisionnement énergétique. D'autant plus qu'en offrant au gaz russe un circuit alternatif, *Nord Stream* consolide la marge de manœuvre de Moscou pour contraindre Minsk, Kiev, Varsovie ou Riga, sans avoir à pénaliser pour autant l'Europe occidentale.

Du point de vue suédois, la construction du gazoduc représente une menace critique pour l'écosystème déjà précaire de la Baltique. En plus de provoquer l'explosion des mines datant de la Seconde Guerre mondiale, elle risque en effet de disperser les produits chimiques stockés au fond de la mer.

Pour d'autres encore, le gazoduc est un calcul politiquement dangereux : en accrochant au réseau de nouveaux importateurs européens et en augmentant le volume de gaz russe importé par l'Europe, il accentue la dépendance énergétique de l'Union vis-à-vis de la Russie, au lieu de favoriser la diversification de ses sources d'énergie.

À l'échelle communautaire enfin, bien qu'il s'agisse d'un investissement et d'un accord bilatéral russo-allemand, le gazoduc est inscrit par Bruxelles au rang de projet « énergétique prioritaire pour l'Europe » dans le cadre de la politique communautaire de Réseaux trans-européens (RTE). Un paradoxe à la mesure des besoins énergétiques de l'Union qui lui imposent de laisser Moscou fixer les règles politiques de l'échange. Car de son côté, la Russie refuse de signer la charte énergétique de l'Union européenne, qui l'obligerait à laisser les sociétés de gaz européennes accéder à son propre marché intérieur au nom de la libre concurrence et de l'intérêt des consommateurs.

Pour échapper aux ambitions et à la stratégie du président Poutine d'utiliser l'énergie pour restaurer la puissance russe sur la scène internationale, l'Europe ne dispose aujourd'hui que d'un joker : la construction de *Nabucco*, un projet de gazoduc qui, à l'horizon 2012, pourrait acheminer le gaz d'Asie centrale vers l'Europe en contournant à la fois la Russie et Gazprom.

MONOPOLY DU GAZ

Comment fournir à l'Europe du gaz d'Azerbaïdjan, du Kazakhstan et du Turkménistan tout en contournant la Russie et en échappant à Gazprom ? À cette question géopolitique, les Européens et les Américains ont décidé de répondre en passant par la Turquie.

Pour s'emparer du contrôle de l'ensemble des réseaux d'approvisionnement en gaz de l'Europe, la compagnie nationale russe Gazprom déploie une double tactique :

– par l'achat de parts dans les compagnies étrangères, elle prend le contrôle des sites de production, des pipelines de transit et des sociétés de distribution ;

– par la signature de contrats à long terme, elle s'assure un accès direct aux marchés nationaux européens.

À l'heure où la demande énergétique européenne augmente, il devenait donc stratégiquement nécessaire pour les Européens de se soustraire à l'hégémonie russe grâce, notamment, au tracé d'un nouveau tube d'approvisionnement.

C'est ainsi que, soutenu par la Commission européenne, la construction de Nabucco*, un nouveau gazoduc de 3400 kilomètres reliant Bakou en Azerbaïdjan à Erzurum en Turquie, est lancée en 2002. Attendu pour 2012, le pipeline devrait alors permettre d'acheminer le gaz de la Caspienne et le gaz iranien jusqu'aux portes de l'Allemagne, en Autriche, en passant par la Géorgie, la Turquie, la Bulgarie, la Roumanie et la Hongrie. Directement concurrent d'un projet italo-russe du nom de* South Stream *dont le tracé très proche passe lui par la mer Noire, le projet* Nabucco *pourrait donc donner aux Européens quelques atouts pour résister à la partie de* Monopoly *entamée par la Russie. Déjà, la réalisation du projet que soutient également Washington bénéficie de la détermination européenne de faire de sa construction une « priorité ».*

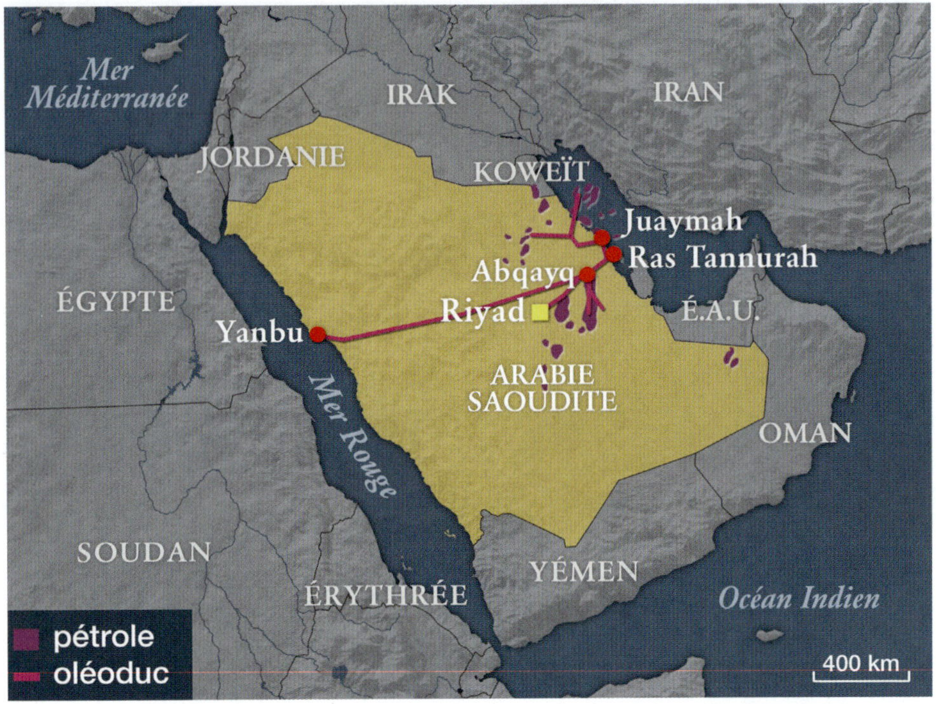

DES TERMINAUX VULNÉRABLES

Premier détenteur de réserves de pétrole au monde, l'Arabie saoudite en est aussi le premier producteur. Extrait à l'est du pays, l'hydrocarbure est exporté vers la mer Rouge par Yanbu, vers l'océan Indien par Juaymah et Ras Tannurah, le plus grand port pétrolier du monde où se trouve aussi une immense raffinerie.

Par leur capacité et donc leur importance dans la consommation globale, ces trois sites saoudiens sont devenus vitaux pour l'économie mondiale. S'ils étaient la cible d'un acte terroriste par exemple, c'est l'approvisionnement du marché mondial dans son ensemble qui serait perturbé, notamment par la hausse du prix du baril qu'entraînerait un tel événement. Or en dépit du renforcement de la lutte antiterroriste depuis septembre 2001, il ne s'agit plus là d'une hypothèse d'école: en février 2006, une tentative d'attentat menée contre le complexe pétrolier d'Abqayq avait alors été déjouée de justesse par la police saoudienne. Autrement dit, malgré la sophistication des systèmes de surveillance, les infrastructures de production, de raffinage ou de transport des hydrocarbures restent vulnérables.

LES FACTEURS DE RISQUE: LE TRANSPORT

Vulnérabilité des terminaux et des voies maritimes, tensions géopolitiques, aléas climatiques, conflits régionaux: les facteurs de risque qui pèseront sur la production, la consommation et le prix des hydrocarbures dans les décennies à venir sont en réalité très nombreux.

DES OLÉODUCS DIFFICILES À SÉCURISER

Quand il est assuré par des oléoducs terrestres, l'acheminement du pétrole est exposé au risque de sabotage, en particulier dans des régions politiquement instables comme le Caucase, l'Asie centrale ou le Moyen-Orient. Ainsi, en Irak, les réseaux d'oléoducs subissent directement les conséquences de la guerre. Résultat: comparé au début des années 2000, les exportations irakiennes de pétrole ont baissé d'environ 20 %.

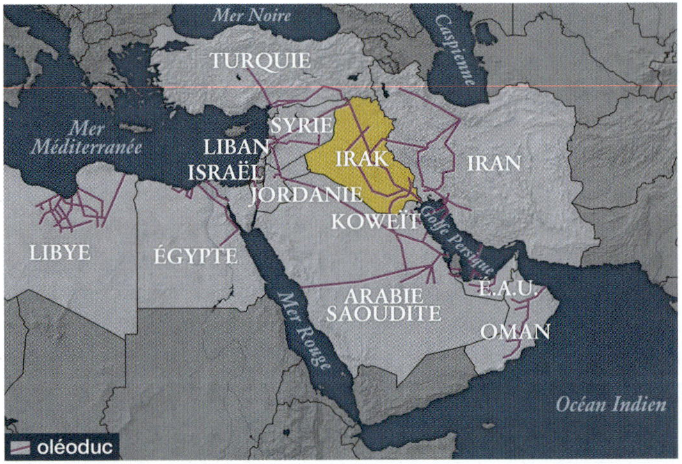

LES LIGNES DE VIE DE L'ÉCONOMIE MONDIALE

Quand il n'est pas acheminé par oléoduc, le pétrole est exporté par voie maritime, sur des tankers qui sont eux aussi exposés à de multiples menaces. Parmi elles, le risque d'attentat ou de piraterie : plutôt faible en haute mer, il pèse sur certains détroits, points de passage obligés du transport maritime international :

– détroit d'Ormuz : situé au sud de l'Iran, au sortir du golfe Persique, le détroit d'Ormuz voit transiter chaque jour 15 millions de barils, soit l'équivalent des trois quarts de la consommation américaine (20 millions de barils par jour) et beaucoup plus que la production quotidienne de l'Arabie saoudite (11 millions de barils par jour) ;

– canal de Suez : cet unique point de passage entre la Méditerranée et le Moyen-Orient achemine près de 3,8 millions de barils par jour ;

– détroit de Bab el-Mandeb : environ 3,3 millions de barils circulent quotidiennement dans ce détroit situé au débouché de la mer Rouge sur la corne de l'Afrique. Pour le contrôler et surtout le soustraire aux risques d'attaques, la marine française basée à Djibouti coopère avec les Américains ;

– détroit de Malacca : étendu sur 960 kilomètres du nord au sud entre la Malaisie, Singapour et l'île indonésienne de Sumatra, ce détroit subit depuis longtemps des attaques de piraterie. Or il voit transiter 80 % des exportations de pétrole destinées à la Chine, au Japon et à la Corée du Sud, tous trois gros importateurs de pétrole brut en provenance du Moyen-Orient.

Autrement dit, la sécurisation du détroit de Malacca constitue un enjeu international. Pourtant, les États riverains ne disposent pour le surveiller que de moyens très limités, comme la marine indonésienne qui ne possède que quelques dizaines de bateaux pour contrôler 17 000 îles ! C'est donc là qu'intervient la marine américaine. Premiers consommateurs de brut au monde – un quart de la consommation mondiale à eux seuls –, les États-Unis sont aussi les seuls capables de maintenir une forte présence militaire en s'appuyant à la fois sur leur VIIe flotte basée à Yokosuka au Japon, la Ve flotte basée à Bahreïn et sur de grandes bases navales comme Guam dans le Pacifique ou Diego Garcia dans l'océan Indien.

Cependant, comme l'a rappelé l'attaque terroriste menée en octobre 2003 sur le pétrolier Limburg *au large du Yémen dans une zone sous surveillance militaire accrue, les risques d'attentats ne pourront jamais être complètement écartés.*

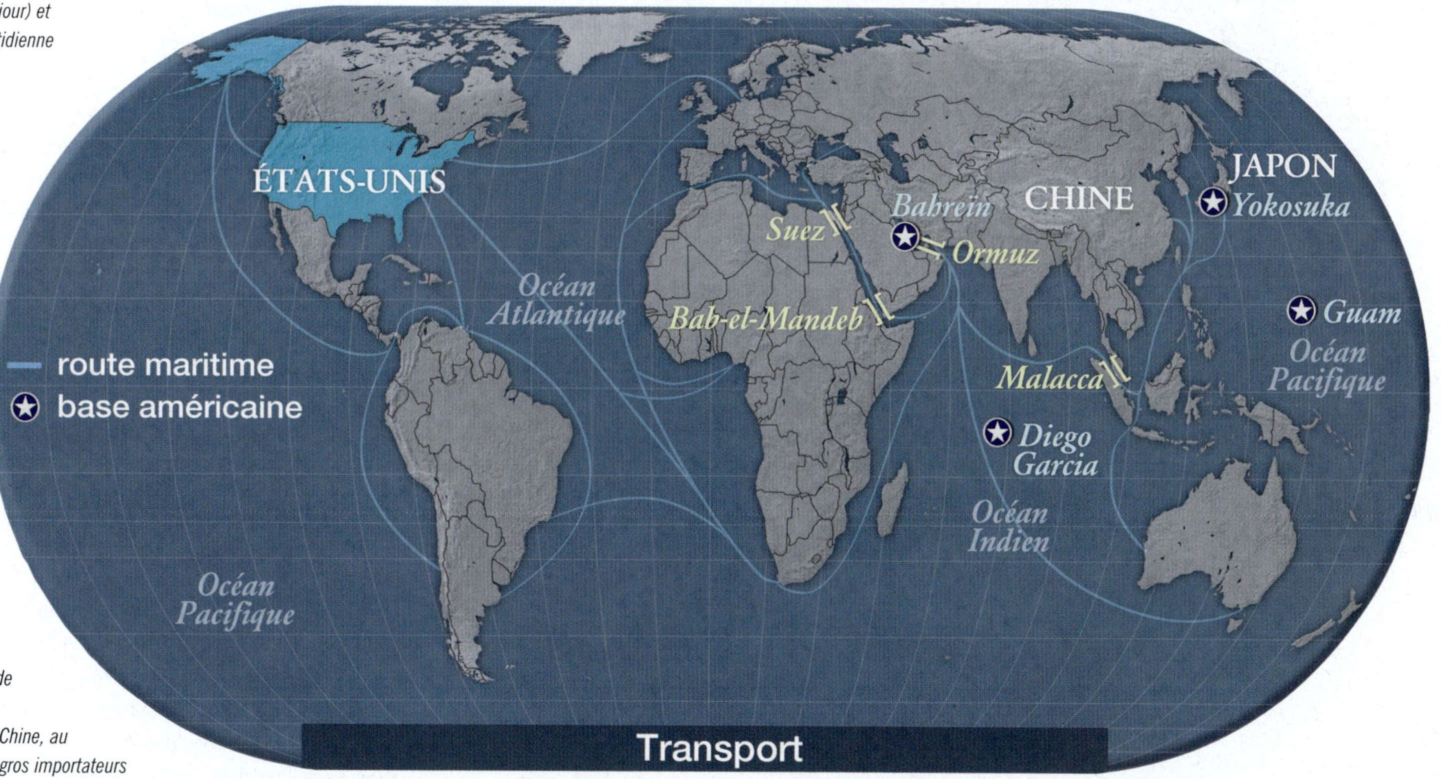

UN ROYAUME PRIVÉ DE SOUVERAINETÉ

Bien que politiquement constitué depuis 1638 et indépendant depuis 1747, le royaume baloutche de Kalat voit sa souveraineté confisquée par la construction de l'empire des Indes au moment où les lignes Goldsmid puis Mortimer-Durand viennent délimiter les frontières de l'empire des Indes avec ses voisins.

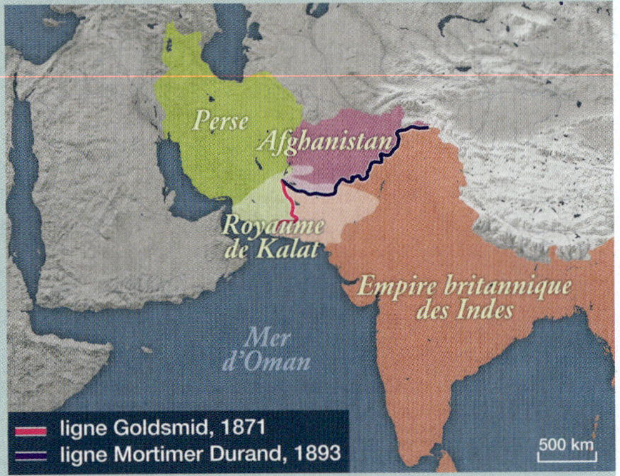

BALOUTCHISTAN : LE FACTEUR GÉOPOLITIQUE

Prospection, extraction, raffinage, et transport : voilà pour les quatre grandes étapes qui permettent aux consommateurs d'être approvisionnés en hydrocarbure. Or comme la disposition des nappes de gaz et de pétrole dans le monde ne se superpose pas à celle des zones politiquement stables, les tensions sur l'énergie aboutissent soit à créer, soit à renforcer d'autres tensions comme aujourd'hui au Baloutchistan.

Un royaume ancien

Le Baloutchistan est une région du sous-continent indien, située à cheval sur l'Iran à l'ouest, l'Afghanistan au nord et le Pakistan à l'est. Les Baloutches, eux, sont les descendants d'un peuple d'éleveurs nomades très ancien, originaire des bords de la mer Caspienne, qui migre vers l'an 1000 pour s'installer aux confins de la Perse, à proximité de la mer d'Oman. Réunies au sein du royaume de Kalat, les tribus baloutches connaissent une première partition au XIXe siècle lors de la formation de l'empire britannique des Indes qui place une partie du Baloutchistan en Perse et une autre en Afghanistan. Au départ des Britanniques du sous-continent en 1947, c'est la partition de l'Inde qui cette fois entérine celle du royaume baloutche : en dépit des revendications d'indépendance que formulent chefs et princes baloutches, le royaume se voit placé sous la souveraineté du nouvel État pakistanais, à la fois centralisateur et dominé par les Pendjabi. S'ouvre alors une longue période de rébellion.

L'équation baloutche

Un sous-sol riche, des tribus pauvres, une spécificité ethnique et politique niée : voilà pour l'équation du Baloutchistan telle qu'elle se pose aujourd'hui à l'échelle du Pakistan. Elle alimente alors cinq conflits successifs contre les forces armées pakistanaises : en 1947-1948, au moment de l'indépendance ; en 1955 ; de 1958 à 1969 ; de 1973 à 1977 ; et enfin depuis 2003. À chaque fois les revendications sont les mêmes : une meilleure distribution des revenus entre les États fédérés du Pakistan et la reconnaissance formelle de l'identité baloutche. À ces deux facteurs d'hostilité s'en ajoute désormais un troisième : une nouvelle répartition des revenus tirés du gaz. Pour la vente de son gaz à la capitale fédérale Islamabad, le Baloutchistan touche en 2005 sept fois moins que l'État du Pendjab, et six fois moins que celui du Sind sans qu'aucune différence technique ne justifie un tel écart de prix.

À l'échelle régionale, l'équation géopolitique baloutche n'est pas moins complexe. Car en plus de partager une frontière avec l'Afghanistan et l'Iran, la région rebelle se trouve située sur une voie qui permet aux États d'Asie centrale d'avoir accès à la mer d'Oman. Cette voie permet aussi à certains investisseurs comme les compagnies pétrolières américaines de contourner la république islamique d'Iran. C'est dans cette double perspective qu'un projet de gazoduc et d'oléoduc est approuvé en août 2007, permettant d'évacuer les hydrocarbures produits en Asie centrale par l'ouest de l'Afghanistan, puis par le Baloutchistan jusqu'au port de Gwadar, sur l'océan Indien. Ce port en eau profonde cofinancé par les Chinois, devrait, à partir de 2010, pouvoir répondre à plusieurs ambitions:

– offrir aux provinces de l'Ouest chinois un désenclavement maritime pour le commerce;

– permettre de faire passer les importations de pétrole venant du Moyen-Orient ou d'Afrique par voie terrestre jusqu'aux régions occidentales de la Chine, et soustraire ainsi l'importation des hydrocarbures en Chine au contrôle que la flotte américaine maintient sur la route maritime Moyen-Orient/Asie;

– offrir à la marine chinoise des facilités portuaires qui sont à la fois proches du détroit d'Ormuz à l'est et éloignées de l'Inde rivale à l'ouest.

Bien qu'il soit très nettement situé sur le territoire du Baloutchistan, le port n'est contrôlé jusque-là que par le gouvernement fédéral d'Islamabad sans que les populations baloutches soient associées au projet, mis à part quelques journaliers travaillant sur les chantiers. Exclus de la prise de décision ou encore de l'attribution des contrats systématiquement accordés aux ethnies dominantes pendjabi ou pathans, les dirigeants baloutches se trouvent de nouveau écartés des revenus de leur sous-sol, dont la rente est captée par les autorités pakistanaises.

Redistribution inéquitable des revenus du gaz, centralisation des projets d'infrastructures, non-reconnaissance d'identité: les Baloutches ont une sensation grandissante de dépossession qu'ils expriment aujourd'hui par la guérilla. Lancée et menée depuis 2003 par le cheikh Muhammad Marri, elle se traduit notamment par des attentats sur des conduites d'arrivée de gaz dans les villes du Pendjab, ainsi que par des attaques contre les garnisons de l'armée pakistanaise ou contre des Chinois employés à la construction du port.

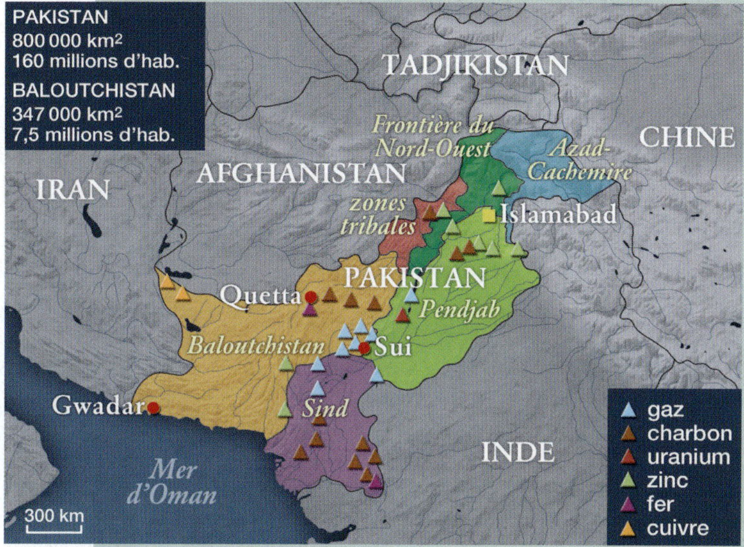

L'EXCEPTION BALOUTCHE

À l'échelle du Pakistan, le Baloutchistan présente la double particularité:
– d'occuper à lui seul 42 % du territoire national mais d'en être la province la moins peuplée;
– d'en être aussi la plus pauvre en termes de revenus par habitant alors qu'elle concentre l'essentiel des ressources naturelles du pays, en particulier celles de gaz dans la région de Sui.

PROJETS D'INFRASTRUCTURES

Comme un changement d'échelle permet de le mesurer, la position géographique du Baloutchistan en fait une zone sensible à la fois sur le plan stratégique et sur le plan géopolitique: frontalier de l'Iran et de l'Afghanistan, il est aussi placé sur l'une des voies de passage qui permettent de désenclaver les pays d'Asie centrale riches en hydrocarbures mais dépourvus d'accès à la mer.

VENEZUELA : LA PÉTRO-POPULO-CRATIE

Dans de nombreux États producteurs d'hydrocarbures, où l'État de droit ne s'est pas encore imposé comme base des pratiques politiques, les rentes considérables et croissantes que génèrent le pétrole et le gaz créent ou accroissent les tensions. Parfois, on serait même tenté de penser que l'autoritarisme de certains États se trouve stimulé par la hausse des prix du baril. C'est en tout cas l'impression que donnent l'Algérie, le Kazakhstan, le Turkménistan ou la Russie, des régimes « pétro-autoritaires », dont les politiques sont préservées par la demande mondiale de pétrole. Une question complexe que soulève également le Venezuela.

LA « RÉPUBLIQUE BOLIVARIENNE DU VENEZUELA »

Le Venezuela est une république fédérale d'Amérique du Sud qui compte 27 millions d'habitants et qui s'étend sur 912 000 kilomètres carrés, soit presque deux fois la France. Témoins de l'histoire coloniale du pays, 67 % des Vénézuéliens sont métis, issus des brassages de populations espagnoles, portugaises, africaines (esclaves) et indiennes natives de la région. Aujourd'hui, les Indiens ne représentent plus que 2 % de la population du Venezuela, dont les principales tribus restent les Warao, les Pemon et les Yanomami.

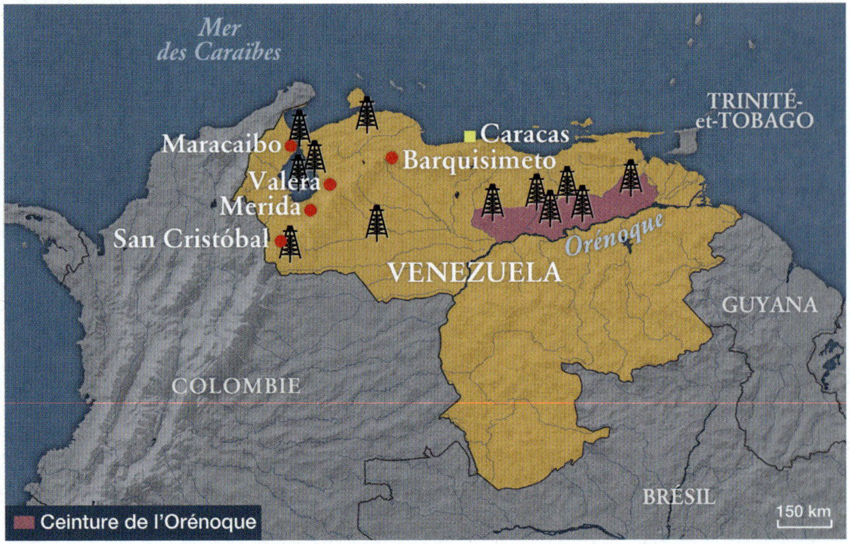

LA SOUVERAINETÉ PÉTROLIÈRE

Le Venezuela possède 2 700 gisements et 17 000 puits en production dont deux tiers sont situés dans la région de Maracaibo au nord-est. Si on inclut dans le calcul le pétrole lourd et extra-lourd de la ceinture de l'Orénoque, le Venezuela recèlerait aujourd'hui les premières réserves mondiales de pétrole. Pour en récupérer les revenus, les autorités vénézuéliennes ont entrepris en 2006 une politique de « souveraineté pétrolière » visant à reprendre le contrôle des nappes et de la production aux compagnies privées. C'est ainsi qu'en 2006, l'ensemble des opérateurs pétroliers internationaux et privés a été nationalisé. Résultat : sous l'effet de la nouvelle législation, la part des opérateurs étrangers est passée de près de 1 million de barils par jour en 2006 à moins de 300 000 en 2007.

Découvert au XIXe siècle, le pétrole est devenu depuis le moteur économique du Venezuela, notamment grâce à la rente qu'il assure au gouvernement : en 2007, les revenus du pétrole représentent environ 30 % du PIB vénézuélien. D'abord exploité par des compagnies britanniques, néerlandaises et américaines, la production d'hydrocarbure commence à profiter au budget de l'État à partir de 1946, quand le pays fixe sa part de bénéfices avec les compagnies pétrolières, et plus encore après 1975 quand il nationalise le secteur et crée la compagnie nationale *Petroleos de Venezuela*. Aujourd'hui, selon les dernières réformes du président Hugo Chávez, les partenaires étrangers doivent se contenter d'une participation minoritaire dans toutes les sociétés, permettant ainsi au dirigeant bolivariste de moduler librement sa production, soit pour contenir les prix du brut, soit pour les stimuler à la hausse. Soucieuses de ménager le long terme et l'exploitation des nappes vénézuéliennes (premières réserves mondiales en 2007 si on inclut les réserves de pétrole lourd de l'Orénoque), les compagnies pétrolières ont choisi de se soumettre, révélant à nouveau le rapport de force que les besoins énergétiques instaurent dans le monde. Dans le même esprit, le Venezuela constitue un acteur très dynamique de l'OPEP, l'Organisation des pays exportateurs de pétrole, dont il avait été l'initiateur en 1960 avec l'Iran pour pallier la baisse du prix du baril. Depuis, l'organisation, qui réunit les principaux producteurs et dont le siège est à Vienne en Autriche, n'a cessé de renforcer son influence sur les cours du baril, donc sur les revenus des grands exportateurs comme le Venezuela.

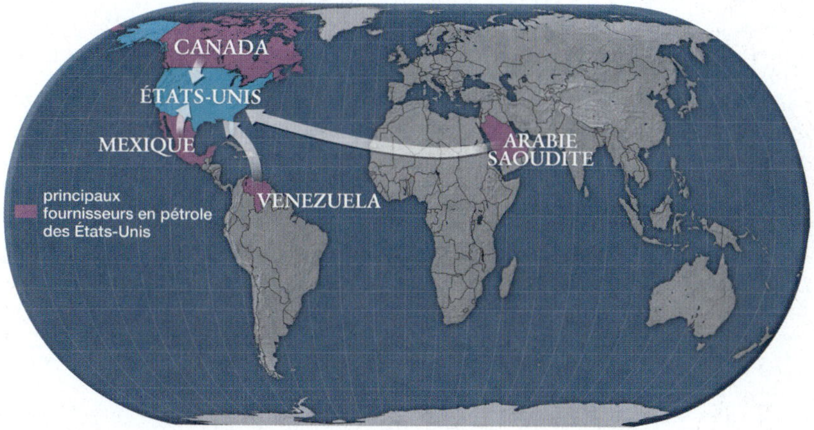

UN ANTIAMÉRICANISME PARADOXAL

Élu pour la première fois en 1998, réélu en juillet 2000 puis en décembre 2006, le chef de l'État Hugo Chávez Frías se distingue sur la scène internationale par un antiaméricanisme marqué qu'il manifeste aussi bien à propos de la politique étrangère que de la politique économique des États-Unis. Pourtant, cette rhétorique dont l'ancien militaire tire une forme de légitimité ne suffit pas à masquer la dépendance du Venezuela vis-à-vis du marché américain dont le pays est le quatrième fournisseur en 2006 derrière le Canada, le Mexique et l'Arabie saoudite. Avec cette dernière, le Venezuela constitue ainsi un bon exemple du principe de réalité qui conduit parfois à de grands écarts entre pensée politique, propos publics et intérêts économiques.

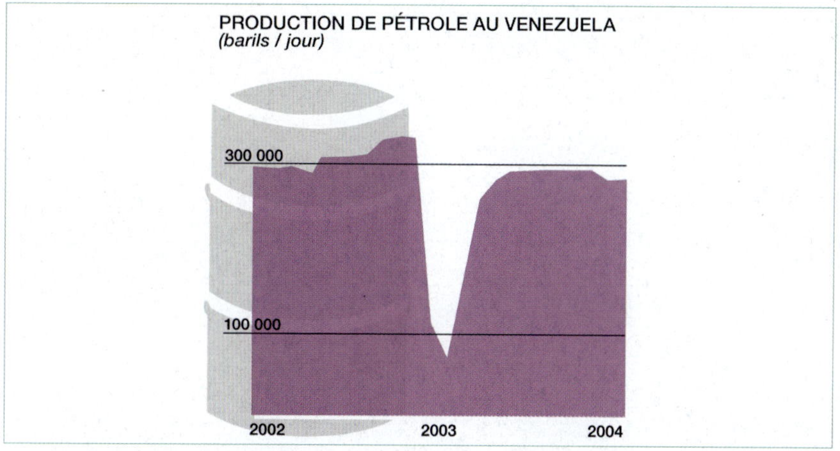

LA PÉTRO-DOMINANCE

En 2006, le Venezuela représente 3,7 % de la production mondiale de pétrole dont il est le sixième exportateur. À l'échelle nationale, le pétrole constitue plus de la moitié des recettes de l'État et même 85 % de ses revenus d'exportation, révélant ainsi la faible productivité de son industrie en dehors du secteur pétrolier. Contraint de recourir aux importations, il bénéficie pour ce faire de la hausse des prix du baril. Or il en est lui-même un acteur de premier plan : soit volontairement comme au sein de l'OPEP, soit involontairement comme en 2003, quand la grève menée dans l'entreprise nationale conduit à faire chuter la production.

VERS UN NOUVEAU GRAND JEU ?

UNE POSITION D'ENTRE-DEUX

Géographiquement prises en étau par l'Union européenne désormais frontalière et par la Russie qui les a dominées plusieurs siècles, l'Ukraine et la Biélorussie cherchent leur voie dans la géopolitique du continent. Car déjà contraintes par cette position d'entre-deux, les deux jeunes États le sont aussi par leur dépendance vis-à-vis de la Russie.

À la fois mère et héritière d'un espace successivement impérial et soviétique, la Russie continue de s'y comporter en tuteur politique, économique et militaire. Ainsi, dans cet ensemble devenu indépendant et qu'elle nomme son « proche étranger », Moscou entretient sans retenue de multiples intérêts en se heurtant de plus en plus souvent aux ambitions qu'y nourrissent d'autres acteurs : l'Union européenne et l'Otan sur son flanc ouest, la Chine et les États-Unis sur son flanc sud. Ainsi se développent au cœur de rivalités multiples des manœuvres qui évoquent le « grand jeu » auquel se livraient au XIXe siècle l'Empire britannique et la Russie tsariste pour le contrôle de l'Asie centrale.

UKRAINE, BIÉLORUSSIE : UNE INDÉPENDANCE SOUS INFLUENCE

Comme les Russes, les Ukrainiens et les Biélorusses sont des Slaves orientaux, un peuple présent en Europe orientale depuis le IIIe siècle de notre ère. Aujourd'hui encore, l'Ukraine reste pour les Russes la « Petite Russie » et les Biélorusses des « Russes blancs » (*Bielorusski* en russe). C'est pourquoi quand la dissolution soviétique conduit ces deux nations slaves à devenir indépendantes en 1991, elle les prend un peu par surprise. Car même si la région de Kiev avait constitué le premier État slave dès 882, ce n'est finalement qu'avec l'éclatement de l'URSS que l'Ukraine devient un État indépendant *de jure*, tout comme la Biélorussie voisine. Une quinzaine d'années plus tard, on constate que les deux États continuent d'éprouver certaines difficultés à devenir indépendants… *de facto*.

En privant la Russie d'une façade stratégique sur l'Europe de l'Ouest et en restreignant son accès à la mer Noire, l'indépendance des anciennes républiques soviétiques modifie sensiblement l'environnement géopolitique du pays. Pour autant, elle ne semble guère altérer le pouvoir d'influence de Moscou sur ses voisins, ni même sa capacité de nuisance, comme permet de le vérifier sa « diplomatie du gaz ».

DES SLAVES ORIENTAUX

Comme les Russes, les Biélorusses et les Ukrainiens sont des slaves orientaux. Ils ont été intégrés politiquement à l'ensemble russe, dans le courant du XVIIIe siècle. Commence alors une politique de russification pour ces peuples que Moscou considère comme des « Russes ».

DEUX PAYS DE TRANSIT

Par leur position géographique, l'Ukraine et la Biélorussie forment le cœur géographique des relations commerciales entre les deux ensembles, mais aussi un enjeu stratégique puisque c'est par ces deux États que transite l'essentiel des exportations russes de gaz et de pétrole vers l'Europe.

LA RUSSIE INCONTOURNABLE

Sur le plan économique comme sur le plan stratégique, Russie et Biélorussie partagent de nombreux intérêts : en plus d'être une zone de transit commercial pour les hydrocarbures de la Russie vers les pays européens ainsi que vers l'enclave russe de Kaliningrad, la Biélorussie partage avec la Russie un système de défense aérien comprenant une station radar antimissiles à Baranovitchi et une station de communication pour les sous-marins à Vileyka.

L'arme énergétique

Utilisé comme un outil de coercition, le prix du gaz constitue l'un des leviers de la Russie pour maintenir un rapport de force qui lui soit favorable, tant avec l'Ukraine qu'avec la Biélorussie dont elle reste le fournisseur principal. Ainsi, face au refus de Kiev de se soumettre à l'augmentation des prix exigée par la compagnie nationale Gazprom, la Russie n'hésite pas à suspendre en janvier 2006 l'approvisionnement en gaz de la république frondeuse pendant plusieurs jours. Elle réinstaure ainsi sans ambiguïté le rapport de dépendance de la petite république vis-à-vis du grand frère russe.

En outre, sachant que 80 % des importations européennes de gaz russe passent par l'Ukraine, cette décision unilatérale de Moscou entraîne des ruptures d'approvisionnement à l'intérieur même de l'Union européenne. En plus de faire pression sur l'Ukraine, la Russie peut ainsi adresser un message clair aux États de l'Union, en réaction au soutien apporté en décembre 2004 au mouvement démocratique et proeuropéen de la « révolution orange » en Ukraine. Pour la diplomatie russe, il s'agit d'une réponse aux élargissements successifs de l'Otan et de l'Union européenne – États baltes, Hongrie, Pologne, Roumanie, Bulgarie – qui en portent les limites aux frontières de la Russie.

Bien que les dirigeants à Minsk soient politiquement plus conciliants vis-à-vis de Moscou que ceux de Kiev, le fidèle allié biélorusse n'est pas pour autant épargné par le chantage au gaz, d'autant plus que la position géographique de la Biélorussie la place également sur la route du commerce russo-européen.

Ainsi, c'est en menaçant la Biélorussie de tripler les prix du gaz que Gazprom parvient en 2006 à prendre le contrôle de Beltransgaz, la compagnie chargée de gérer le transit de gaz sur le territoire biélorusse. La méthode se révèle d'autant plus efficace que depuis 1991, la Biélorussie bénéficie d'un tarif privilégié, inférieur aux prix du marché – 30 dollars pour 1 000 mètres cubes contre 250 dollars pour 1 000 mètres cubes au prix du marché. Et quand en janvier 2007 Minsk décide de répondre au chantage de la Russie en imposant une taxe de transit sur son commerce, Moscou n'hésite pas à suspendre ses exportations de pétrole vers l'Europe *via* la Biélorussie, au détriment de la Pologne et de l'Allemagne, les deux principaux importateurs du pétrole russe. Nous sommes alors en hiver, c'est-à-dire au moment de l'année où la consommation d'hydrocarbures est la plus forte : trois jours suffisent alors à trouver un accord. Inévitablement favorable à la Russie.

Loin d'être de simples péripéties commerciales, ces événements soulignent l'état des rapports de force entre la Russie et ses « petites sœurs », mais aussi le niveau de dépendance de l'Union européenne vis-à-vis du fournisseur russe.

La dictature biélorusse, alliée forcée de Moscou ?

Contrairement à l'Ukraine, la Biélorussie ne possède aucun autre allié que la Russie. Le pays est dirigé par Alexandre Loukachenko, un ancien directeur de sovkhoze qui s'est fait d'abord élire démocratiquement en 1994, en exploitant la nostalgie de l'Union soviétique. Pour se maintenir au pouvoir puis se faire réélire en 2006, il s'appuie sur une police politique – le KGB – et met en place un régime autoritaire dans lequel les partis politiques sont marginalisés, les médias muselés et la justice privée de pouvoir. Maintien de la peine de mort, harcèlement contre l'opposition, arrestations arbitraires, disparition d'opposants ou de journalistes : en matière de droits de l'homme, le bilan dressé par Amnesty International est sans équivoque. Pourtant, en maintenant – officiellement – le chômage à un niveau quasi inexistant et la croissance au plus haut (8 % en 2005), en offrant un certain niveau de vie aux Biélorusses, le chef d'État parvient à conserver leur soutien, en dépit du grand isolement du pays sur la scène européenne.

Jusque-là exclusivement tournée vers la Russie, la Biélorussie – non-membre du Conseil de l'Europe – n'a jamais ratifié d'accord de coopération ou de partenariat avec l'Union européenne, Bruxelles ayant de plus soutenu l'opposition lors des élections présidentielles de 2006. Ceci étant, face à une Russie jugée déloyale sur de nombreuses questions dans les relations bilatérales, on relève depuis 2007 que Loukachenko adopte un ton moins vindicatif vis-à-vis de l'Union européenne.

L'ÉCONOMIE BIÉLORUSSE HORS DE LA MONDIALISATION

Contrôlée à 80 % par l'État comme à l'époque soviétique, l'économie biélorusse peut ainsi profiter directement au clan du président Loukachenko. Ses principaux secteurs sont la métallurgie, le raffinage du pétrole, la construction de tracteurs et de camions. Toujours organisée en fermes d'État, l'agriculture biélorusse produit quant à elle de la betterave, du blé, de l'orge et de la pomme de terre. À Soligorsk et à Mozyr, on exploite le sel de potasse pour en faire de l'engrais.

Quelle que soit la fiabilité des performances économiques de la Biélorussie, on peut cependant avancer qu'elles ne reposent pas sur sa production industrielle, dont une grande part invendue reste stockée. La forte croissance du pays demeure liée à la croissance de la Russie elle-même, qui reste le partenaire économique principal du pays, et à la hausse du prix du pétrole qui profite mécaniquement aux activités de raffinage biélorusses.

LES CONTOURS DE L'ASIE CENTRALE

Sur les cartes, l'Asie centrale s'étend sur près de 4 millions de kilomètres carrés de la mer Caspienne à la Mongolie. Aujourd'hui, elle représente moins un espace géographique qu'un ensemble politique façonné par la domination coloniale russe puis soviétique : le plus souvent en effet l'Asie centrale désigne ensemble le Kazakhstan, l'Ouzbékistan, le Kirghizstan, le Turkménistan et le Tadjikistan, c'est-à-dire cinq républiques soviétiques devenues indépendantes à la dissolution de l'URSS en 1991.

GÉOPOLITIQUE DE L'ASIE CENTRALE

Contrairement aux pays baltes dont les régimes se sont démocratisés dès l'indépendance en 1991, les nouveaux États d'Asie centrale inscrivent leur construction nationale dans un cadre de normes et de réflexes typiquement soviétiques : pour se maintenir au pouvoir et accaparer ainsi richesses économiques et ressources naturelles, les élites en place sous l'ère soviétique maintiennent des régimes de type autoritaire, où le nationalisme se substitue au communisme. Mais si ces jeunes États d'Asie centrale parviennent à se dégager de toute contrainte intérieure, leur géographie et leurs ressources leur laissent une marge de manœuvre plus réduite sur le plan extérieur.
L'une des principales caractéristiques de l'Asie centrale est, en effet, d'être totalement enclavée. Par exemple, depuis l'Ouzbékistan, pays le plus enclavé au monde, il faut traverser deux pays pour atteindre une mer libre. Les États d'Asie centrale sont en situation de dépendance vis-à-vis de leur environnement immédiat, en particulier pour l'évacuation des hydrocarbures, dont la région est richement pourvue.
Ressources, géographie et pouvoir : voilà les pièces maîtresses de l'échiquier géopolitique régional sur lequel jouent aujourd'hui plusieurs acteurs.

Le grand échiquier

Bien logiquement, la Russie constitue le premier acteur de ce nouveau « grand jeu », avantagée à la fois par sa position géographique et par l'influence qu'elle conserve en Asie centrale.
C'est ainsi par la Russie que transite le pétrole kazakh, grâce à l'oléoduc construit en 2001 entre le gisement de Tenguiz et le port russe de Novorossisk.
Plus récemment, en septembre 2005, la compagnie gazière Gazprom obtient cette fois le contrôle de l'ensemble du transit du gaz en provenance du Turkménistan *via* l'Ouzbékistan.
Sur le plan stratégique, la Russie reste bien implantée dans la région : elle conserve

le centre spatial de Baïkonour au Kazakhstan et entretient également des bases militaires au Tadjikistan, et depuis 2003 au Kirghizstan.
En novembre 2005 enfin, elle obtient un retournement d'alliance grâce au traité qu'elle signe avec l'Ouzbékistan, qui marque la fin de la coopération du pays avec les États-Unis.

Le « cavalier » américain

Sans surprise, les États-Unis constituent depuis la fin des années 1990 le deuxième acteur du jeu régional. Intéressées par les hydrocarbures de la mer Caspienne qu'elles veulent évacuer en contournant l'Iran, les compagnies pétrolières américaines prennent part à la construction d'un oléoduc qui devrait permettre d'exporter le pétrole azerbaïdjanais depuis Bakou *via* la Turquie. À moyen terme l'objectif est également d'y faire passer le pétrole kazakh qui transitera auparavant par des cargos tankers sur la Caspienne. Plus à l'est, les Américains planifient d'évacuer le gaz turkmène en passant cette fois par l'ouest de l'Afghanistan pour rejoindre le port pakistanais de Gwadar.
À l'instar de la Russie, les États-Unis doublent leurs intérêts économiques dans la région d'un intérêt stratégique pour l'Asie centrale, où ils cherchent à réduire l'influence de Moscou. En 1997, ils soutiennent la mise en place d'une alliance, le GUUAM, qui rassemble plusieurs anciennes républiques soviétiques : Géorgie, Ukraine, Azerbaïdjan, Moldavie, et que l'Ouzbékistan a rejoint en 1999.
Les attentats de septembre 2001 leur permettent de négocier un déploiement militaire sur la base de Khanabad en Ouzbékistan ainsi qu'à l'aéroport de Manas au Kirghizstan, afin d'appuyer leurs opérations en Afghanistan. Une présence militaire sensible donc, que conteste la Russie mais aussi le troisième grand acteur du jeu régional, la Chine.

L'ASIE CENTRALE GÉOGRAPHIQUE
Zone de steppe et de désert, l'Asie centrale correspond à ce qui fut longtemps connu sous le nom de Turkestan, c'est-à-dire l'espace historique des peuples turcs. Lieu d'échanges entre l'Europe et la Chine, traversée dès le premier millénaire avant Jésus-Christ par les routes de la soie, cette région carrefour est soumise aux influences grecque, turco-mongole, perse, arabe, russe puis soviétique.

UNE RÉGION RICHE ET STRATÉGIQUE

À la fois riche en hydrocarbures (cinquièmes réserves mondiales) et géographiquement proche du Moyen-Orient, l'Asie centrale se trouve au cœur d'un nouveau grand jeu dont les principaux acteurs sont la Russie, la Chine et les États-Unis. Pour leur part, l'Iran, la Turquie, le Pakistan et l'Inde qui tentent d'y prendre part n'ont encore qu'un rôle d'appui dans la stratégie des grands acteurs.

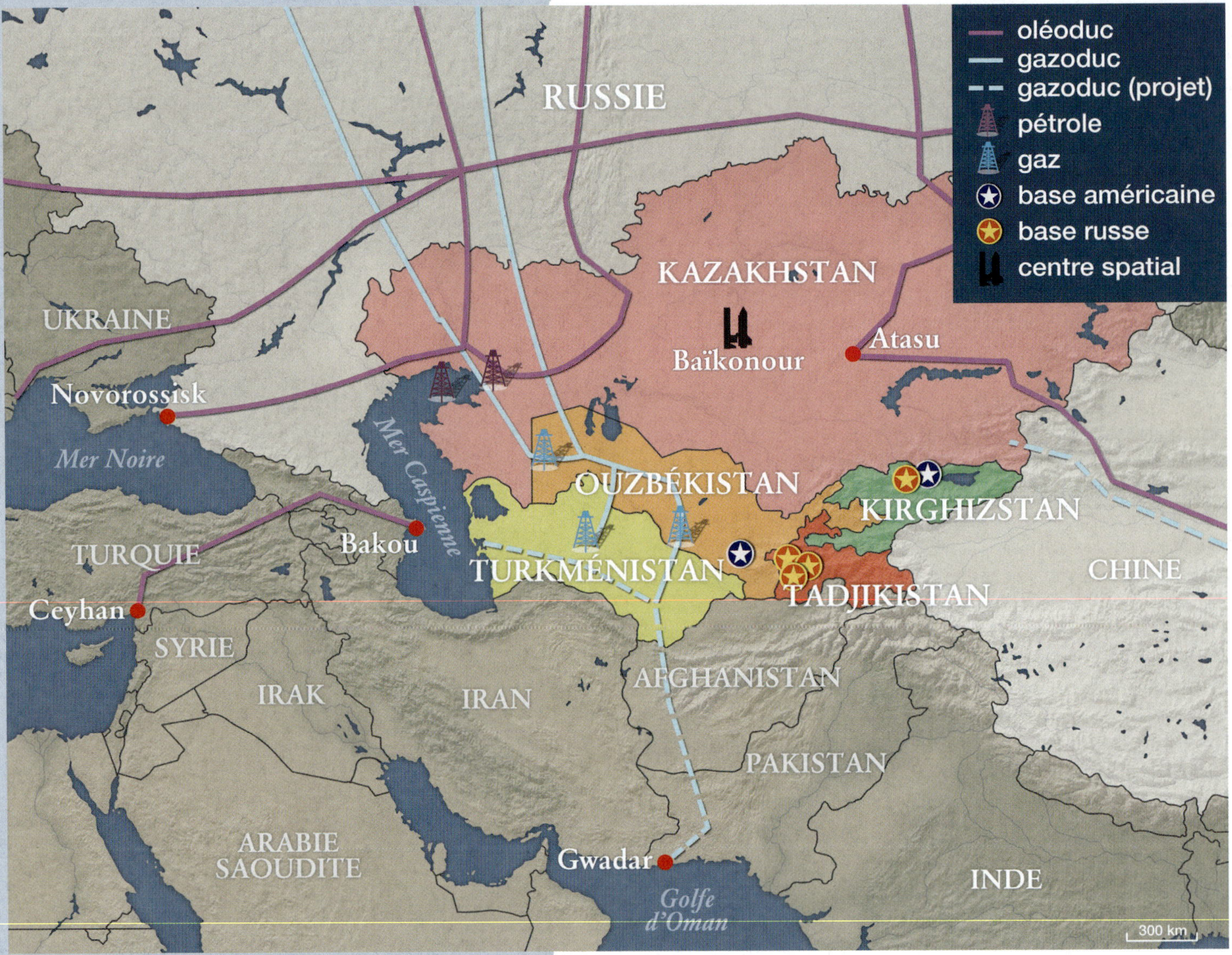

La « dame » chinoise

Frontalière du Kazakhstan, du Kirghizstan et du Tadjikistan, la Chine s'implique elle aussi de plus en plus activement dans la région.

Déjà, la construction d'une nouvelle route entre Krog et Kachgar pour relier le Tadjikistan et la province chinoise du Xinjiang permet de répondre à la présence croissante des commerçants chinois à Almaty ou à Bichkek.

Surtout, c'est le pétrole kazakh que convoite la Chine, dont la demande énergétique ne cesse d'augmenter. En 2005, un premier oléoduc est construit entre le centre du Kazakhstan et le Xinjiang chinois. Un second, en projet, devrait permettre d'importer du gaz kazakh et turkmène à partir de 2009, en passant par le territoire kazakh. Enfin, pour faciliter ses opérations, la compagnie pétrolière chinoise CNPC rachète en 2005 la compagnie kazakhe *PetroKazakh*, qui possède la plus grande raffinerie du pays à Chymkent, mais aussi plusieurs gisements dans le sud-ouest. Une stratégie chinoise tous azimuts donc, dont l'une des répercussions est de casser le monopole russe sur l'exportation du gaz d'Asie centrale.

Sur le plan stratégique enfin, Pékin cherche à protéger son intégrité territoriale face à l'émergence de mouvements politiques qui prennent l'islam comme référent. Dans sa province du Xinjiang, frontalière de l'Asie centrale, vivent des populations turcophones musulmanes, des Ouïgours et des Kazakhs, qui voudraient obtenir plus d'autonomie au sein de l'État chinois. Pour mettre un terme aux revendications autonomistes de ces populations et éviter toute déstabilisation de la région, Pékin a donc initié avec Moscou en 1996 l'Organisation de coopération de Shanghai (OCS), qui réunit autour d'elle et de la Russie quatre pays d'Asie centrale.

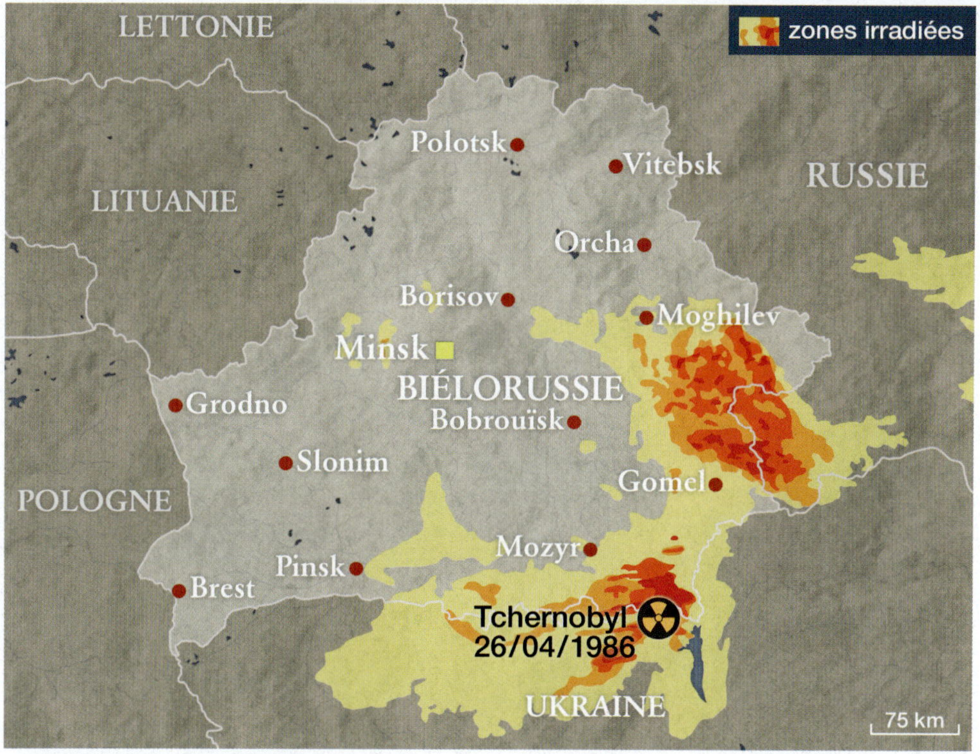

L'IMPACT DE TCHERNOBYL SUR LA BIÉLORUSSIE

Quand en 1986 une explosion se produit dans un réacteur nucléaire à Tchernobyl en Ukraine, la Biélorussie voisine reçoit 70 % des radionucléides rejetés dans l'atmosphère par la centrale. Depuis, le pays connaît une chute importante de sa natalité ; il enregistre également une hausse sensible des malformations à la naissance (78 % d'augmentation), ce qui entraîne un recours de plus en plus fréquent aux avortements.

Aujourd'hui, 27 % des terres et des eaux biélorusses restent contaminées, et le resteront pendant plusieurs siècles. Pourtant, presque 3 des 10 millions de Biélorusses continuent de vivre dans les zones irradiées, car le régime ne leur fournit toujours pas, vingt ans plus tard, d'informations exactes sur la situation.

UNE MOSAÏQUE DE PEUPLES

Qu'ils soient turcophones comme les Kazakhs, les Kirghiz, les Ouzbeks ou les Turkmènes, ou persanophones comme les Tadjiks, les peuples d'Asie centrale partagent tous le fait d'être musulmans, un trait commun dont la fonction identitaire se trouve renforcée par soixante-dix ans de régime communiste.

Car à cette première mosaïque ethnique, la colonisation russe ajoute bientôt d'autres minorités comme les Coréens, que viennent encore rejoindre les peuples déportés par le pouvoir soviétique : Allemands, Tchétchènes et Tatars. En outre, pour comprendre la diversité des populations dans chacun des États d'Asie centrale, il faut rappeler que les frontières qui les séparent ont été tracées par Staline entre 1924 et 1936 avec pour objectif politique de fragmenter la population de chacune des républiques de la région. Avec ses neuf enclaves, la vallée du Ferghana partagée entre l'Ouzbékistan, le Tadjikistan et le Kirghizstan, est révélatrice de cette politique.

L'ORGANISATION DE SHANGHAI : UNE OTAN ASIATIQUE ?

Difficile sur le plan économique, la transition que vivent les pays d'Asie centrale après l'éclatement de l'URSS l'est aussi sur le plan politique. L'instauration de régimes autoritaires interdisant toute opposition favorise l'émergence de mouvements radicaux se revendiquant de l'islam :

– Au Tadjikistan, une guerre civile s'est ouverte, qui oppose les anciens communistes à des groupes politiques islamistes.

– En Ouzbékistan se développent des mouvements islamistes, influencés par certains mouvements radicaux afghans.

Face aux risques d'instabilité que ces mouvements représentent, l'intégration des États de la région à une structure régionale commune comme l'OCS représente alors pour leurs régimes autoritaires un facteur de stabilité, voire un soutien pour se maintenir au pouvoir, au prix des fortes dérives qu'ils s'autorisent grâce à une acception très large des notions de terrorisme ou de séparatisme.

Alliés dans la rivalité

Face aux risques qui fragilisent les régimes de la région, l'OCS, qui avait initialement été créée en 1996 pour gérer les problèmes frontaliers et territoriaux le long de l'ancienne frontière soviéto-chinoise (3 000 kilomètres), se transforme en organe de lutte contre le terrorisme, puis par extension contre les extrémismes et les séparatismes.

Car la Russie qui peine à écraser le séparatisme tchétchène et la Chine qui ne parvient pas à réduire le séparatisme ouïgour, redoutent une contagion des mouvements radicaux islamistes sur leurs territoires. Au même moment la prise du pouvoir à Kaboul en 1996 des étudiants en religion, les talibans, vient encore renforcer leur analyse.

L'ORGANISATION DE COOPÉRATION DE SHANGHAI (OCS)

Créée par le traité de Shanghai signé en 1996 entre la Chine, la Russie et quatre des cinq anciennes républiques soviétiques d'Asie centrale (le Turkménistan n'en fait pas partie), l'OCS dispose aujourd'hui d'une charte, d'un secrétariat basé à Pékin, et de pays observateurs, la Mongolie, l'Inde, le Pakistan et l'Iran.

OCS : « OTAN » DE L'ASIE ?

Géographiquement située au cœur d'un échiquier géopolitique et stratégique complexe, dans une région où l'influence américaine se développe peu à peu, l'OCS émerge désormais comme une organisation régionale de poids croissant sur la scène internationale. Cependant, en dépit des efforts russes pour faire de l'organisation une « communauté asiatique » susceptible de rivaliser avec l'OTAN, l'OCS ne constitue à ce jour pas plus une alliance stratégique qu'une union économique.

Au départ pourtant, tout opposait la Russie et la Chine dans la région d'Asie centrale, à commencer par leurs intérêts économiques. Ainsi, tandis que Pékin, motivé par l'important capital énergétique de la région, tente de développer la coopération économique dans le cadre de l'OCS, la Russie, elle, continue de considérer l'Asie centrale comme un proche étranger dont l'exclusivité stratégique et énergétique lui serait acquise. Dans cette perspective, Moscou s'efforce de débouter les ambitions économiques chinoises en renforçant l'intégration régionale de la Russie et de l'Asie centrale aussi bien dans le domaine économique que sur le plan militaire.
Pourtant, en dépit de leurs ambitions antagonistes, Moscou et Pékin s'accordent sans difficulté sur la nécessité de contrecarrer l'influence américaine grandissante dans la région. À cet effet, l'Organisation de coopération de Shanghai leur offre à la fois un cadre de coopération et un outil d'influence régionale dont le développement s'accélère depuis quelques années : institutionnalisation de l'OCS par la création d'une charte et d'un secrétariat en 2002, organisation de manœuvres militaires communes, installation d'une Agence régionale antiterroriste à Tachkent.

L'antiaméricanisme en partage

Loin d'avoir l'impact d'une organisation comme l'OTAN, l'OCS sait cependant adopter des positions de portée réelle en s'appuyant sur une hostilité croissante et partagée à l'encontre des États-Unis :

– lors de leur sommet en juin 2005, une déclaration des États de l'OCS sur la durée du stationnement des bases américaines en Asie centrale conduit à la fermeture de celle d'Ouzbékistan quelques mois plus tard ;

– la même année, la création d'un groupe de contact OCS-Afghanistan traduit la volonté de l'organisation régionale d'investir les problèmes de sécurité en Afghanistan, tout en soulignant l'incapacité des Américains et de l'OTAN à stabiliser le pays ;

– finalement, en invitant l'Iran au sommet de juin 2006, Moscou et Pékin trouvent un moyen d'indiquer leur détermination à lutter contre toute intervention militaire dans la république islamique.

Portée par ses premiers résultats, l'OCS pourrait être tentée de s'élargir à l'Inde, au Pakistan, à l'Iran et à la Mongolie, qui y sont déjà observateurs. Plus tard, le Viêt Nam, la Thaïlande, la Malaisie, l'Indonésie et les Philippines pourraient aussi les rejoindre. Car du point de vue de ces États, leur participation à l'organisation régionale leur offrirait des moyens supplémentaires pour renforcer leurs économies et contribuer à leur sécurité énergétique. Pour le moment cependant, les candidats devront attendre, car dans ce « grand jeu », l'ouverture de l'OCS à des pays comme l'Inde aurait pour effet immédiat d'y diluer l'influence chinoise et donc d'y renforcer à ses dépends celle de la Russie.

Voir également **ÉNERGIE ET DÉPENDANCE** pages 104-117.

LE PRÉ CARRÉ RUSSE

Quinze ans après son accès à l'indépendance, l'Asie centrale continue d'être considérée par la Russie comme son pré carré :

– pour résister à la présence croissante des Chinois et des Américains, Moscou s'efforce par exemple de conserver son monopole du transport et du transit des hydrocarbures venant d'Asie centrale. Parallèlement, il s'applique à renforcer l'intégration économique de l'Asie centrale avec la Russie, en fusionnant l'Organisation de coopération centrasiatique et la Communauté économique eurasiatique en 2005 ;

– sur le plan militaire, la zone est couverte par un traité de sécurité collective, que même l'Ouzbékistan – d'abord allié aux Américains – finit par rejoindre en 2005, et dans le cadre duquel Moscou ouvre fin 2003 une base aérienne à Kant au Kirghizstan. Moscou est alors d'autant plus motivé que depuis le 11 septembre 2001, les États-Unis ont largement étendu leur présence en Asie centrale et qu'une rumeur indique que Pékin chercherait à établir une base militaire au Kirghizstan ou en Ouzbékistan.

LES FRICHES DU DÉVELOPPEMENT SOVIÉTIQUE

Durablement marquée par l'héritage soviétique sur le plan politique, dans les structures économiques comme dans les mentalités, l'Asie centrale l'est aussi dans le domaine de l'environnement : sa dégradation majeure pèse sur la sécurité des populations, et constitue une source de tensions entre les cinq États d'Asie centrale qui se trouvent divisés tant sur la gestion de l'eau que sur les terres arables.

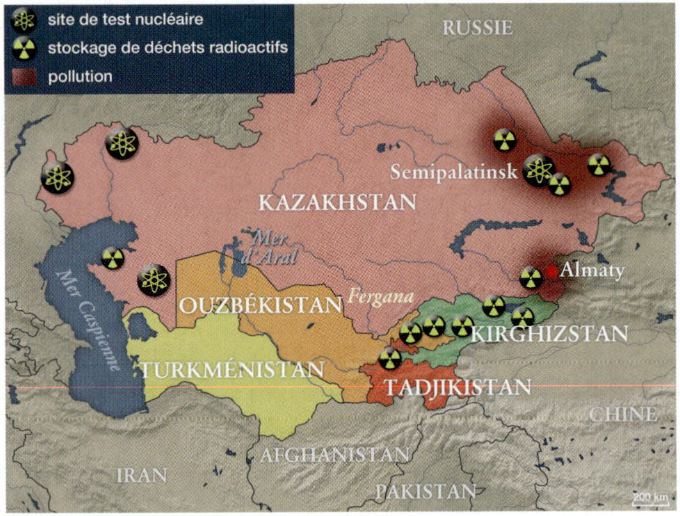

UN HÉRITAGE DURABLE

Au terme de soixante-dix ans de développement soviétique, les pays d'Asie centrale dressent le bilan :

– menace directe sur la santé des populations autour des anciens sites de test nucléaire, comme à Semipalatinsk dans le nord-est du Kazakhstan, et à proximité des sites de stockage de déchets radioactifs comme dans la région du Ferghana ;

– dégradation des sols et assèchement de la mer d'Aral par excès d'irrigation intensive ;

– accumulation de déchets dus à l'extraction minière (or, antimoine, mercure) ;

– pollution des fleuves, de la mer Caspienne et de l'atmosphère des villes d'Almaty et celles du nord du Kazakhstan par rejets industriels et agricoles excessifs.

TENSIONS SUR L'EAU

Excessivement pratiquée sur les fleuves de l'Amou-Daria et du Syr-Daria pour faire de l'URSS le premier producteur de coton au monde dans les années 1980, l'irrigation intensive a fini par stériliser les régions qu'elle rendit fertiles : asséchés par accumulation de sels minéraux, près de 40 % des terres irriguées d'Asie centrale sont en voie de désertification, tout comme la mer d'Aral dont la superficie a diminué de moitié en quarante ans.

À ce problème de salinisation des sols, s'ajoutent les tensions auxquelles conduit à présent la répartition de l'eau entre les différents États de la région : tandis que l'Amou-Daria et le Syr-Daria prennent leurs sources au Kirghizstan et au Tadjikistan, c'est en aval que la culture irriguée du coton entraîne les prélèvements les plus importants : 20 % au Turkménistan et 52 % en Ouzbékistan, le deuxième exportateur mondial. Ces prélèvements en eau provoquent des tensions régulières entre les pays qui détiennent l'eau et ceux qui la consomment.

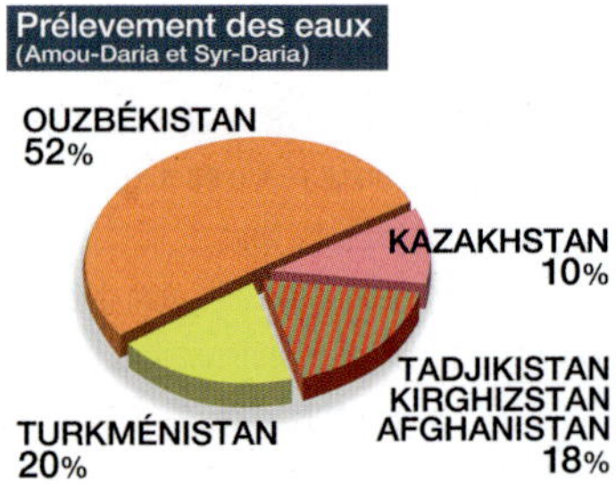

LE CAS DU BARRAGE DE TOKTOGUL

À la source des tensions sur la répartition des eaux de l'Amou-Daria et du Syr-Daria : le barrage de Toktogoul au Kirghizstan dont la fin de l'ère soviétique a « démutualisé » la gestion. À l'époque, 75 % des eaux étaient en effet relâchés en été, permettant à la république soviétique du Kirghizstan de redistribuer l'hydroélectricité ainsi produite aux républiques voisines d'Ouzbékistan et du Kazakhstan, en échange d'hydrocarbures. Depuis, la république soviétique du Kirghizstan est devenue indépendante et les prix des hydrocarbures se sont envolés. Conduits à privilégier le chauffage électrique, les Kirghiz relâchent donc désormais moins d'eau en été et davantage en hiver afin de couvrir leur demande en électricité engendrant des tensions avec les pays situés en aval. Pénurie d'eau en été, inondations en hiver comme en 2004 et 2005 dans la région de Kyzylorda : pour les fermiers d'Ouzbékistan et du sud du Kazakhstan, la fin de la gestion commune est une calamité.

LA VALLÉE DU FERGHANA

Comme ailleurs en Asie centrale, la vallée du Ferghana est aujourd'hui très touchée par les effets secondaires du développement de l'irrigation : augmentation de la salinité des sols, diminution d'un tiers ou presque de la surface agricole et détérioration de la qualité de l'eau déjà polluée par l'utilisation des fertilisants et pesticides.

Or avec près de 10 millions d'habitants et des densités allant jusqu'à 500 habitants par kilomètre carré, la vallée du Ferghana est la région la plus peuplée d'Asie centrale. Ainsi, la pression démographique contribue aussi à épuiser les ressources de la vallée, en créant de fortes tensions pour la répartition et le contrôle des terres arables, ou celui des ressources en eau comme dans les régions de Khodjent, d'Osh ou du sud du Kirghizstan. Or, les populations de la vallée du Ferghana, fortement imbriquées, sont désormais partagées entre trois États. S'ajoute aussi une autre dimension aux tensions sur l'eau et sur les terres : l'absurde tracé des frontières décidé par Staline, et l'instabilité que génère l'émergence de mouvements islamistes en Ouzbékistan.

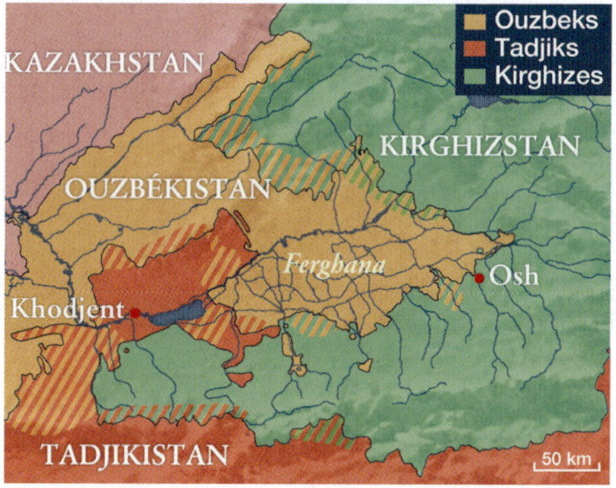

L'AFRIQUE DE NOUVEAU

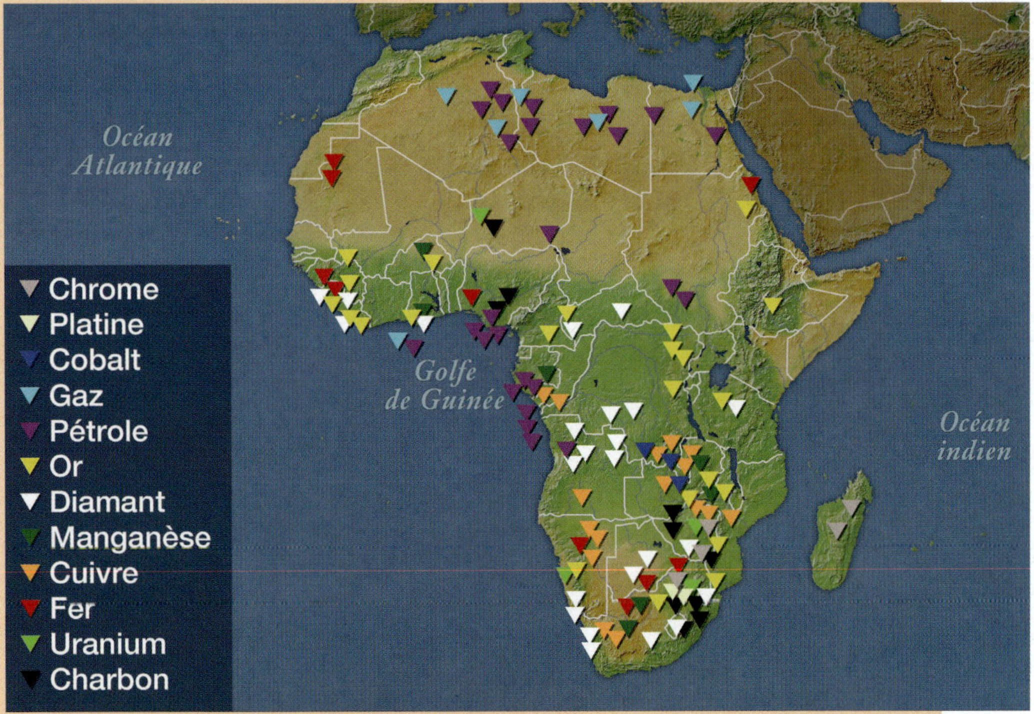

LES TRÉSORS MINIERS DE L'AFRIQUE

À elle seule, l'Afrique concentre presque la totalité des réserves mondiales de chrome (au Zimbabwe et en Afrique du Sud), 90 % des réserves de platine (en Afrique du Sud) et 50 % des réserves mondiales de cobalt (en République démocratique du Congo et en Zambie). Le continent recèle également d'importantes réserves en or, diamants, manganèse, cuivre, fer, uranium ou charbon, mais aussi du gaz et du pétrole au nord du continent, au Soudan et dans le golfe de Guinée.

Dans un environnement global orienté par la demande énergétique, les flux migratoires, le réchauffement climatique, la peur du terrorisme, l'Afrique se trouve placée au cœur de plusieurs grands enjeux internationaux. Plus largement, elle semble devenir aussi centrale sur le plan stratégique qu'elle reste marginale sur le plan économique… sans promesse de changement.

Car si ses abondantes ressources hissent l'Afrique au rang de priorité pour la Chine et les États-Unis, elles la placent également au centre de leur rivalité en contribuant, comme au Tchad, à appauvrir le continent.

CONVOITÉE

LES ÉTATS-UNIS EN AFRIQUE : LA RUÉE VERS l'OR NOIR

Voilà longtemps que la sécurité de leurs approvisionnements énergétiques constitue pour les États-Unis une pierre angulaire de leur vision stratégique. Tour à tour, les chocs pétroliers de 1973 et de 1979 confortent cette vision que le terrorisme islamiste vient encore accentuer vingt ans plus tard. Dans cette perspective, la tactique des États-Unis consiste en même temps à réduire leur dépendance par la diversification de leurs fournisseurs ; à relancer la prospection ; à se déployer militairement pour protéger les lignes de transport internationales et les oléoducs contre les risques liés à la piraterie et surtout au terrorisme. C'est dans cette perspective que vient aussi s'inscrire aujourd'hui la politique africaine des États-Unis.

Diversifier

Pour les États-Unis comme pour le reste du monde, les deux chocs pétroliers puis la première guerre du Golfe sont un avertissement qui impose de réviser leur politique énergétique. Pour répondre à l'augmentation constante de leur demande d'hydrocarbures tout en réduisant leur dépendance vis-à-vis de quelques grands pays producteurs, les compagnies pétrolières américaines multiplient prospection et investissements à travers le monde à partir des années 1990. D'autant plus que, depuis les attentats de septembre 2001, les relations entre les États-Unis et

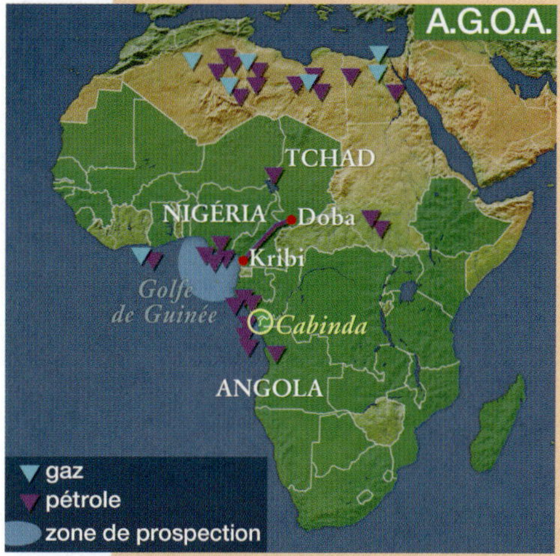

LE DÉVELOPPEMENT PAR LE COMMERCE ?

Les investissements américains en Afrique ont peu d'impact sur le développement du continent car ils sont concentrés dans quelques pays et avant tout dans les secteurs pétrolier et minier. Pour relancer le développement, les États-Unis privilégient le secteur des échanges qu'ils jugent porteur de croissance. Ainsi, en mai 2000, ils adoptent une nouvelle loi portant sur la libéralisation des échanges et la croissance en Afrique, l'AGOA – « African Growth and Opportunity Act » *– qui offre à trente-sept États africains un meilleur accès au marché américain pour certains de leurs produits, notamment textiles.*
Pour leur part, les compagnies pétrolières américaines bénéficient d'un très large accès aux ressources africaines : en Angola, la compagnie Chevron contrôle 75 % de la production pétrolière de l'enclave de Cabinda ; au Tchad, le consortium qui gère l'oléoduc inauguré en 2004 pour exporter le pétrole en passant par le Cameroun est dirigé par les compagnies Exxon-Mobil et Chevron ; dans le golfe de Guinée enfin, plusieurs compagnies américaines prospectent depuis 2003 les eaux de Guinée équatoriale, de São Tomé et Príncipe mais aussi du Nigeria, neuvième producteur de brut au monde.

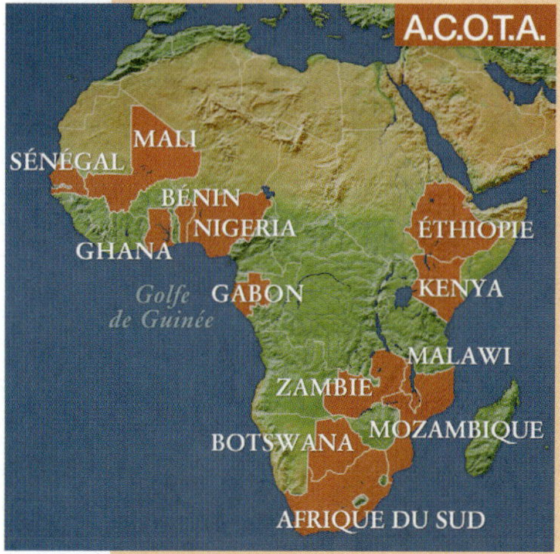

« SOLDATS DE LA PAIX » EN AFRIQUE

Depuis l'échec de leur intervention en Somalie en 1992-1995, les Américains ont renoncé à l'envoi de soldats dans des missions de maintien de la paix en Afrique. Or depuis, les situations de crise se sont multipliées : au Liberia, en Sierra Leone, en Côte d'Ivoire et en République démocratique du Congo. Pour y faire face, la solution proposée par les Américains consiste désormais à aider les pays africains à fournir des troupes aux opérations de maintien de la paix de l'ONU sur le continent, en formant les forces armées africaines à ces missions. Treize pays africains bénéficient aujourd'hui de ce programme de formation, l'ACOTA (African Contingency Operations Training Assistance)*, en particulier les deux principaux alliés de Washington en Afrique subsaharienne : le Nigeria et l'Afrique du Sud. Fin 2006, quelques 17 000 « soldats de la paix » africains ont déjà été formés dans le cadre du programme ACOTA.*

L'AFRIQUE SUR LA ROUTE DU PÉTROLE AMÉRICAIN

Les principales routes maritimes utilisées pour le transport de pétrole et de matières premières sont toutes circumafricaines. Elles empruntent les détroits de Gibraltar, de Suez et de Bab el-Mandeb, le canal de Mozambique et le cap de Bonne-Espérance. C'est pourquoi les États-Unis ont déployé leur ve flotte dans le golfe d'Aden et dans l'océan Indien ; leur vie flotte en Méditerranée et dans le golfe de Guinée. Parallèlement, les États-Unis peuvent s'appuyer sur leur dispositif en Afrique : base à Camp Lemonnier (Djibouti) depuis octobre 2002 ; facilités d'accès aux aéroports éthiopiens et aux ports érythréens ; et, si le projet est confirmé, construction d'une base navale à São Tomé et Príncipe.

l'Arabie saoudite (troisième fournisseur derrière le Canada et le Mexique en 2006) se dégradent régulièrement. À Washington, où l'on accepte de moins en moins bien la nature autocratique et théocratique du régime saoudien, on se méfie aussi beaucoup des relations que Riyad entretient avec des mouvements musulmans suspectés de soutenir le terrorisme. En sens inverse, une part de plus en plus grande des milieux religieux et de la population saoudiens rejettent la présence et l'influence américaines dans le pays.

Ainsi, peu à peu, la part du Moyen-Orient dans les importations américaines de pétrole passe de 25 % au début des années 1990, à 15 % environ aujourd'hui. Désormais, elle est comparable à la part du continent africain qui fournit 14 % de la consommation américaine de pétrole en 2005. Pour les Américains, l'objectif est même d'amener cette part à 20 % d'ici 2010 car selon eux, l'Afrique possède plusieurs atouts stratégiques, à commencer par la richesse de ses nappes et sa relative proximité géographique.

Sécuriser

Entre autres événements, les attaques menées au large du Yémen contre le destroyer américain *USS Col* en 2000 puis contre le pétrolier français *Limburg* en 2002 posent aux États-Unis le problème de la sécurisation et donc aussi du coût de l'acheminement du pétrole depuis les zones de production au Moyen-Orient et en Afrique jusqu'aux ports américains, que ce soit par la Méditerranée ou par le contournement du continent africain. Pour renforcer la sécurité de leurs intérêts, les États-Unis déploient donc dans les années 2000 un nouveau dispositif militaire sur le continent.

En 2002, ils inaugurent la *Combined Joint Task Force Horn of Africa* en déployant un millier d'hommes environ sur l'ancienne base française de Camp Lemonier, à Djibouti. Parallèlement, Washington obtient des facilités d'accès aux aéroports éthiopiens et aux ports d'Érythrée. Ainsi, ce nouveau positionnement sur la corne de l'Afrique permet aux Américains à la fois de mieux contrôler la voie maritime de Suez – où transitent chaque jour quarante navires de toutes sortes – et de mieux surveiller l'Érythrée, l'Éthiopie, la Somalie et le Yémen, des pays instables dont certains sont suspectés de servir de base arrière pour des attaques terroristes, comme à Nairobi en 1998 contre l'ambassade américaine au Kenya.

Dans le cadre de la lutte antiterroriste qu'ils mènent depuis les attentats de septembre 2001, les États-Unis appuient également l'opération militaire menée en 2004 par le Mali, le Tchad, le Niger et l'Algérie contre le Groupe salafiste pour la prédication et le combat (GSPC), un mouvement terroriste basé au Sahel soupçonné d'avoir des liens avec al-Qaida. Pour renforcer l'opération, l'armée américaine met à la disposition de ces quatre pays d'importants moyens militaires : unité spéciale liée à la CIA, pont aérien, moyens de protection aérienne, matériels prépositionnés.

Redéployer

Du point du vue des États-Unis, le golfe de Guinée présente plusieurs atouts majeurs pour leur sécurité énergétique : il est beaucoup plus proche de la côte est américaine ; il est riche en nappes d'hydrocarbures (São Tomé, Nigeria) ; il est le point de contact de plusieurs régions africaines, et le point d'arrivée de l'oléoduc qui transporte le pétrole tchadien vers la côte camerounaise. C'est pourquoi en décembre 2006, les Américains déploient dans la région des équipements radars destinés à la surveillance des eaux du golfe où leurs compagnies pétrolières sont présentes. Au printemps 2007, les Américains organisent également des exercices militaires conjoints entre leur marine et la garde côtière de São Tomé et Príncipe. Pour compléter ce dispositif, on évoque désormais la construction d'une base navale dans l'archipel. C'est ce que suggère un groupe officiel de réflexion sur les questions pétrolières en Afrique, *The African Oil Policy Initiative Group*, dont les conclusions recommandent d'ériger le pétrole africain au rang de priorité pour la sécurité nationale des États-Unis, de décréter le golfe de Guinée « zone d'intérêt vital », et d'installer dans la région une structure de commandement des forces américaines.
Selon la formue stratégique consacrée, « Qui tient le golfe de Guinée tient l'Afrique » : de par ses ressources et sa position géographique qui le met en contact avec de nombreuses sous-régions du continent africain, le golfe de Guinée bénéficie aujourd'hui d'un statut géostratégique de premier ordre. C'est pourquoi politiques, militaires et prédicateurs américains s'y intéressent autant. Désormais, ils ne sont plus les seuls car ils doivent aussi compter sur les calculs de nombreux pays, en particulier ceux de la Chine.

Voir également UN MONDE PLUS RISQUÉ pages 54-69 ; ÉNERGIE ET DÉPENDANCE pages 104-117 ; POLITIQUE ET RELIGION : LA GRANDE CONFUSION pages 146-159.

LA FRANCE A-T-ELLE ENCORE UNE PLACE EN AFRIQUE ?

En dépit de l'influence grandissante des États-Unis en Afrique, on n'observe pas de recul de la France sur le continent. Cependant, on voit se développer entre les deux pays une double rivalité : commerciale (accès aux marchés et ressources) et culturelle (politique de la Francophonie face au modèle anglo-saxon).

Ancienne puissance coloniale en Afrique, la France y conserve de nombreux liens économiques et politiques. Sur le plan militaire, elle est liée à plusieurs États africains par des accords de défense et des accords de coopération militaire. La France dispose également de cinq bases sur le continent, soit un déploiement total de quelques 7 000 hommes, auxquels s'ajoutent les 2 500 militaires présents en Côte d'Ivoire dans le cadre de l'opération « Licorne ». Enfin, ses forces de gendarmerie sont régulièrement sollicitées pour des missions liées à la gestion de troubles à l'ordre public.
La France reste donc présente en Afrique, en particulier dans le nord et l'ouest du continent.
Mais aux accords de coopération bilatérale, la France privilégie désormais des accords régionaux. Elle s'engage plus volontiers dans des opérations de type multilatéral, comme en 2002 en République démocratique Congo, où son intervention s'inscrit dans le cadre de la Politique étrangère et de sécurité commune de l'Union européenne (PESC). Même chose en Côte d'Ivoire où les troupes françaises débarquent en 2003, mais sous mandat de l'ONU.

TOURNÉES DIPLOMATIQUES CHINOISES

Entre autres manifestations de l'intérêt croissant de la Chine pour les ressources naturelles africaines, on peut retenir le nombre de visites rendues par ses officiels aux pays du continent : en dix-huit mois, de janvier 2006 à juin 2007, la moitié des États africains ont reçu la visite d'un haut dirigeant chinois (président, Premier ministre ou ministre des Affaires étrangères).

QUE FAIT LA CHINE EN AFRIQUE ?

Novembre 2006 : 48 des 53 États africains participent au forum sino-africain réuni à Pékin. Désormais, en Chine comme aux États-Unis, l'Afrique ressort des découpages géopolitiques du XXIe siècle comme une « zone utile ». Engagés dans un rapport de force mondial qui, en Afrique, pourrait les opposer pour l'accès aux ressources énergétiques, Américains et Chinois y développent des méthodes fort différentes pour y avoir accès. À la coopération militaire, les Chinois privilégient l'efficacité du commerce.

L'Afrique entre deux Chine

Largement commentée depuis quelques années, la présence chinoise en Afrique est en réalité beaucoup plus ancienne que sa visibilité médiatique. Au départ, dans les années 1950, elle correspond à la volonté de Pékin d'isoler Taïwan sur le plan diplomatique et de prendre sa place sur la scène internationale. Car depuis 1949, la Chine est représentée aux Nations unies non pas par le régime communiste qui vient d'accéder au pouvoir à Pékin, mais par celui pro-occidental des nationalistes chinois du Guomindang réfugiés à Taïwan. En quête de reconnaissance internationale, les nouveaux dirigeants de la Chine populaire s'efforcent alors de multiplier leurs relations diplomatiques en Asie, en Amérique latine et en Afrique. En 1955, la conférence des pays non alignés à Bandung (Indonésie) leur offre une première occasion de tisser des liens avec quelques États africains indépendants. Profitant du processus de décolonisation qu'elle soutient, la Chine apporte ensuite son aide financière et technique à plusieurs États africains qui accèdent alors à la souveraineté. À partir de 1965, elle finance la construction de la voie ferrée du Tanzam entre Lusaka et le port de Dar es-Salaam en Tanzanie qui permet de désenclaver la Zambie. En 1971, la Chine populaire est admise aux Nations unies à la place de Taïwan grâce, notamment, aux votes de 26 États africains.

Le real-économisme chinois

Aujourd'hui, vue depuis Shanghai ou Pékin, l'Afrique présente avant tout l'intérêt de ses marchés, de ses ressources et de ses besoins en infrastructures.

Sur le plan commercial, la Chine constitue le troisième partenaire commercial de l'Afrique, derrière les États-Unis et la France. Elle y exporte des textiles, des vêtements, des biens d'équipement, des véhicules et des produits alimentaires comme le riz. En sens inverse, elle importe surtout les matières premières dont sa croissance a besoin : bois, coton, manganèse, fer, cuivre, chrome et coltan. C'est encore le pétrole qui prend la part la plus importante de ces échanges puisqu'il représente

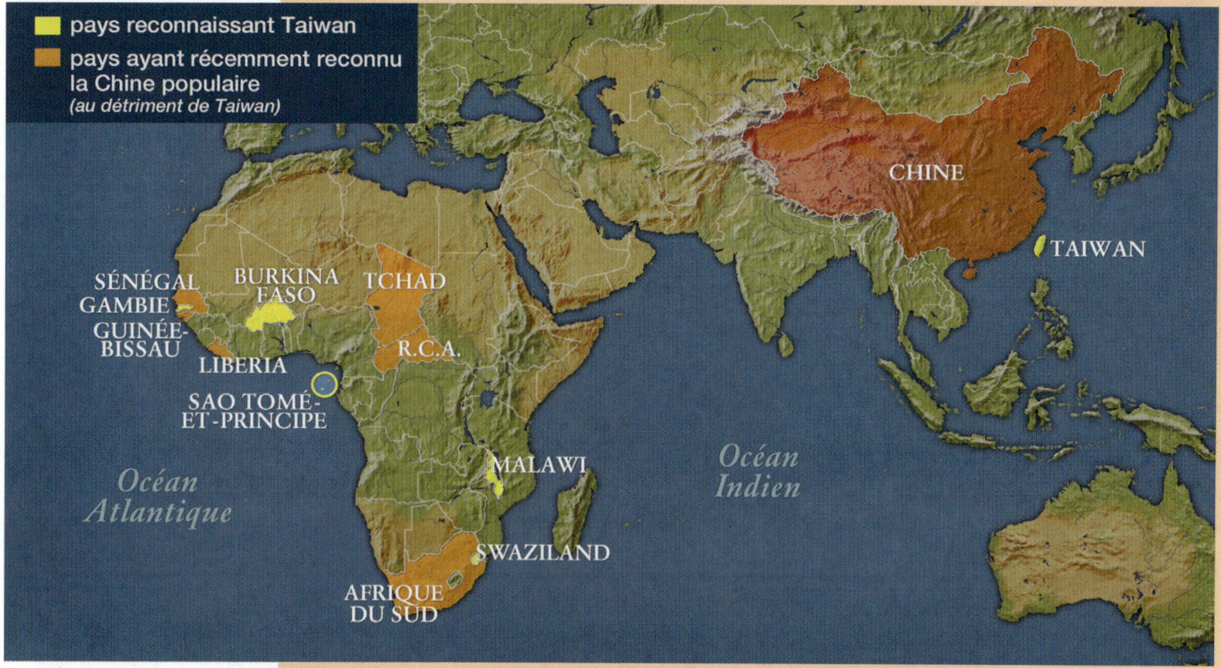

AU CŒUR DES RIVALITÉS ENTRE LES DEUX CHINE

Depuis plusieurs décennies, les pays en développement servent de théâtre à la rivalité qui oppose les régimes de Pékin et de Taïwan. Par la construction de routes, d'hôpitaux ou d'écoles, la République populaire de Chine et la Chine-Taïwan « achètent » leur reconnaissance diplomatique internationale à grand renfort d'infrastructures. Or, bien que Pékin ait emporté la bataille avec l'admission de la République populaire de Chine à l'ONU en 1971, la rivalité des deux États trouve en Afrique de nouveaux ressorts. Ainsi, quatre ans après l'abolition du régime d'apartheid en Afrique du Sud, Pretoria choisit en 1998 de reconnaître la République populaire de Chine au détriment de Taïwan. En 2003, elle est suivie par la République centrafricaine, la Guinée-Bissau et le Liberia ; en 2005 par le Sénégal ; en 2006 par le Tchad. En 2007, Taïwan n'entretient plus de relations diplomatiques qu'avec cinq États africains. Pour le régime de Taipei, cet isolement est d'autant plus difficile à accepter qu'il succède à des années d'investissements taïwanais dans les pays africains, notamment au Sénégal.

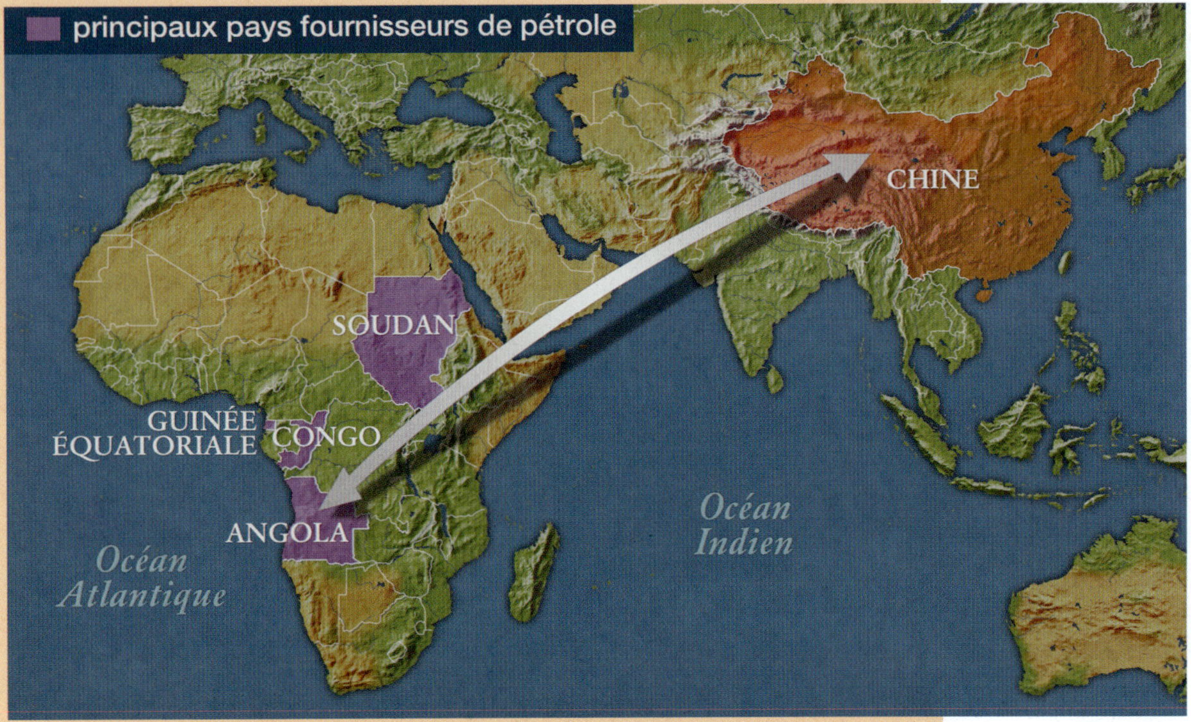

LES LIENS DU PÉTROLE

Deuxième consommateur mondial de pétrole en 2006 après les États-Unis, la Chine s'approvisionne de plus en plus sur le continent africain. Déjà, l'Afrique fournit 30 % des importations de pétrole chinoises, à commencer par l'Angola, premier fournisseur mondial de pétrole brut de la Chine. Viennent ensuite la Guinée équatoriale, le Soudan et le Congo-Brazzaville. Sans surprise, l'Angola et le Soudan constituent aussi les deux principaux partenaires commerciaux de la Chine sur le continent, après l'Afrique du Sud.

à lui seul 70 % de la valeur des importations chinoises en provenance d'Afrique. Si les investissements chinois privilégient toujours le secteur énergétique et minier, ils s'orientent cependant de plus en plus vers d'autres secteurs comme les télécommunications, les routes ou le bâtiment.

Effets secondaires

La méthode des diplomates et hommes d'affaires chinois est efficace : en dix ans, le commerce sino-africain a été multiplié par vingt, passant de 3 milliards de dollars en 1995 à 55 milliards de dollars en 2006. Mais du point de vue des intérêts africains, la méthode chinoise soulève de nombreuses questions.

Sur le plan politique, la Chine offre aux régimes ostracisés comme ceux de Robert Mugabe au Zimbabwe ou d'Umar al-Bachir au Soudan la possibilité d'échapper aux embargos de toutes sortes sans contrepartie démocratique… surtout s'il s'agit de pays producteurs de pétrole ou de ressources minières ! Pour justifier sa bienveillance à l'égard de ces régimes douteux qu'il contribue à maintenir au pouvoir, Pékin avance le respect de la souveraineté des États et le principe de non-ingérence. Reconnaissants à la Chine de ne pas leur imposer les mêmes exigences « néocoloniales » de bonne gouvernance que l'Europe ou les États-Unis, de nombreux États africains ouvrent leurs pays aux intérêts chinois.

Sur le plan tactique, la Chine se présente aux pays africains comme étant elle-même un pays en développement, soucieuse d'instaurer un régime d'échanges équilibré. En réalité, elle se met en position de monopole d'achat afin de contraindre les producteurs à baisser leurs prix comme elle l'a fait pour le bois gabonais. Sur le plan du développement enfin, la méthode de la Chine est redoutable. L'Afrique ne représente que 2 % du PIB mondial et moins de 1 % de la production industrielle. Or loin de stimuler les économies africaines, la présence chinoise accentue cette marginalisation. On voit ainsi en Algérie comment la principale entreprise chinoise de travaux publics (CSCEC) réussit à emporter de nombreux contrats en incluant dans ses prestations la présence sur place d'une main-d'œuvre chinoise. Efficace et surtout très bon marché, celle-ci disqualifie la main-d'œuvre algérienne. Même chose sur le plan commercial : en échange de ses investissements ou du matériel militaire que Pékin propose aux régimes des pays qui l'intéressent, la Chine obtient l'ouverture de leurs marchés. Ultra compétitifs, les produits *Made in China* inhibent alors tous les efforts d'industrialisation des économies africaines. Contrefaçons, produits textiles, matériel électronique bon marché : les exportations chinoises pèsent de plus en plus lourd dans le déficit commercial africain. D'autant plus lourd qu'aucun accord d'exportation de produits africains vers la Chine ne vient les compenser. Ainsi, en 2006, l'Afrique ne représente toujours que 3 % du total des échanges commerciaux de la Chine.

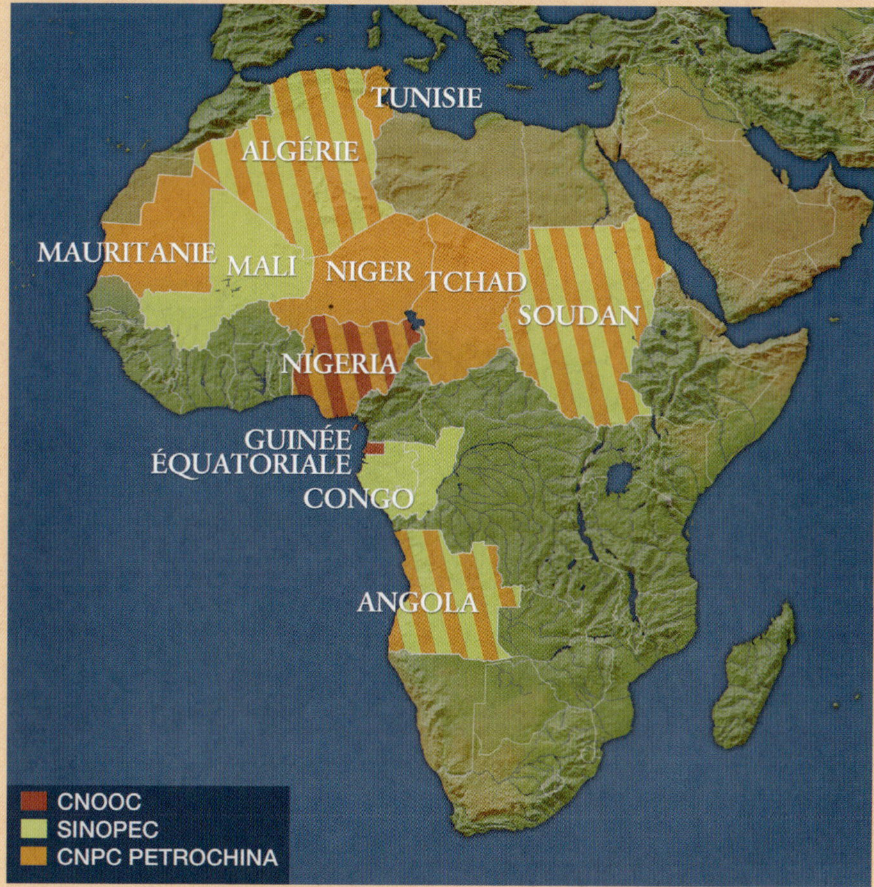

DE L'OR NOIR POUR LA CHINE

Pour assurer la sécurité de son approvisionnement énergétique à terme, la Chine mène aujourd'hui en Afrique une politique d'investissement tous azimuts. Présentes dans de nombreux pays, ses compagnies pétrolières (SINOPEC, CNPC Petrochina et CNOOC) mènent ainsi de vastes opérations d'achat, comme par exemple au Nigeria où en 2006 la CNOOC a acquis 45 % du capital du gisement off-shore d'Akpo Field pour 2,3 milliards de dollars, soit le plus gros investissement jamais réalisé par cette société à l'étranger.

LES ENJEUX PÉTROLIERS DU DARFOUR

Depuis 2003, la province du Darfour au Soudan est ravagée par un conflit opposant les populations Four, Zaghawa et Massalit à l'armée soudanaise et aux milices dirigées par Khartoum. Ce conflit complexe a pour enjeu principal la redistribution des ressources du pays. Car le Soudan est un pays riche en pétrole, dont certaines nappes se trouveraient dans la province rebelle, incitant Khartoum à vouloir y maintenir un contrôle étroit. À l'été 2007, le bilan du conflit est déjà lourd : selon l'ONU, il aurait tué 200 000 personnes et en aurait déplacé au moins dix fois plus.

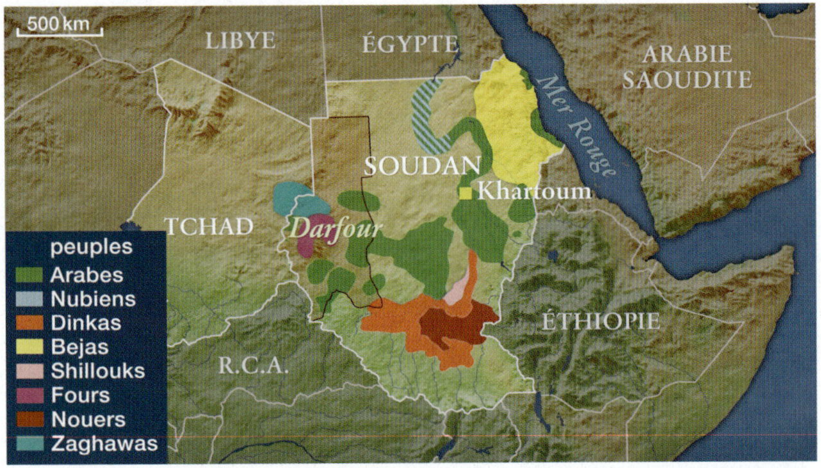

INTÉRÊTS SOUDANAIS

Depuis qu'il s'est ouvert en 2003, le conflit au Darfour se répercute au Tchad :

– sur le plan humanitaire, le Tchad accueille 230 000 réfugiés soudanais à l'est de son territoire auxquels s'ajoutent aujourd'hui, dans la même zone, environ 130 000 personnes déplacées par des conflits internes au Tchad ;

– sur le plan politique, le conflit cristallise les rivalités soudano-tchadiennes. D'un côté, le Tchad s'immisce dans la rébellion du Darfour par son soutien aux rebelles de l'ethnie des Zaghawas, qui vivent de part et d'autre de la frontière et dont le président tchadien Déby est issu. En représailles, le Soudan accueille des opposants au régime de N'Djamena, qui s'arment et s'allient au Soudan pour tenter de renverser le président Déby comme en avril 2006. En appuyant leurs opérations, le régime soudanais espère voir arriver au pouvoir tchadien un président plus favorable à l'ambition qu'il partage avec la Chine de construire un oléoduc de Doba vers le Soudan, pour de là exporter le pétrole tchadien vers la Chine.

COMPLAISANCES CHINOISES

Bien qu'elle possède des outils de pression sur Khartoum en tant que premier investisseur étranger au Soudan et principal acheteur de son pétrole, la Chine continue de montrer une grande complaisance à l'égard du régime d'Umar al-Bachir. En 2005, elle refuse de voter la résolution 1 591 du Conseil de sécurité – dont elle est un membre permanent – visant à renforcer les sanctions internationales contre le Soudan. Loin de faire pression, elle continue même de fournir du matériel militaire à Khartoum, violant ainsi l'embargo des Nations unies sur les armes.

Face à la pression publique internationale, soucieuse de ménager son image à la veille des jeux Olympiques de Pékin en 2008, la Chine finit cependant par voter la résolution 1 769 que le Conseil de sécurité adopte à l'unanimité le 1er août 2007. La résolution, qui n'inflige pas de nouvelles sanctions au Soudan, se contente d'autoriser le déploiement au Darfour de l'Unamid, une force hybride ONU-Union africaine constituée d'environ 26 000 soldats et policiers.

TCHAD : LA COULEUR DE L'OR NOIR

Le Tchad est l'un des pays les plus pauvres de la planète. En 2006, 80 % de la population y vit avec moins d'un dollar par jour. Placé au 171e rang sur 177 dans le classement des pays en fonction de leur indice de développement humain (IDH) en 2006, il affiche également l'une des plus basses espérances de vie à la naissance dans le monde : 45 ans. On mesure alors l'espoir économique que soulève la production de pétrole à partir de 2003.

Pétrole contre bonne gouvernance

Découvert en 1973, le gisement de pétrole de la région de Doba apparaît rapidement comme un moyen de sortir le pays du sous-développement. Pour cette raison, la Banque mondiale décide de cofinancer la construction de l'oléoduc nécessaire à l'évacuation du pétrole brut par le Cameroun. Elle prend ainsi en charge 13 % du coût global de l'ouvrage estimé à 3,7 milliards de dollars. En échange de son apport financier et de sa caution sans lesquels les compagnies pétrolières auraient sans doute hésité à investir, la Banque mondiale impose au pays de s'engager officiellement à encadrer la redistribution de la rente pétrolière.

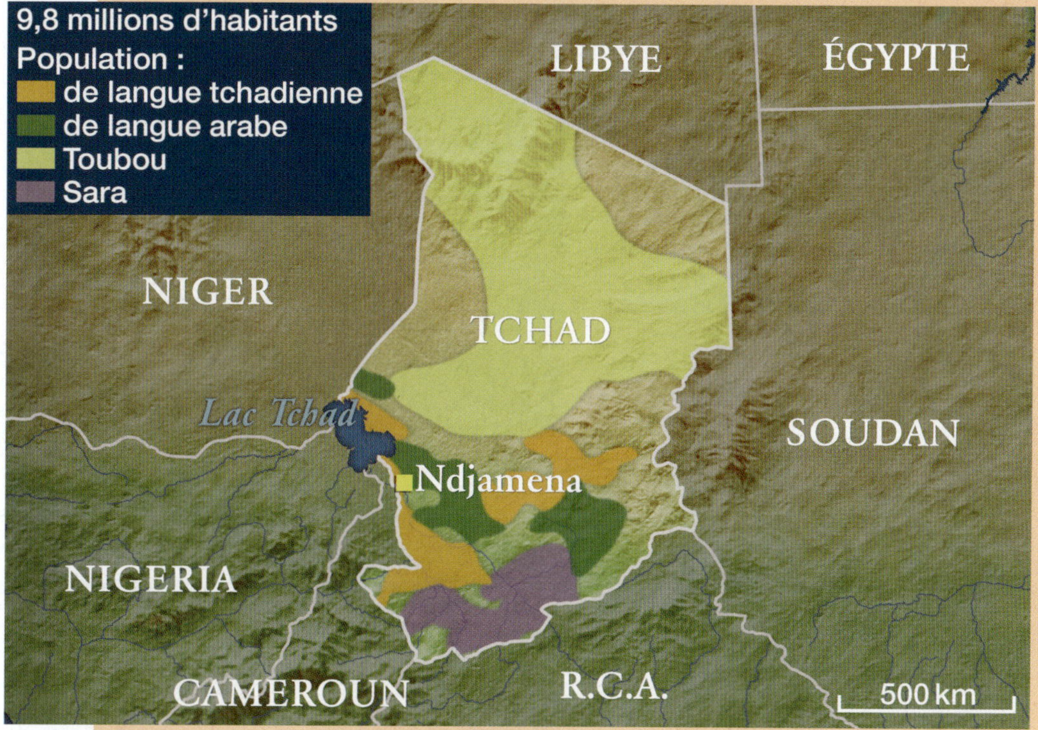

LA MOSAÏQUE TCHADIENNE

Divisé en trois types de milieu naturel (désertique, sahélien et semi-tropical), le Tchad compte environ 10 millions d'habitants au total dont une grande partie se concentre au sud-ouest du pays, sur les rives des fleuves Chari et Logone.
Musulmans, chrétiens et/ou animistes, les Tchadiens se répartissent en près de 150 ethnies. La principale, celle des agriculteurs Sara, représente environ 20 % de la population. On trouve aussi des Peuls, des nomades Toubou, des populations de langue tchadienne ou des peuples arabophones.

LE PRIX D'UN OLÉODUC

Découvert en 1973 dans la région de Doba, le pétrole tchadien est exploité par un consortium comprenant les sociétés américaines Exxon-Mobil (40 %) et Chevron (25 %), ainsi que la compagnie malaise Petronas (35 %). Pour transporter le pétrole depuis le Tchad – pays enclavé – vers la mer, un oléoduc de 1 070 kilomètres est construit entre Doba où se trouvent les gisements et le port de Kribi, sur la côte camerounaise. Ouvert en 2003, cet oléoduc constitue l'investissement industriel le plus important en Afrique : à lui seul, il représente six fois le montant des investissements étrangers réalisés au Tchad en quarante ans !

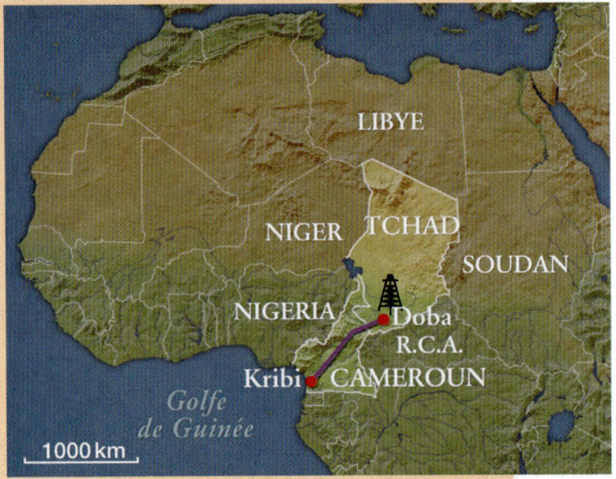

LE TCHAD « UTILE »

L'agriculture est la principale activité économique du Tchad : elle emploie 75 % de la population active et contribue pour 35 % du PNB. Au centre du pays dominent l'élevage, la culture du mil et celle du sorgho. Au sud, le climat semi-tropical permet de développer des cultures intensives de coton et de canne à sucre, toutes deux destinées à l'exportation. Plus peuplée, cette région constitue aussi ce qu'on appelle en économie le « Tchad utile », car elle concentre à la fois les revenus du coton et, depuis 2003, ceux du pétrole.

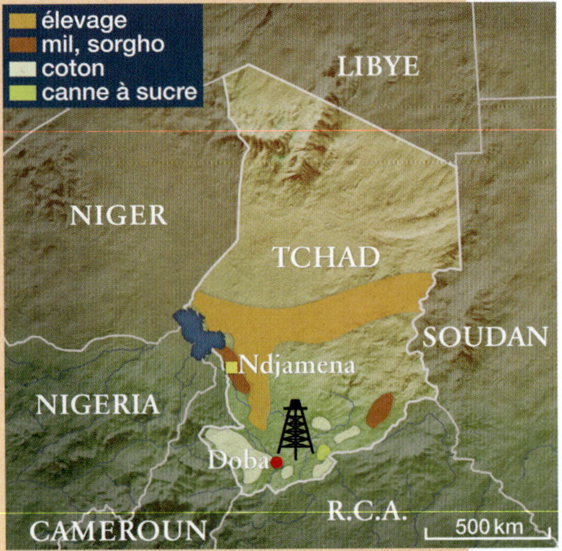

Ainsi, selon la loi tchadienne du 31 décembre 1999 :

– 80 % des revenus pétroliers doivent être affectés dans le budget de l'État aux secteurs de l'éducation, de la santé, de l'environnement, de l'eau et aux infrastructures ;
– 10 % doivent être placés sur un compte à l'étranger pour les générations futures ;
– 5 % sont destinés au développement local des régions pétrolières ;
– et les 5 % restant sont attribués au gouvernement tchadien.

Souvent critiquée dans ses choix de financement ou pour son incapacité à lutter efficacement contre la corruption des États en développement, la Banque mondiale inaugure ainsi un nouveau type de parrainage contractuel à des fins de bonne gouvernance.

Du pétrole pour la présidence

Loin de résoudre les problèmes structurels du pays ou de mettre fin aux rivalités de pouvoir que le Tchad connaît depuis son indépendance en 1960, le projet et son parrainage par la Banque mondiale ravivent d'anciennes tensions et en suscitent de nouvelles.

Zone de rencontre entre plusieurs peuples (environ 150 ethnies), religions (animisme, islam, christianisme) et modes de vie (nomade et sédentaire), le Tchad souffre de plusieurs clivages qui divisent le pays et sa population. Le plus marqué d'entre eux oppose le nord du pays où vivent en majorité des nomades, et le sud peuplé d'agriculteurs. À cette fracture traditionnelle s'ajoute celle qui sépare le « Tchad utile » du reste du pays : située au sud-ouest du pays, cette région exportatrice de coton voit son importance encore renforcée par l'exploitation de ses ressources pétrolières à Doba, dont les revenus deviennent à leur tour un facteur de rivalités au sein du pouvoir tchadien.

Le Tchad est dirigé par Idriss Déby, un général qui prend le pouvoir en 1990 par un coup d'État contre le président Hissène Habré. En 1993, sous la pression de la France qui soutient militairement le pays face à la Libye, le nouveau chef d'État introduit le multipartisme, avant d'être élu à deux reprises en 1996 et en 2001 lors de scrutins très contestés. En juin 2005, au terme proche de quinze années de pouvoir, le président fait modifier la Constitution pour supprimer la limitation de la présidence à deux mandats et s'y représenter. Ainsi, en dépit d'une grande agitation politico-militaire que troublent également des mouvements de rébellion, Idriss Déby est réélu en mai 2006 avec un score officiel de 64,67 %. Il peut alors mainte-

nir son soutien aux forces rebelles soudanaises du Darfour face au régime de Khartoum. Pour financer son rapport de forces musclé, il rompt ses engagements avec la Banque mondiale et utilise une partie de la rente pétrolière destinée au pays. Ainsi, si on eût pu espérer que le pétrole profite à l'ensemble du pays, on découvre quatre ans plus tard qu'il le plonge au contraire dans une situation encore plus difficile (Voir encadré « Les enjeux pétroliers du Darfour »).

Voir également UN MONDE MOINS ÉGAL, pages 44-53 ; ÉNERGIE ET DÉPENDANCE, pages 104-117 ; POLITIQUE ET RELIGION, pages 146-159 ; *Atlas du Dessous des Cartes* 2005, pages 142-155.

TCHAD, ENJEU GLOBAL

Classé parmi les plus pauvres pays au monde, le Tchad se trouve placé au cœur d'un échiquier international sensible :
– d'un côté on trouve Khartoum, et derrière lui la Chine, vers laquelle le Soudan exporte 85 % de sa production pétrolière. Déjà liés par plusieurs types d'accords commerciaux (biens de consommation, hydrocarbures, matériels militaires, etc.), les deux pays partagent aussi le même intérêt pour le pétrole tchadien que la Chine pourrait importer à partir du Soudan ;
– de l'autre côté les États-Unis qui, face à ce calcul, défendent les intérêts de leurs compagnies pétrolières engagées dans l'exploitation du pétrole tchadien et dans son évacuation vers la mer par le Cameroun ;
– troisième acteur sur la scène tchadienne, la France est une alliée d'Idriss Déby depuis son accession au pouvoir en 1990. Elle maintient encore 1 200 hommes sur le territoire tchadien.

LE SAHARA, PAS SI DÉSERT QUE ÇA !

Mythique, rêvé et poétique, le Sahara – « désert » en arabe – incarne de nombreux fantasmes et porte autant d'images : fantasme de frontière, de désert, de solitude et d'oasis. Images d'une barrière naturelle entre la Méditerranée et l'Afrique, d'un espace stérile, que traversent de part en part quelques nomades touaregs. Aujourd'hui pourtant, le Sahara se présente à la fois comme un lieu de vie, un espace de commerce, une zone charnière entre l'Europe et l'Afrique.

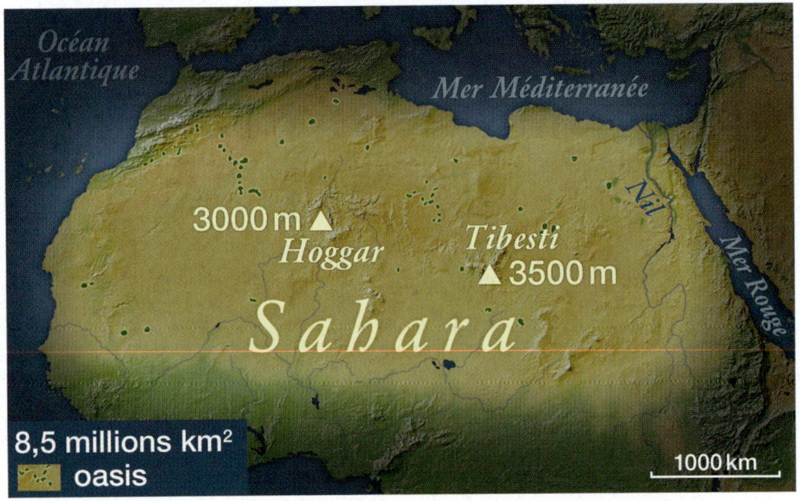

LE PLUS GRAND DÉSERT DU MONDE

Étendu de l'Atlantique à la mer Rouge, de la mer Méditerranée aux steppes du Sahel, le Sahara constitue le plus grand désert du monde. Connu pour ses grandes dunes de sable (erg), il est également parcouru de plusieurs massifs montagneux (reg), comme le Hoggar en Algérie ou le Tibesti dans le nord du Tchad. Univers aride de sable et de cailloux, le Sahara est également traversé par le Nil à l'est et comprend de nombreuses oasis de végétation abondante. C'est ce qu'évoquent plusieurs peintures rupestres retrouvées en Algérie, en Libye et au Soudan qui représentent une faune et une flore très riches, antérieures au changement de climat du Sahara il y a trois ou quatre mille ans de cela.

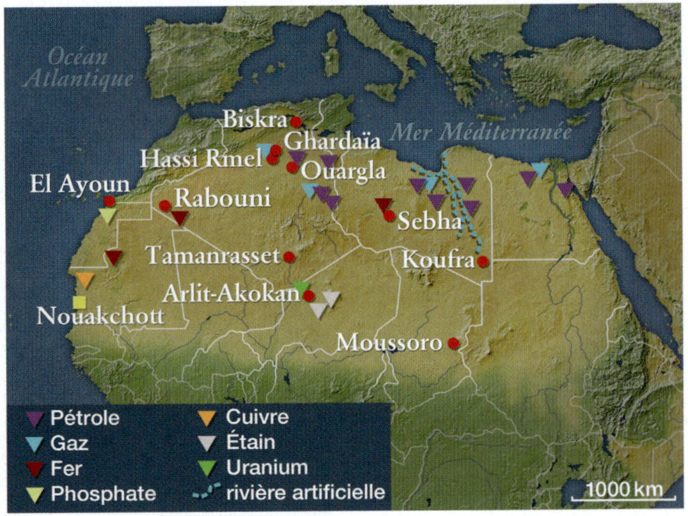

UN RÉSEAU URBAIN

Dans les années 1950, seule la ville de Biskra aux portes du Sahara algérien comptait plus de 50 000 habitants. Aujourd'hui, plusieurs dizaines de villes sahariennes dépassent 100 000 habitants, que ce soit en Algérie, au Niger, au Sahara occidental ou en Mauritanie dont la capitale Nouakchott abrite 700 000 habitants. Depuis les années 1970, le Sahara a ainsi gagné près de 5 millions d'habitants.

Au départ, le développement urbain du Sahara est provoqué par l'exploitation des matières premières (hydrocarbures, fer, cuivre, uranium, phosphates) et par la construction d'infrastructures de transport, car elles imposent toutes deux d'employer une importante main-d'œuvre, locale ou importée.

Le développement de villes au Sahel tient aussi à la modernisation et à la diversification de l'agriculture. Ensemble, la construction de barrages, la diffusion des pompes à eau, l'entretien des canaux et l'irrigation à partir des nappes aquifères favorisent l'agriculture céréalière et les cultures maraîchères. Peu à peu, elles remplacent l'agriculture d'oasis fondée sur les dattes et les arbres fruitiers. C'est ainsi qu'en Libye, la construction de la « grande rivière artificielle » entre la Méditerranée et Koufra a permis de « faire fleurir le désert », au prix d'un coût écologique considérable (érosion, salinisation des sols).

UNE PLACE DE COMMERCE

Parmi les facteurs du développement urbain du Sahara, on doit retenir l'intensification des échanges que facilitent les réconciliations politiques des États de la région.
Ainsi, le règlement en 1994 du contentieux territorial qui opposait la Libye et le Tchad à propos de la bande d'Aozou (revendiquée par Tripoli) a permis aux deux États voisins de relancer leurs échanges. Au point qu'ils projettent depuis la fin des années 1990 de construire une route goudronnée entre Koufra en Libye et N'Djamena, la capitale tchadienne, en passant par Abéché.
De la même façon, la reprise des relations entre le Maroc et la Mauritanie dans les années 2000 a permis de construire une route entre Nouakchott et Nouadhibou au sud du Sahara occidental, prolongeant ainsi la route littorale qui reliait déjà la frontière mauritanienne à Tanger.

UNE ZONE DE TRANSIT VERS L'EUROPE

Les routes transsahariennes dessinent le parcours des migrants africains qui tentent de gagner l'Union européenne.
Au départ du Sénégal, du Burkina Faso, du Tchad et du Soudan, elles débouchent au nord, sur les côtes du Maroc et de la Libye. S'ils ont surmonté leur traversée saharienne, les candidats à l'immigration tentent alors de rejoindre l'Europe soit en embarquant clandestinement pour l'île italienne de Lampedusa ou pour celles des Canaries en Espagne, soit en pénétrant à Ceuta et Melilla, deux enclaves espagnoles – donc européennes – situées en territoire marocain. Parfois, certains essaient même de franchir les 14 kilomètres du détroit de Gibraltar à la nage. Entre 1997 et 2004, plus de 4000 cadavres y ont été repêchés.
En renforçant son contrôle aux frontières pour limiter l'immigration clandestine, grâce notamment à la mise en place de l'espace Schengen, l'Union a déplacé une partie des problèmes en amont, le long du littoral du Maghreb et dans les villes du Sahara. Restaurants, garages, parkings pour camions, centres téléphoniques, photomatons : les villes d'Agadez, de Tamanrasset et de Sebha sont devenues de véritables « plaques tournantes » de l'immigration africaine, où séjournent les migrants le temps de se constituer un petit pécule. Ainsi, les migrants contribuent à leur tour au développement du Sahara.

POLITIQUE ET RELIGION :

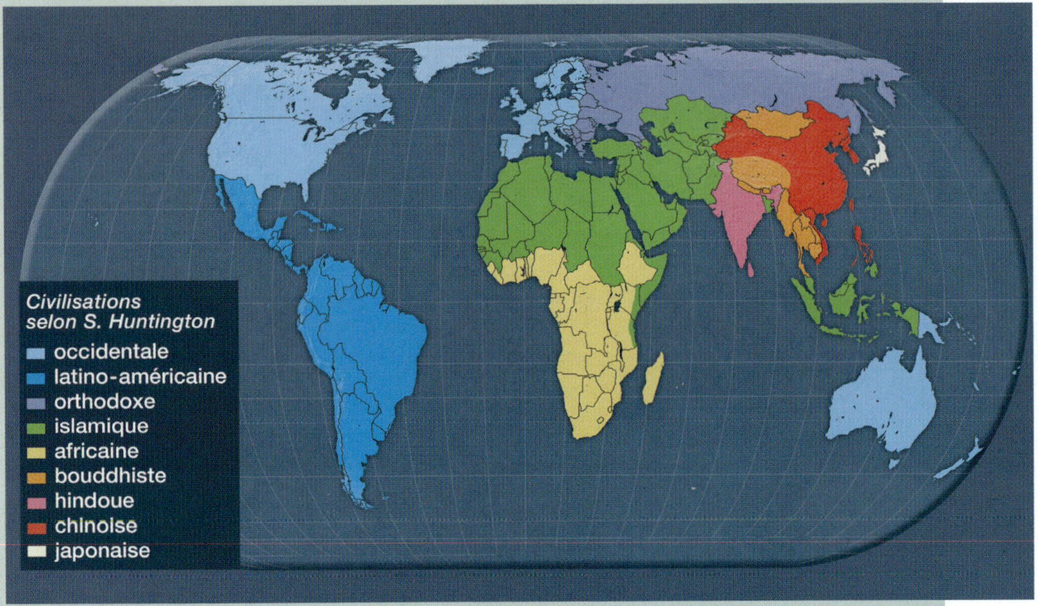

LE CHOC DES CIVILISATIONS

Dans son ouvrage Le Choc des civilisations, *Samuel Huntington analyse l'évolution historique des conflits : successivement guerres de conquête et de pouvoir, les conflits opposent d'abord les princes, puis les nations entre elles jusqu'à la Première Guerre mondiale. Selon lui, la révolution russe de 1917 marque un tournant à partir duquel l'idéologie devient le principal moteur des conflits, notamment pendant la guerre froide où deux visions de la société s'opposent. À son tour, l'effondrement du monde communiste inaugure une nouvelle ère dont émergent cette fois des affrontements culturels. Pour Huntington en effet, les alliances se nouent désormais autour des proximités non plus idéologiques mais civilisationnelles des pays entre eux. De la même façon, il voit dans la résurgence des sentiments identitaires un peu partout dans le monde la source des nouveaux conflits, où s'opposeront de vastes « aires de civilisation » dont le point commun est d'avoir une grande religion pour origine.*

« LE XXIE SIÈCLE SERA RELIGIEUX OU NE SERA PAS. »

Bien que Malraux ait démenti avoir prononcé cette phrase qu'on lui prête encore souvent, elle garde la pertinence d'avoir anticipé cinquante ans plus tôt une problématique bien réelle aujourd'hui. Qu'il s'agisse d'identité, de spiritualité, de politique ou de civilisation, que l'on soit aux États-Unis, en Europe ou au Moyen-Orient, la religion est au cœur des débats. Est-elle aussi au cœur des conflits ? Ainsi, la question est posée de savoir si, comme invite à le penser une lecture du monde de plus en plus répandue, les enjeux religieux redessinent les rapports de force dans le monde. C'est en tout cas la vision que propose l'universitaire conservateur américain Samuel Huntington dans *Le Choc des civilisations*, un ouvrage dont le grand succès au lendemain des attentats du 11 septembre 2001 soulève de nombreuses questions.

LA GRANDE CONFUSION

UN CHOC DES CIVILISATIONS ?

Dans son ouvrage, Samuel Huntington explique que le monde est à l'aube d'un Choc des civilisations, qu'il décrit comme une période de tensions et de conflits, plus ou moins ouverts, opposant les blocs « civilisationnels » entre eux. Parmi d'autres affrontements, l'auteur cite ceux qui devraient opposer le monde occidental… au monde chinois d'une part, au monde islamique de l'autre.

Comme les cartes permettent de le montrer, l'histoire, la science politique ou la polémologie disqualifient rapidement le Choc des civilisations sur le plan académique. Il conserve cependant l'intérêt politique de correspondre à un contexte particulier : celui des premiers lendemains de la guerre froide. Quand Huntington publie sa thèse pour la première fois dans la revue américaine *Foreign Affairs* en 1993, le monde occidental est en effet alors porté par sa « victoire », qui allait enfin permettre à l'ensemble du monde de jouir des bienfaits conjugués de l'économie de marché, de l'État de droit et de la démocratie.

Occupés à accélérer la mondialisation des échanges ou à réussir la construction européenne, soucieux de ne pas humilier la Russie et de réussir la réunification allemande, le monde occidental entre alors dans une forme de consensus politique euphorique pour les uns, arrogant pour les autres, et certainement amnésique. Car ce que Samuel Huntington vient alors rappeler avec son livre, c'est que le monde est traversé de multiples fractures, que le conflit Est-Ouest avait fini par occulter. En identifiant ces fractures aux frontières culturelles et religieuses, il écarte à son tour d'autres coordonnées du clivage qui se creuse alors entre le monde occidental – auquel on associe le Japon – et le reste du monde. Dix ans plus tard, pays émergents mis à part, l'écart continue de se creuser aussi bien en termes de démographie, de revenus, de puissance militaire, de gouvernance mondiale que d'interprétation de l'histoire (conquête des Amériques, économie de l'esclavage, colonisation, etc.). Surtout, à l'optimisme qu'avait entraîné l'espoir d'une réconciliation du monde après plusieurs décennies de guerre froide ont succédé les inquiétudes que soulève le terrorisme islamiste dans le

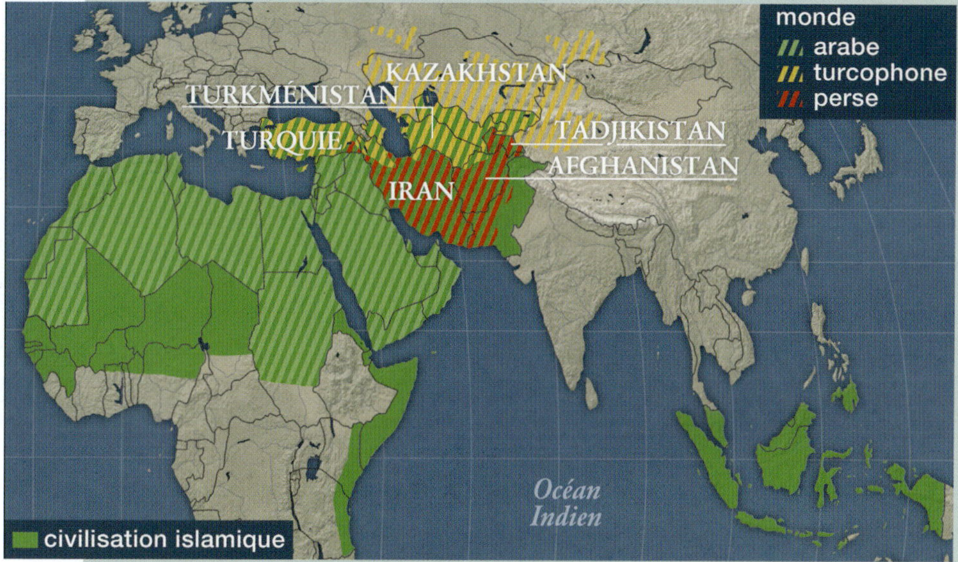

À L'ÉPREUVE DES PEUPLES

Quand on soumet les « aires de civilisation » de Huntington à l'épreuve de la cartographie des peuples, on constate que l'empreinte géographique de l'Islam ne renvoie pas à « une » mais à plusieurs civilisations, auxquelles se superposent des clivages ethniques, culturels ou politiques, qui fragmentent le monde islamique en plusieurs grands ensembles :

– le monde arabe, qui rassemble 20 % des musulmans, et dont les hostilités politiques internes sont aussi anciennes que l'Islam ;

– le monde turc avec la Turquie mais aussi les peuples turcophones d'Asie centrale comme au Turkménistan ou au Kazakhstan ;

– le monde perse qui regroupe l'Iran, les Tadjiks d'Asie centrale et ceux d'Afghanistan.

Enfin, il faut ajouter à ces trois grandes civilisations celles des Soninké en Afrique de l'Ouest, des Pendjabi en Inde et au Pakistan, des Javanais en Indonésie, des Hui en Chine, etc. Ainsi, on voit chiites et sunnites se déchirer pour le pouvoir en Irak. On se souvient aussi de la guerre du Golfe de 1990-1991 et du ralliement à la coalition anti-irakienne de nombreux pays musulmans (Arabie saoudite, Turquie, Égypte, Émirats arabes unis, Oman, Syrie, Bahreïn, Bangladesh, Maroc). Même chose dix ans plus tard lors de l'intervention contre l'Afghanistan que vinrent appuyer le Pakistan, Bahreïn, l'Ouzbékistan et la Jordanie.

À L'ÉPREUVE DES GUERRES

Mise à l'épreuve des guerres, la théorie du Choc des civilisations brouille les cartes plus qu'elle éclaire la dynamique des conflits. Qu'elles soient camouflées en guerres religieuses ou en chocs culturels, les guerres ressortent en effet toujours d'un conflit d'intérêts, révélé supérieur à d'autres enjeux :

– Irak, Soudan, Tchad, Afghanistan, Somalie, Haïti, Congo-Kinshasa, etc. : les conflits de pouvoir sont les plus nombreux. Facilement masqués par des ressorts secondaires (appartenance ethnique ou religieuse ; lutte pour la démocratie ; antiterrorisme), ils ont pour principal enjeu la maîtrise du pouvoir politique et ce qu'il procure (richesses) ;

– les conflits de territoire ont pour enjeu dominant le contrôle exclusif d'un territoire, que ce soit pour ses ressources naturelles, pour des raisons de souveraineté politique comme en Palestine, ou de sécurité comme au Sud-Liban ;

– les conflits de minorité opposent un groupe majoritaire à une minorité qui lutte pour la reconnaissance de ses droits religieux, politiques, économiques ou linguistiques comme au Baloutchistan.

– parfois, comme au Sri Lanka, en Abkhazie (Géorgie) ou dans l'Ogaden (Éthiopie), ces conflits se manifestent sur un mode séparatiste, opposant des peuples qui revendiquent leur indépendance à leur État d'origine qui s'efforce de leur interdire l'accès à l'autonomie.

monde occidental depuis 2001. Ostracisé pendant quelques années, l'ouvrage de Samuel Huntington est alors non seulement réhabilité, mais surtout traduit et diffusé, dans le monde entier ou presque.

Le choc des ignorances

Qu'on partage ou non l'analyse d'Huntington sur les « conflits de culture » qui opposeraient le monde occidental et le monde islamique, on est forcé d'admettre le succès que remporte cette théorie dans les opinions, et l'écho qu'elle trouve dans les milieux politiques. Désormais, la question n'est donc plus seulement de savoir comment résister à cette lecture simpliste des tensions du monde, mais plutôt de considérer son impact sur la durée comme le symptôme d'une réelle et mutuelle incompréhension entre le monde arabo-musulman et le monde occidental. Résistant aux efforts de pédagogie et aux progrès de l'information, le malentendu est si profond qu'il permet à des forces plus ou moins délibérées de le réanimer au moindre incident, à la faveur des ignorances et de leur manipulation. Au premier prétexte, les religions sont convoquées : caricatures de Mahomet, port du foulard, émeutes urbaines, fatwa, discours pontificaux, révisionnisme historique. À l'obscurantisme des uns, on renvoie le blasphème des autres, au risque d'alimenter une querelle autiste qui prédispose à la fois au simplisme politique et au radicalisme nationaliste ou religieux.

Le mur des représentations

Préoccupés par ce mécanisme en spirale où représentations et tensions se nourrissent mutuellement, le chef du gouvernement espagnol José Luis Rodríguez Zapatero et son homologue turc Recep Tayyip Erdogan prennent l'initiative : sous l'égide du secrétaire général des Nations unies, ils rassemblent une vingtaine de personnalités internationales entre 2004 et 2006 afin de réfléchir aux moyens concrets de rapprocher les cultures et de surmonter les préjugés et malentendus qui divisent les peuples de cultures et de religions différentes. Parallèlement aux recommandations qu'ils formulent dans un rapport intitulé « L'alliance des civilisations » (éducation des jeunes, manuels et échanges scolaires, campagnes médiatiques contre les discriminations, événements sportifs et culturels, etc.), ils soulèvent avec d'autres la question de l'origine des tensions Islam/Occident : faut-il la faire remonter à la conquête arabe ? au début des croisades en 1096 ? au débarquement des soldats français en Algérie en 1830 ? à l'abolition du califat en 1924 et au démantèlement

À L'ÉPREUVE DES RELIGIONS

Dans la théorie du Choc des civilisations, les « aires de civilisation » correspondent pour l'essentiel à l'implantation géographique des religions qui les fondent. Pour étayer sa théorie, l'auteur s'appuie entre autres sur la guerre qui déchire alors la Yougoslavie, le long de la fracture entre la Croatie catholique et la Bosnie musulmane. Or de cette fracture, l'histoire des Balkans enseigne qu'elle est héritée de la frontière politique qui divisait cette région de culture slave entre l'empire d'Autriche-Hongrie au nord et celui des Ottomans au sud.

Plus largement, quand on superpose la carte des conflits à celle des religions dans le monde, on découvre que pour la plupart, les guerres se déroulent au sein même des « aires de civilisation », bien davantage qu'à leurs frontières. Au Darfour, dans la bande de Gaza, en Afghanistan, au Yémen, en Irak, au Tchad, en République centrafricaine, en république démocratique du Congo, en Colombie : les conflits se déroulent non seulement à l'intérieur des aires de civilisation, mais surtout entre des protagonistes qui partagent la même religion, et le plus souvent, la même culture. De la même façon, les positionnements divergents des pays occidentaux à propos du conflit israélo-palestinien, de la guerre en Irak et de la question iranienne, interrogent la pertinence politique du concept « d'aire de civilisation occidentale ».

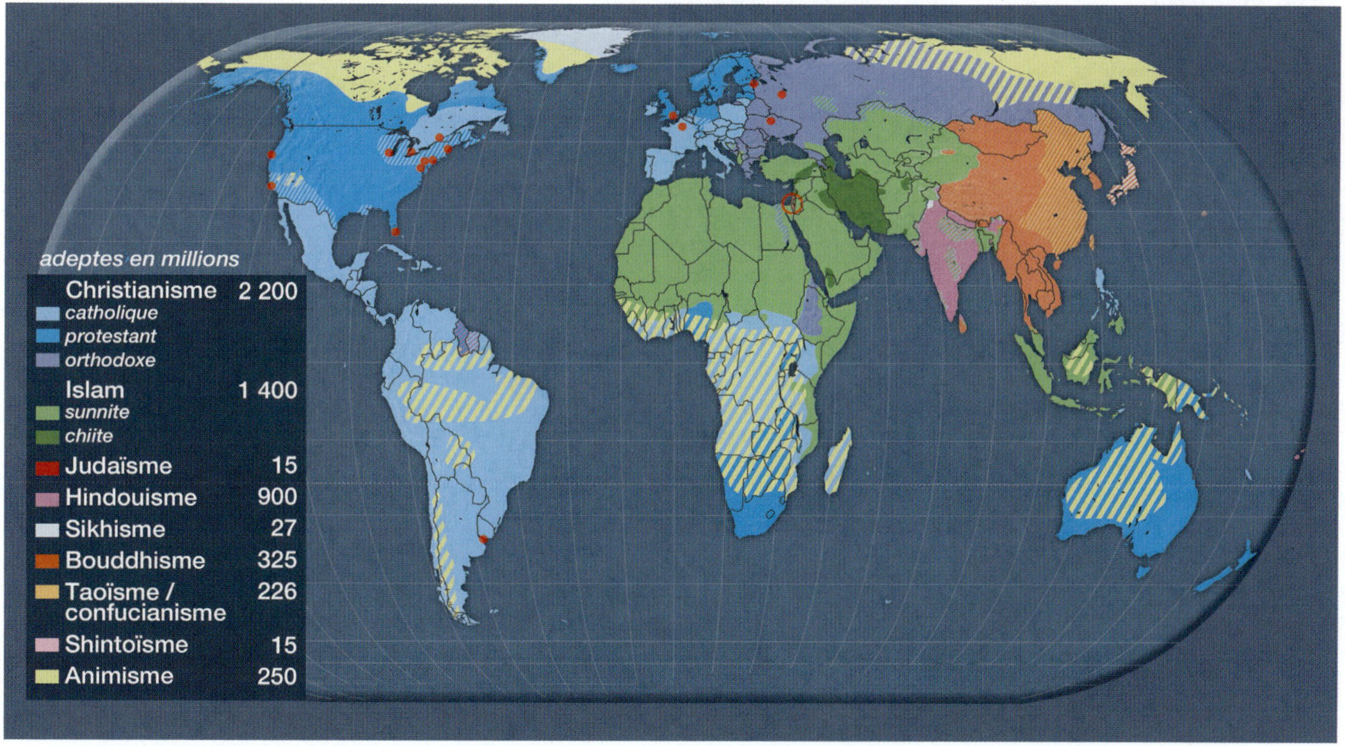

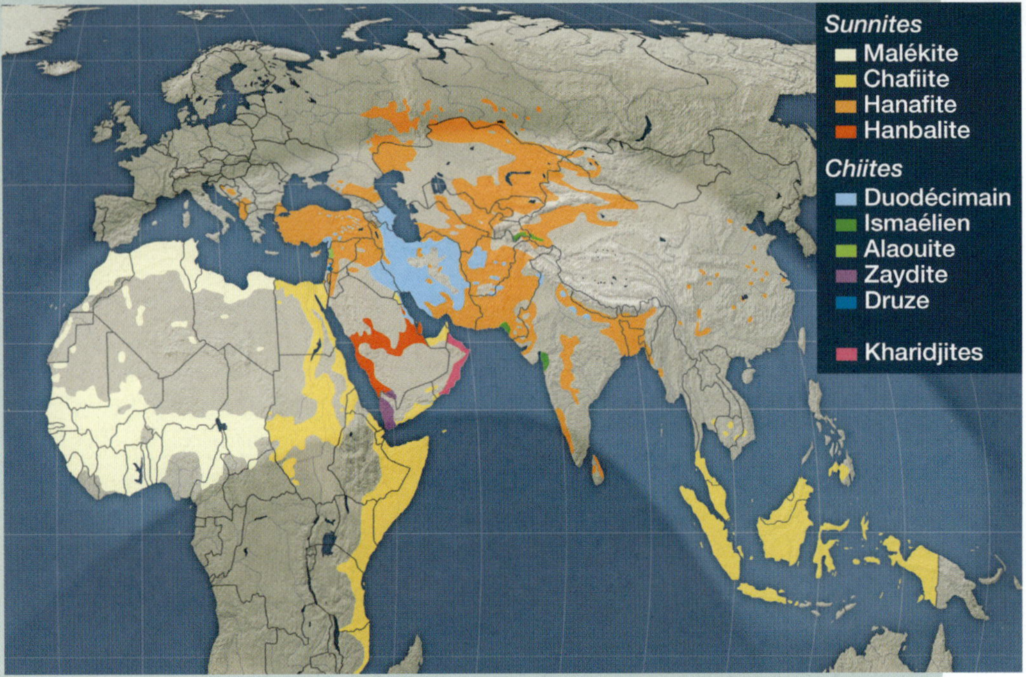

À L'ÉPREUVE DES CARTES

Comme tout ensemble religieux, la « civilisation islamique » appelle de nombreuses représentations cartographiques. Celle ci-dessus respecte les zones désertiques, exclut les régions où l'islam est marginal et ignore les frontière politiques. En revanche, elle restitue celles qui divisent le monde musulman en écoles et en courants de croyance, de droit et de pratique différents. Elle montre ainsi un monde musulman à la fois moins vaste et moins homogène que dans la vision d'Huntington. Surtout, elle discrédite une autre représentation souvent associée à l'islam : celle d'un croissant « historico-géopolitique » continu qui rapprocherait dans un ensemble compact et quasi menaçant des pays aussi différents que la Guinée, l'Arabie saoudite, le Kazakhstan et l'Indonésie.

Par nature, une carte des religions contient autant de limites qu'elle apporte d'informations : disparité ou défaillance des appareils statistiques ; amalgame dans une même catégorie de phénomènes distincts ; distinction artificielle de phénomènes comparables par effet de seuil et de couleur ; représentation statistique de phénomènes non quantifiables (foi, pratiques, croyances, spiritualité). Celle des « aires de civilisation » d'Huntington n'échappe à aucun de ces biais : d'un côté, elle unifie de vastes aires géographiques que la réalité fragmente ; de l'autre, elle associe dans ses « aires de civilisation » des traditions, des langues et des cultures distinctes. Finalement, au lieu de fonder sa théorie sur la complexité culturelle et religieuse du monde, Huntington fabrique avec la carte les amalgames qui servent sa théorie.

de l'Empire ottoman ? à la création d'Israël en 1948 ? au coup d'État monté par la CIA contre le Premier ministre iranien Mossadegh ? Quand on en dresse la chronique rétrospective, on découvre que les facteurs de conflit qui jalonnent l'histoire des relations entre le monde musulman et le monde chrétien sont innombrables. Parmi eux cependant, quelques-uns prédominent sur la durée :

– l'accès aux ressources pétrolières, qui constitue une constante dans la définition de la politique occidentale vis-à-vis du Moyen-Orient, au point d'induire une guerre contre l'Irak en 1990-1991, et de déployer 10 000 soldats américains en Arabie saoudite, terre sacrée de l'islam ;

– la mondialisation, et les modèles uniformes qu'elle diffuse à partir des années 1990, sans distinction de culture ou de tradition ;

– l'immobilisme des régimes arabes pour évoluer vers le multipartisme et favoriser l'ouverture des sociétés civiles. Ainsi figés, ils génèrent des frustrations qui prédisposent au développement de mouvements extrémistes ;

– l'invasion soviétique de l'Afghanistan en 1979 et le soutien qu'en réaction la CIA apporte à la résistance proafghane, y compris à sa frange islamiste dont les idées et les méthodes vont essaimer au retour des combattants étrangers dans leurs pays d'origine dans les années 1990 ;

– l'invasion de l'Irak en 2003 sur la base d'une manipulation politique internationale orchestrée par l'administration américaine républicaine à propos d'armes de destruction massive fictives, mais aussi l'impunité dont bénéficient les responsables des tortures infligées dans la prison irakienne d'Abu Grayb ;

– en dépossédant les sociétés de leurs économies et de leurs valeurs coutumières et familiales, elle crée des déséquilibres propices aux idéologies radicales ;

– la question palestinienne, et le soutien inconditionnel des États-Unis à l'État hébreu ;

– le terrorisme enfin. Bien qu'il ne soit pas l'origine du clivage Islam/Occident, la médiatisation dont il fait l'objet a un impact très fort dans les opinions publiques : heurtées par la violence des attentats et de leurs images, elles deviennent réfractaires à tout processus de réflexion critique ou de réconciliation.

Finalement, sans donner de crédit à la thèse d'Huntington, on voit comment au fil du temps le monde occidental et le monde arabo-musulman ont fini par dresser ensemble le mur de représentations qui les sépare aujourd'hui.

À L'ÉPREUVE DU TERRORISME ISLAMISTE

Étudiée à l'aune du choc des civilisations, la carte du terrorisme dans le monde des quinze dernières années soulève des remarques contradictoires :

– perpétrés dans leur grande majorité par des hommes qui revendiquent leur islamisme, ces attentats souscriraient à une représentation désormais répandue : celle d'un ensemble politico-religieux islamique obscurantiste, de plus en plus radical, où islam, islamisme et terrorisme seraient mécaniquement liés ;

– commis pour la plupart au sein même de « l'aire islamique », par des musulmans sur d'autres musulmans plus souvent que contre des intérêts occidentaux, ces attentats invalideraient en même temps l'hypothèse d'un choc Islam/Occident.

En réalité, il est bien peu de conclusions sérieuses que cette carte permet de tirer, sauf à la croiser avec d'autres paramètres :

– l'histoire bimillénaire du terrorisme, où l'islamisme radical ne vient s'inscrire qu'en bout de chaîne ;

– la grande diversité des terrorismes islamistes (Hamas, al-Qaida, Hezbollah, Jemaah Islamiyah), de leurs objectifs et de leurs auteurs, même quand ils revendiquent leur islamité commune ou leur appartenance à la mouvance d'al-Qaida ;

– la sclérose des régimes arabes, où les mêmes élites monopolisent le pouvoir depuis plusieurs générations ;

– la supériorité économique et militaire du monde occidental, que seules les méthodes terroristes parviennent très ponctuellement à déborder à New York, en Afghanistan ou en Irak ;

– la grande visibilité offerte par les médias aux terroristes mais aussi à la lutte antiterroriste, parfois même avant qu'il n'y ait eu tentative d'attentat.

Autrement dit, il est bien difficile de dire si le terrorisme islamiste est d'abord une question de religion, de développement, de pétrole, d'inégalité de richesses ou de frustration politique. Loin d'être une simple expression civilisationnelle, il est un phénomène complexe, qui expose au danger de se satisfaire d'explications simplistes qui conduisent à leur tour à des réponses inadaptées.

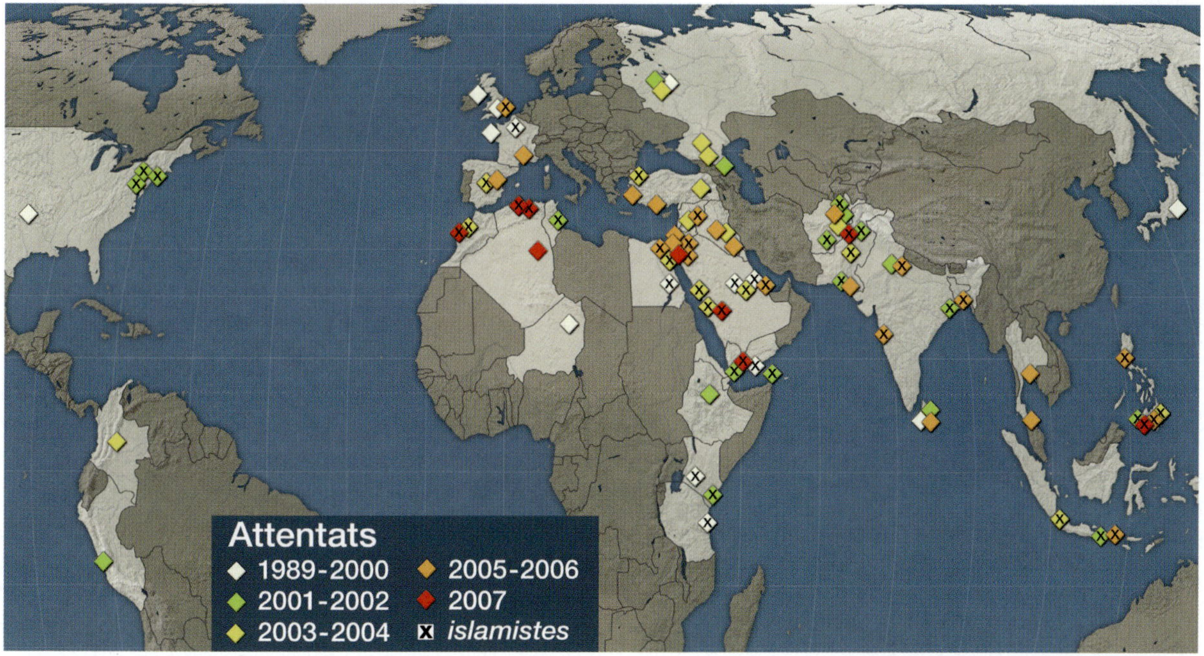

L'ARC CHIITE : FANTASME OU RÉALITÉ ?

À la représentation géopolitique d'un « arc chiite » que développent certains pays sunnites, plusieurs arguments s'opposent :

– sur le plan du dogme, le chiisme se divise en plusieurs groupes qui ne reconnaissent pas les mêmes imams, et qui n'obéissent pas aux mêmes pratiques. Ainsi, tandis que les duodécimains majoritaires reconnaissent douze imams, les ismaéliens d'Inde et d'Asie centrale en reconnaissent sept et les zaydites au Yémen cinq. De leur côté, les Alevis, les Alaouites et les Druzes se distinguent par des croyances et des usages particuliers ;

– sur le plan politique, l'appartenance des chiites irakiens et iraniens au même courant religieux ne les a pas empêchés de se combattre lors de la guerre entre l'Iran et l'Irak de 1980 à 1988.

Plus récemment, le clivage entre sunnites et chiites n'a résisté ni au sentiment de victoire ressenti par de nombreux musulmans sunnites en 2006 à l'issue du conflit entre Israël et le mouvement chiite Hezbollah, ni à l'admiration dont son leader Nasrallah fait depuis l'objet dans le monde arabe.

Finalement, on peut se demander si en dehors de l'Iran, les communautés chiites partagent d'autres points communs que celui d'appartenir à une religion qui, pour la plupart, les exclut dans leur pays, mais aussi celui de vivre en majorité dans une région en tensions permanentes.

VERS UN ARC CHIITE ?

Tout comme elles éloignent le monde musulman et le monde occidental, les représentations divisent le monde musulman. Parmi elles, on trouve celle d'un « arc géopolitique » chiite, auquel sont associés indistinctement le renversement de Saddam Hussein en 2003, la guerre au Sud-Liban en 2006 et la question nucléaire iranienne aujourd'hui. La question que soulève alors cette perception est à la fois de savoir à quelle réalité elle correspond, et en quoi la communauté chiite représente une menace pour la stabilité du monde musulman.

L'émergence politique du chiisme

Deuxième courant de l'islam, le chiisme représente environ 160 millions de personnes, qui, en dehors de l'Iran et de l'Azerbaïdjan, partagent toutes d'être soit minoritaires dans leur pays, soit majoritaires mais dominées par des pouvoirs sunnites.

Depuis trente ans pourtant, plusieurs événements contribuent à infléchir le rapport de force politique entre chiites et sunnites au sein du monde musulman :

– l'accession au pouvoir en 1979 d'un régime islamique chiite en Iran, dont les ambitions régionales inquiètent les régimes sunnites voisins, notamment au Moyen-Orient ;

– l'émergence au Liban du « parti de Dieu », le Hezbollah, un mouvement politico-militaire chiite créé en juin 1982 avec le soutien de l'Iran et de la Syrie en réaction à l'invasion israélienne au Liban ;

– la chute de Saddam Hussein en avril 2003 qui permet aux chiites majoritaires en Irak d'accéder pour la première fois au pouvoir ;

– le relatif succès du Hezbollah face aux raids israéliens au Sud-Liban au cours de l'été 2006, qui installe le mouvement chiite au premier rang des scènes politiques libanaise et régionale.

Face à l'émergence politique des chiites au Moyen-Orient et à leur relative continuité géographique de la Méditerranée jusqu'à l'Inde, certains gouvernements sunnites que relaient leurs presses et leurs opinions publiques redoutent l'émergence d'un « arc chiite » susceptible de les menacer.

Au Proche-Orient, les régimes de pays arabes comme la Jordanie ou l'Égypte redoutent l'appui que la solidarité chiite pourrait offrir à la montée en puissance de l'Iran sur la scène régionale et internationale.

Au Moyen-Orient, les sunnites s'inquiètent du renfort que pourrait apporter cette *Internationale* politico-religieuse aux revendications politiques et identitaires des communautés chiites de la région qui, pour la plupart, vivent dans des zones riches en pétrole comme en Arabie saoudite et en Irak.

Une Internationale chiite ?

Sur le terrain pourtant, la réalité ne donne guère de crédit au fantasme politique d'un mouvement panchiite solidaire, géographiquement rassemblé au sein d'un même arc géopolitique. Déjà divisés en plusieurs courants de pratiques et de croyances distinctes, les chiites le sont en effet aussi dans leurs objectifs politiques, le plus souvent de ressort national. Pour les communautés chiites, il s'agit avant tout d'être reconnues par et au sein de leurs États respectifs comme en Irak, au Bahreïn ou au Liban. Même chose en Arabie saoudite où la minorité chiite marginalisée par le pouvoir wahhabite cherche à faire reconnaître ses droits d'expression et sa liberté de culte.

LE CHIISME DANS LE MONDE

Si le monde musulman ne reconnaît qu'un seul prophète, Mahomet, et qu'un seul texte, le Coran, il est traversé de courants dont les deux principaux sont le sunnisme, ultra majoritaire, et le chiisme qui représente entre 12 % et 15 % des musulmans.

Historiquement, le chiisme naît dans le monde arabe. C'est pourquoi on trouve d'importantes communautés chiites en Irak (60 %), au Liban (40 %), au Bahreïn, au Yémen, au Qatar, au Koweït et en Arabie saoudite (15 %).

Démographiquement, le monde perse compte aujourd'hui la communauté chiite la plus importante : 90 % des 70 millions d'Iraniens sont chiites. Surtout, l'Iran est depuis 1501 le seul pays où l'islam chiite est religion d'État.

Hors de l'Iran et du monde arabe, on trouve d'importantes communautés de musulmans chiites en Azerbaïdjan, où ils sont également majoritaires, ainsi qu'au Pakistan, en Afghanistan, et de façon plus éparse en Inde et en Asie centrale.

Enfin, en dépit de leurs rites et de leurs croyances spécifiques, on rattache également au chiisme les Alevis de Turquie, les Alaouites de Syrie, ainsi que les Druzes qui se répartissent entre la Syrie, Israël et le Liban.

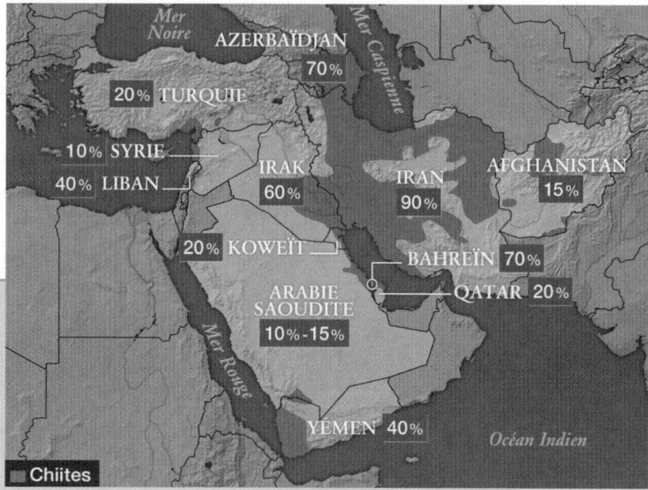

HISTOIRE D'UNE SCISSION

C'est sur une question de succession que se fonde, à l'origine, la scission des courants chiite et sunnite. Car lorsqu'il meurt à Médine en 632, le prophète Mahomet ne laisse pour lui succéder ni descendant, ni directive, ouvrant alors un conflit qui va durablement opposer deux groupes :

– le premier rassemble ceux qui se réfèrent à la tradition instaurée par le Prophète – la Sunna – et qui considèrent que le calife doit être choisi pour ses qualités morales, religieuses et politiques. Ce sont les sunnites ;

– pour les membres du second groupe, seul un membre de la famille du Prophète peut guider la communauté musulmane. Ce sont les partisans du cousin et gendre du Prophète, Ali – shia Ali en arabe –, dont est tiré leur nom, les chiites.

Finalement, c'est Abu Bakr, un proche compagnon du Prophète, qui est élu. Il crée ainsi la fonction de calife, le « successeur ». Après lui, Umar et Uthman porteront à leur tour la nouvelle religion bien au-delà de la péninsule arabique, son berceau d'origine. Quand Uthman est assassiné en 656, c'est Ali qui lui succède. Reconnu quatrième calife par les musulmans de Médine, il reste cependant très contesté au sein de la communauté musulmane, l'Umma, en particulier par le puissant gouverneur de la Syrie-Palestine, Muawiya. Finalement écarté du pouvoir par la bataille de Siffin en 658, Ali est assassiné trois ans plus tard. Sa succession finit alors de scinder la communauté musulmane.

D'un côté, Muawiya, qui se fait reconnaître cinquième calife, met aussitôt en place un pouvoir héréditaire. Il fonde ainsi la dynastie des Omeyyades, dont le règne à Damas durera jusqu'en 750.

De l'autre côté, les chiites font allégeance à Husayn, le premier fils d'Ali. Assassiné par le calife omeyyade Yazid à Karbala en 680, sa mort constitue un acte fondateur pour le chiisme : Karbala et Nadjaf, qui abrite le mausolée d'Ali, en deviennent d'importants lieux saints ; l'*Achoura*, qui commémore chaque année le martyre d'Husayn, la principale célébration.

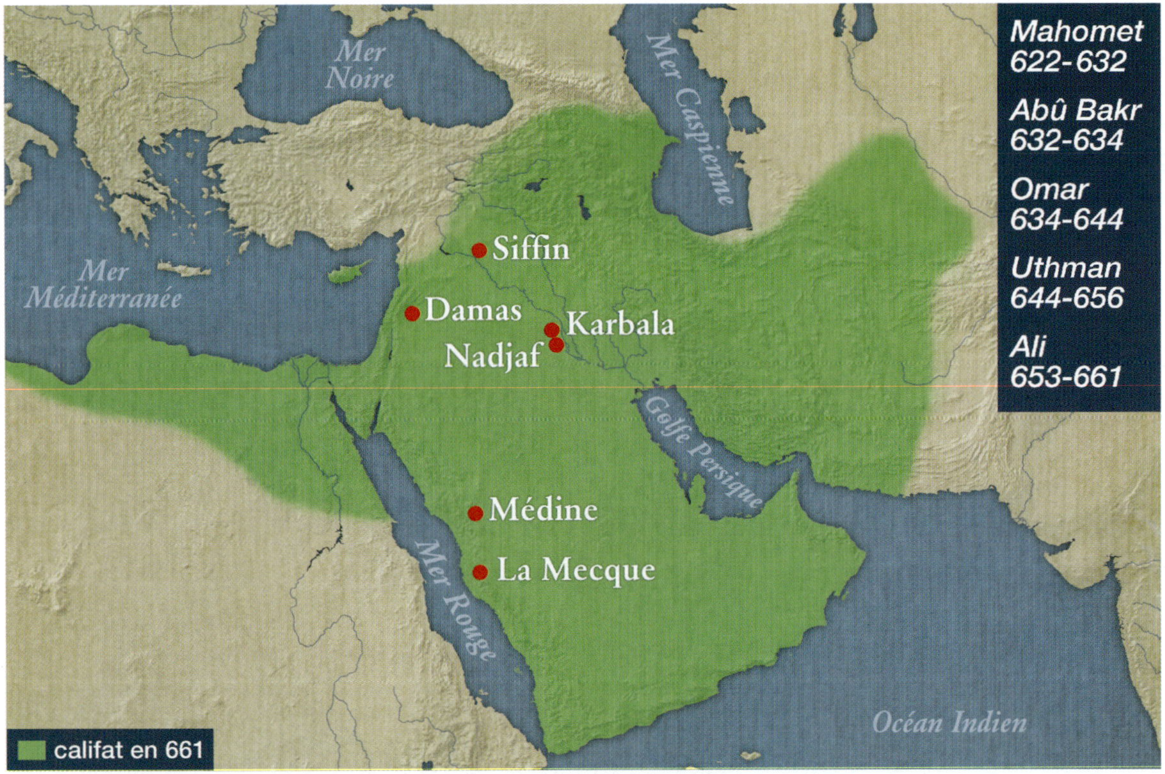

On constate aussi en Irak que loin d'être manipulés par leurs voisins perses, les chiites au pouvoir s'efforcent au contraire de préserver l'indépendance de leur clergé vis-à-vis des autorités religieuses iraniennes. Ainsi, ils essaient de restituer à la ville irakienne de Nadjaf son rang de « capitale du chiisme », au détriment de la ville iranienne de Qom.

De la même façon, il apparaît que l'objectif principal poursuivi au Liban par le Hezbollah dans ses opérations contre Israël en 2006 était intérieur : il visait à démontrer que le mouvement religieux était le seul capable de défendre le pays... même si en seconde intention, il permit aussi à Téhéran, allié du Hezbollah, de rétablir un rapport de force international plus favorable sur la question nucléaire.

Au fond donc, si le chiisme fait peur, c'est sans doute moins pour ce qu'il est que pour la représentation qu'on en a depuis la révolution islamique de 1979, quand il apparaît au monde comme un courant religieux révolutionnaire, vindicatif, au point qu'on le confonde avec l'extrémisme religieux. L'évolution critique de l'Irak que dirige la majorité chiite et celle de l'Iran qui revendique l'arme nucléaire viennent renforcer la confusion : à leur tour, elles confortent la perception d'une « menace chiite ».

CHIISME ET PÉTROLE

Les chiites des marais au sud de l'Irak partagent avec ceux de la région du Hasa en Arabie saoudite la particularité de vivre dans les zones où sont situées les plus importantes nappes de pétrole de ces deux pays. Jusqu'à la chute de Saddam Hussein en 2003, ils avaient aussi en commun le fait d'être dominés par des gouvernements sunnites, soucieux de les écarter du pouvoir pour conserver leur monopole sur la rente pétrolière. C'est la raison pour laquelle, du point de vue des régimes arabes sunnites de la région, les revendications identitaires des communautés chiites et la solidarité de leurs mouvements politiques pourraient représenter une sérieuse menace à leur pouvoir et à leur source de revenus.

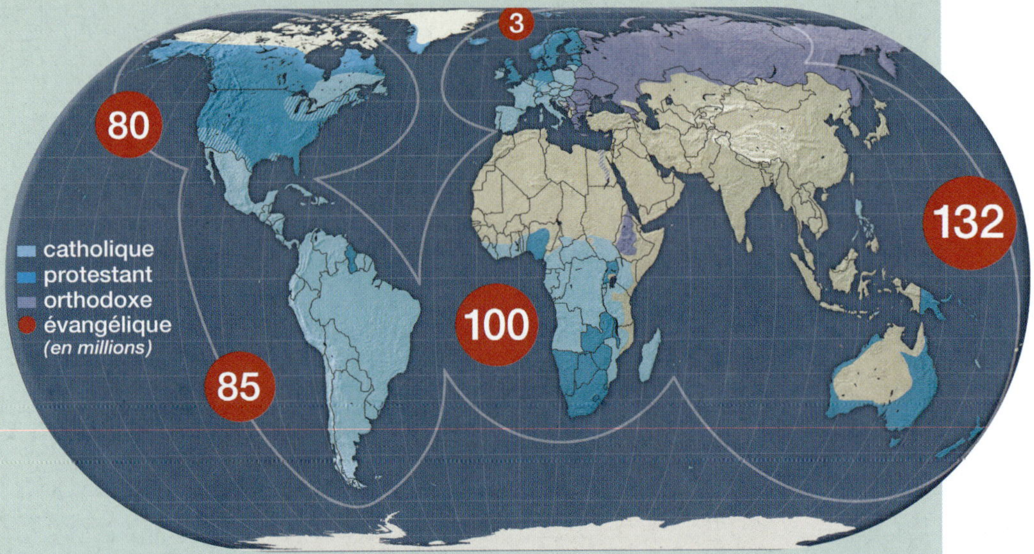

À L'ASSAUT DU MONDE

On recense aujourd'hui environ 2,2 milliards de chrétiens dans le monde, répartis en trois grandes mouvances : les catholiques (1,1 milliard), les orthodoxes (250 millions) et les protestants. À leur tour, les protestants se divisent en plusieurs courants comme celui des Églises évangéliques. Déjà présents un peu partout dans le monde, notamment en Afrique et dans la région Asie-Pacifique, les évangéliques représentent à eux seuls 18 % des chrétiens en 2007.

ÉGLISES ÉVANGÉLIQUES : LES CROISÉS DU XXIE SIÈCLE

On connaît aujourd'hui l'expansion de l'Islam dont la croissance démographique est la plus forte dans le monde. Moins médiatisées, les Églises évangéliques sont cependant celles qui connaissent aujourd'hui la progression géographique la plus importante. Comme la prise d'otages coréens évangéliques en Afghanistan est venue l'illustrer au cours de l'été 2007, le prosélytisme évangélique n'exclut désormais aucune région du monde.

De la même façon, si la politisation de la religion musulmane soulève des questions sur le respect de la démocratie ou du droit des femmes dans les régimes de type islamiste radical, certains s'interrogent sur l'influence croissante que gagnent les évangéliques dans des pays comme les États-Unis, où ils interviennent aussi bien sur le droit à l'avortement, la prévention contre le VIH/sida mais aussi sur la situation au Darfour ou en Israël.

Le « grand réveil » chrétien

Méthodistes, adventistes, pentecôtistes, Assemblée de Dieu... sous une même dénomination, la nébuleuse évangélique réunit en fait de très nombreuses Églises. Issues de la Réforme, elles se distinguent aujourd'hui des autres courants protestants sur au moins cinq points :

– par la conversion individuelle vécue en même temps comme une preuve de foi, un engament personnel envers Dieu, et au-delà comme une nouvelle naissance. Aux États-Unis d'ailleurs, on surnomme les évangéliques *Born Again*, « nés de

nouveau », comme le président George W. Bush ;
– par la place centrale que les évangéliques accordent à la Bible, parole de Dieu, jugée infaillible et normative ;
– par leur croyance en l'Apocalypse et à la victoire finale du Bien sur le Mal lors de la bataille d'Armageddon ;
– par leur usage de la croix qui symbolise le rachat des péchés par le sacrifice du Christ ;
– par leur engagement personnel et militant enfin, que ce soit pour évangéliser de nouveaux fidèles ou pour s'impliquer dans leur communauté et dans le travail.

Grâce à la grande faculté des évangéliques de s'adapter aux pratiques des pays où ils s'installent, mais aussi à la santé, à la prospérité et à la réussite individuelle que les Évangiles promettraient aux fidèles convertis, le mouvement parvient aujourd'hui à progresser partout dans le monde.

Un prosélytisme d'ambition mondiale

Avec 70 millions d'adeptes en 2007, ce sont toujours les États-Unis qui, de tous les pays, regroupent le plus grand nombre d'évangéliques. Pour sa part, la Chine qui ne compte encore que 40 millions d'adeptes connaît l'une des progressions les plus rapides : 7 % par an. À son tour, la nouvelle fille aînée de l'Église catholique, le Brésil, rassemble la troisième plus importante communauté évangélique au monde, essentiellement pentecôtiste, avec environ 34 millions de membres, soit 20 % de la population brésilienne.

Au-delà du Brésil, et bien qu'à l'origine l'Amérique latine fut colonisée par les catholiques au nom de la Contre-Réforme, aucune région sud-américaine ne résiste plus à l'expansion évangélique : déjà, au Chili, un habitant sur quatre est un *Born Again*, un sur trois au

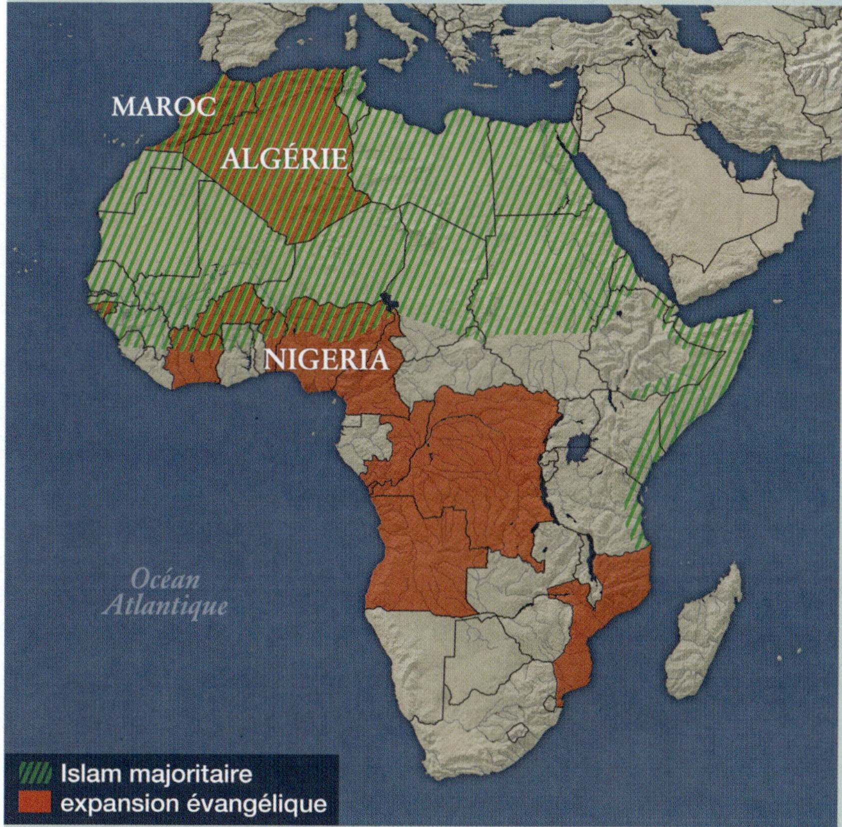

L'AFRIQUE, TERRE DE PROSÉLYTISME

Si l'évangélisation du continent africain remonte dans de nombreux pays à la colonisation, elle se trouve aujourd'hui relancée par l'expansion des Églises évangéliques sur le continent, notamment en Afrique centrale et dans les États riverains du golfe de Guinée. Avec plus de 100 millions d'adeptes, l'Afrique constitue aujourd'hui une région privilégiée du prosélytisme évangélique dont les campagnes ciblent désormais aussi des régions à majorité musulmane comme le nord du Nigeria, le Maroc ou l'Algérie.

LE « GRAND RÉVEIL » AMÉRICAIN

Deux facteurs historiques permettent de comprendre l'ancrage du mouvement évangélique aux États-Unis :

– le premier est lié au peuplement des 13 colonies anglaises par les dissidents religieux qui fuient les persécutions qu'ils subissent en Grande-Bretagne et dans le Saint Empire romain germanique au XVIIe siècle. Car depuis la paix d'Augsbourg qui consacre en 1555 la division religieuse du Saint Empire, les habitants de chaque région doivent se soumettre au culte de leur prince selon le principe cujus regio, ejus religio;

– le second est lié à la naissance du mouvement évangélique au début du XVIIIe siècle, lorsque certains prédicateurs invitent les protestants puritains à mettre la Bible au centre de leur vie terrestre et à s'engager individuellement pour Dieu. Ce premier mouvement de renouveau et de piétisme religieux désigné sous le terme Great Awakening, *« grand réveil », est ensuite renforcé aux États-Unis au XIXe siècle par un second « réveil » qui accompagne la conquête de l'Ouest, et qui forge ainsi une identité chrétienne américaine distincte.*

Nicaragua. Par ailleurs, si les missionnaires évangéliques restent dans leur majorité américains (45 %), la part des Sud-Coréens, des Africains et des Brésiliens augmente chaque année davantage. Ainsi, en Afrique, les missionnaires brésiliens et donc lusophones sont très présents dans les anciennes colonies du Portugal où l'on parle le portugais comme l'Angola, le Cap-Vert, la Guinée-Bissau et le Mozambique.

Après avoir largement progressé en Afrique, en Amérique et en Asie, les évangéliques portent aujourd'hui leur ambition vers de nouvelles terres :

– sur le vieux continent d'abord, les évangéliques proposent de résister à la sécularisation des sociétés d'Europe de l'Est et de l'Ouest et à l'athéisme qui s'y développe. En France, on recense déjà près de 400 000 fidèles ;

– dans le monde musulman, on trouve déjà des missionnaires évangéliques au Maroc, ainsi qu'en Algérie dans la région de Grande Kabylie, au Soudan, en Afghanistan, et plus largement dans le Caucase et en Asie centrale.

Le problème que soulève ce prosélytisme est celui des tensions qu'il suscite dans les régions islamiques. Au Nigeria par exemple, l'expansion des évangéliques et la présence de leurs missionnaires a certainement contribué à la radicalisation religieuse au nord du pays : face à l'immixtion de ce néochristianisme radical, plusieurs États fédérés ont instauré la loi islamique à la fin des années 1990, provoquant en plusieurs lieux des émeutes meurtrières.

Communautaires, fondamentalistes, prosélytes, dynamiques, portés par leur foi, leur habileté dans les médias et l'influence qu'ils ont sur les milieux politiques de plusieurs pays, les évangéliques manifestent – de leur point de vue – le retour de Dieu dans la politique. Comparables sur tous ces points avec les islamistes, ils s'en distinguent cependant assez nettement par leur opposition à l'usage de la violence physique.

LES ÉVANGÉLIQUES AMÉRICAINS

Sur 300 millions d'habitants, les États-Unis recensent 70 millions d'évangéliques dont la plupart est concentrée au sud des États-Unis dans la *Bible Belt*, « ceinture de la Bible ».

Avec 22 % de l'électorat américain et des positions très tranchées sur l'éducation, les droits des minorités, la génétique ou les relations sexuelles, ils constituent aujourd'hui une force politique de première importance. Ainsi, toute campagne électorale américaine prévoit désormais de faire la tournée des *Megachurches*, ces gigantesques églises évangéliques où des milliers de fidèles se rassemblent chaque dimanche.

Au départ, les évangéliques émergent sur la scène politique dans les années 1960, en réaction à la modernisation dans les États du Sud. Face aux incertitudes que génèrent dans ces États agricoles l'ouverture de la société américaine et sa sécularisation, ils se mobilisent : opposés à l'avortement ou à l'homosexualité, ils entrent en campagne pour défendre leurs valeurs. Peu à peu, au fil des années 1970, la droite républicaine intègre leurs positions morales dans

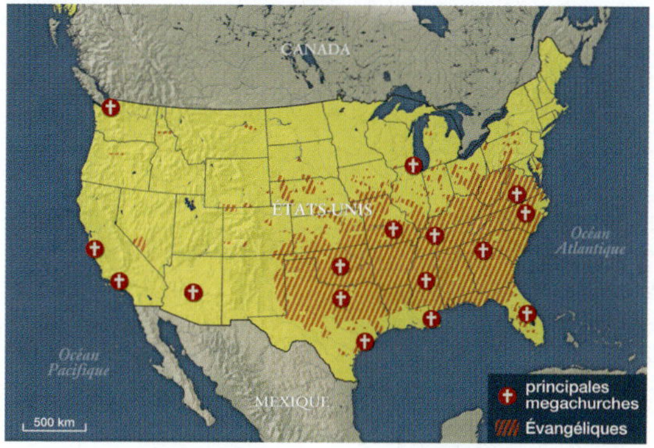

son programme et de cette façon, les rallie à son électorat. C'est ainsi qu'en 1980, Ronald Reagan obtient les voix décisives des protestants évangéliques blancs pour son accession à la présidence. Même chose pour George W. Bush qui s'avance lui-même en *Born Again* et qui mobilise 78 % des suffrages évangéliques pour sa réélection en 2004. Cette année-là, 56 % des protestants évangéliques blancs se déclarent républicains, pour seulement 11 % des protestants afro-américains (noirs) et 37 % des Hispaniques. Quelque soit le domaine, les évangéliques abordent le monde au travers de leur foi. En s'appuyant sur la Bible et ses prophéties, ils développent ainsi un véritable agenda de politique étrangère dont certains enjeux rassemblent leurs efforts. Parmi ceux-là, Israël revêt une importance particulière. Convaincus que le concept biblique de « peuple élu » se rapproche de la vision qu'ils ont de leur propre pays, la « nouvelle Jérusalem », persuadés que l'histoire humaine suit un scénario préétabli par Dieu, les évangéliques croient aussi que la seconde venue de Jésus-Christ aura lieu à Jérusalem à la suite de la bataille d'Armageddon. Placée au cœur de leur prophétie, la Terre sainte appelle donc de leur part un attachement et un soutien sans faille : en se référant au territoire biblique du royaume hébreu, ils se prononcent contre le retrait des Israéliens des « territoires occupés ».

MOYEN-ORIENT, LA COMPLEXITÉ

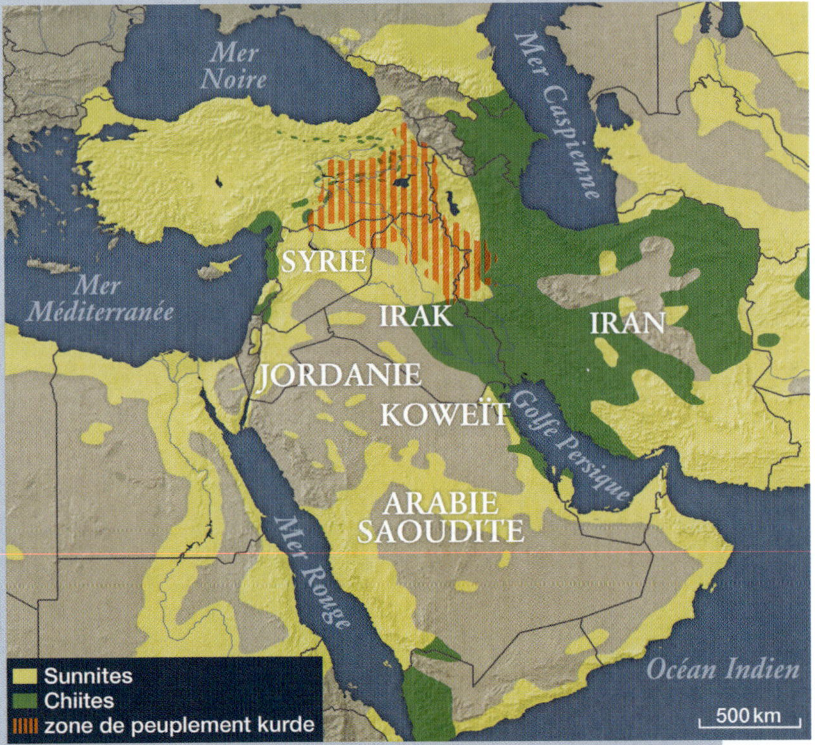

L'IRAK ET SES VOISINS

Comme la carte permet de le comprendre, chacun des voisins de l'Irak détient une pièce du puzzle politique irakien qui en compte au moins six avec les Américains, voire sept avec les intérêts pétroliers. Théâtre de la rivalité de ses voisins iranien, syrien et saoudien par l'intermédiaire des trois grandes communautés irakiennes, l'Irak se trouve ainsi soumis pour son avenir à leurs intérêts conflictuels.

« Après trop d'années de guerre froide, voici revenu le temps de la vengeance de la complexité du monde. »

Pierre Hassner

S'il est une région où depuis longtemps se dessinent les grands rapports de force internationaux, c'est le Moyen-Orient. Véritable concentré des enjeux politiques de la planète, tous les mots-clés y fonctionnent : pétrole, religion, territoire, islamisme, terrorisme, États-Unis, détroit, prolifération nucléaire. Témoin d'un monde qui se fait et se défait, théâtre de ses tensions et de ses représentations, le Moyen-Orient en dessine peut-être aussi l'avenir.

DU MONDE

LE PAYS DES BABYLONIENS

L'Irak est l'héritier de la Mésopotamie, une région géographiquement inscrite dans les bassins du Tigre et de l'Euphrate, deux fleuves essentiels qui ont donné naissance à l'une des grandes civilisations de l'Antiquité, Sumer. Abondante à cet endroit, l'eau favorise la présence des hommes et leur sédentarisation. Le long des fleuves, ils développent l'agriculture, mais aussi les premières formes d'écriture. Ils construisent les premières grandes cités, dont certaines deviendront capitales d'empire, comme Babylone, vers 2000 avant Jésus-Christ. Au fil des millénaires, de nombreux empires vont occuper la région, attirés par ses richesses : sassanide, seldjoukide, ottoman, et plus récemment américain.

IRAK, LA NATION INTROUVABLE

À l'automne 2007, au terme de trois ans et demi de présence militaire américaine en Irak, les chiffres sont les suivants : 300 000 Irakiens ont trouvé la mort depuis le début du conflit, selon les estimations les plus basses. Les pertes américaines s'élèvent quant à elles à 3 500 hommes en trois ans et demi, soit beaucoup moins qu'au Viêt Nam où 58 000 soldats sont tués en dix ans.

Pour ce qui concerne la suite de l'intervention, les options sont nombreuses : ce qui cependant paraît déjà certain, c'est que l'instabilité et l'insécurité augmenteront dans le pays si les armées américaines le quittent. Et qu'elles augmenteront aussi si les Américains se maintiennent en Irak. Loin d'avoir instauré la démocratie dans un pays libéré de la dictature, l'intervention des États-Unis et du Royaume-Uni a plongé l'Irak dans une guerre de pouvoir, dont la répartition est devenue l'enjeu d'une guerre civile.

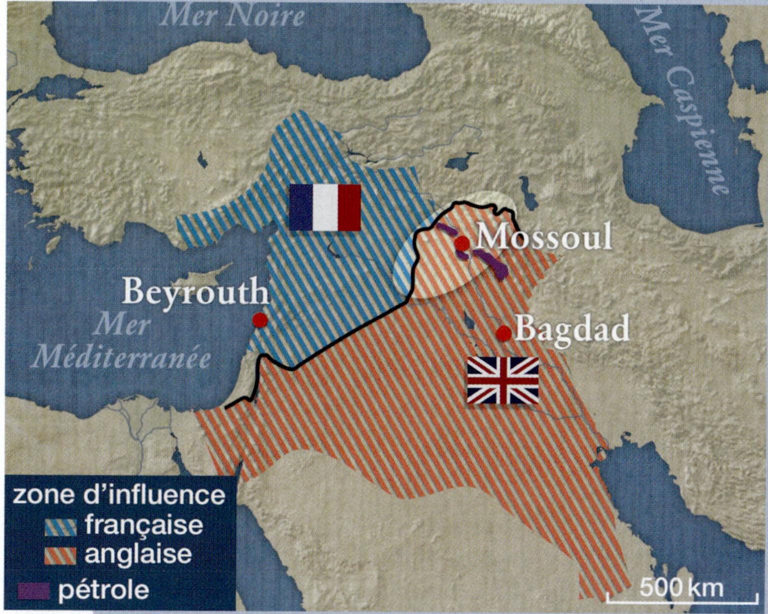

LE PARTAGE DE L'EMPIRE

Au moment du démantèlement de l'Empire ottoman, la France et le Royaume-Uni, grandes puissances de l'époque, se partagent le Moyen-Orient en zones d'influence, dont les délimitations sont fixées par les « accords Sykes-Picot » : on repère sur la carte la ligne de partage entre les deux puissances, de nouveau modifiée lors de la conférence de San Remo en 1920, par laquelle la France reçoit 25 % de la compagnie pétrolière Turkish Petroleum, et le Royaume-Uni un accès aux nappes de pétrole récemment découvertes au Kurdistan, autour de Mossoul.

LA NAISSANCE DE L'IRAK

En 1920, la Société des Nations confie à Londres et à Paris des mandats pour conduire les peuples de la région vers leur indépendance. C'est ainsi qu'au début des années 1920, des tribus de la région qui étaient fort éloignées les unes des autres par leur géographie et qui n'avaient jamais songé à former une nation ou un État se trouvent réunies dans un même ensemble étatique, l'Irak, sans volonté de l'être.

UN ÉTAT SANS NATION

Quand l'Irak est créé au début des années 1920, il rassemble au sein de ses nouvelles frontières une partie du peuple kurde au nord ; une population arabe sunnite au centre ; des Arabes chiites – majoritaires – au sud-est. Liées par un territoire qu'elles doivent désormais partager, les trois communautés n'ont pour le faire aucune conscience politique commune. Car ce qui prévaut jusque-là dans leur organisation, ce n'est pas l'État mais la tribu, ses règles, ses rites, ses solidarités et ses protections.

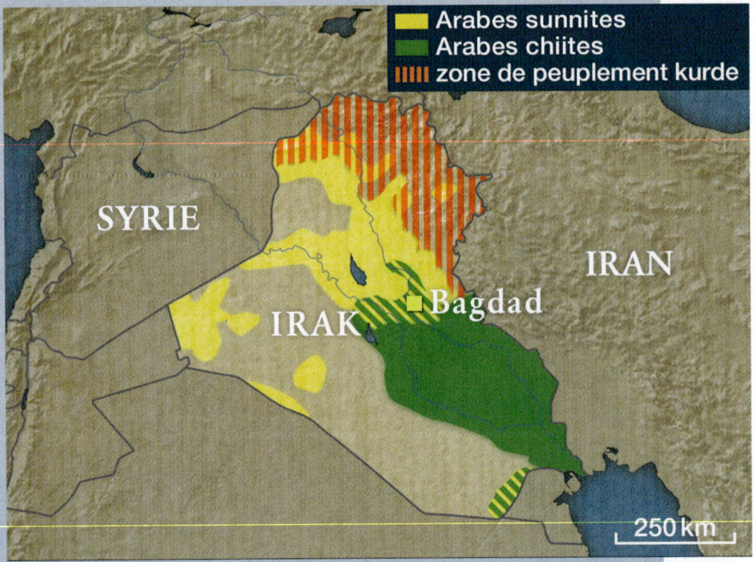

L'héritage colonial

L'Irak est un État récent. Créé en 1920 par le Royaume-Uni lors du démantèlement de l'administration ottomane, l'Irak réunit alors des peuples et des tribus qui n'avaient jamais eu auparavant la vocation de former un État. Des Kurdes au nord, des Arabes sunnites au centre, des Arabes chiites – plus nombreux – au sud : nouvellement assemblées par un tracé de frontières, les trois communautés ne présentent aucun signe de convergence nationale. Elles laissent apparaître au contraire les germes d'une division que connaît aujourd'hui le pays. Ainsi, la grande révolte des chiites que doivent gérer les Britanniques et leur gouverneur Percy Cox dès leur arrivée en 1920 augure ce que les Américains semblent redécouvrir quatre-vingts ans plus tard.

Pour administrer le jeune État, les Britanniques placent l'émir Faysal (dynastie hachémite) à la tête du royaume irakien, qui devient une monarchie constitutionnelle indépendante en 1932, puis une république suite au coup d'État qui défait la monarchie en 1958. Dix ans plus tard, le parti Baas, d'obédience marxiste, prend le pouvoir par la force et, en 1979, le général et vice-président Saddam Hussein, issu d'une famille de Bédouins de la région de Tikrit, accapare l'ensemble des pouvoirs du régime irakien.

D'une guerre à l'autre

En 1980, soit très peu de temps après sa prise de fonction, le nouveau chef d'État lance les troupes irakiennes dans une vaste opération militaire contre l'Iran au motif de vouloir corriger la frontière pour reprendre à l'Iran le Chatt al-Arab. Surtout, Saddam Hussein croit pouvoir libérer l'Iran du nouveau régime de l'imam Khomeiny, selon lui impopulaire au sein de la population iranienne. Profonde erreur d'appréciation : la guerre dure près de huit ans pour finalement s'achever à l'épuisement des forces des deux parties en 1988.

Moins de deux ans plus tard, convaincu du soutien de l'URSS et de l'efficacité de la politique du fait accompli, l'Irak envahit le Koweït, en août 1990. Cette fois, l'objectif est stratégique et doit permettre à l'Irak de prendre le contrôle des réserves de pétrole koweïtiennes, mais aussi de l'île Bubiyan, au nord du golfe Persique. Nouvelle erreur d'appréciation : Moscou a changé d'axe politique depuis l'arrivée du nouveau secrétaire général du parti, Mikhaïl Gorbatchev ; et les Occidentaux ne peuvent pas accepter de laisser les 9 % de réserves mondiales de pétrole koweïtien s'ajouter à celles que contrôle déjà l'Irak. En quelques mois, une coalition arabo-occidentale repousse l'armée irakienne hors du territoire koweïtien, tout en laissant Saddam Hussein au pouvoir : il vaut mieux un Irak faible qu'un Irak qui implose. Le pays se voit néanmoins imposer un embargo dont les populations civiles souffriront bien davantage que le régime.

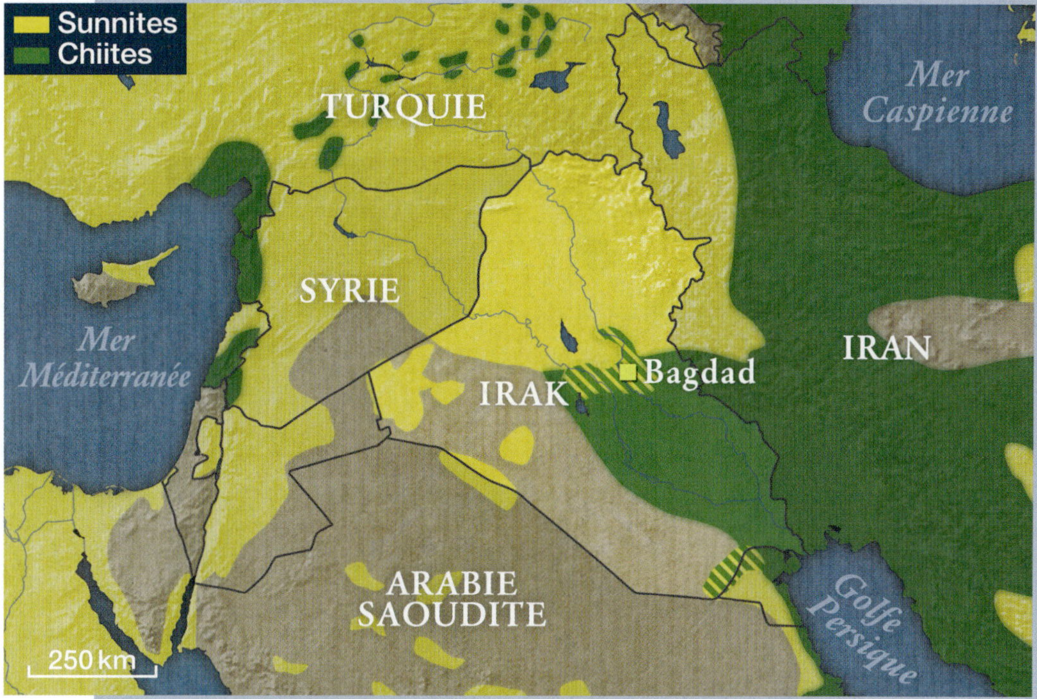

L'INTRINSÈQUE INSTABILITÉ

Divisé en plusieurs peuples et en plusieurs tribus, le nouvel État irakien l'est aussi sur le plan religieux car il se trouve placé sur une ligne de contact entre l'islam sunnite et l'islam chiite. Dès le départ, cette fracture devient un facteur d'instabilité pour le pays. Ainsi, on se souvient d'une fatwa prononcée en 1920 par l'un des principaux dignitaires chiites de l'époque, déclarant l'hostilité totale de la communauté chiite au contrôle des institutions irakiennes par les Anglais. Elle conduit alors à une vaste rébellion armée des chiites d'Irak qui embrase le pays de juin à décembre 1920 avant d'être écrasée par l'armée anglaise.

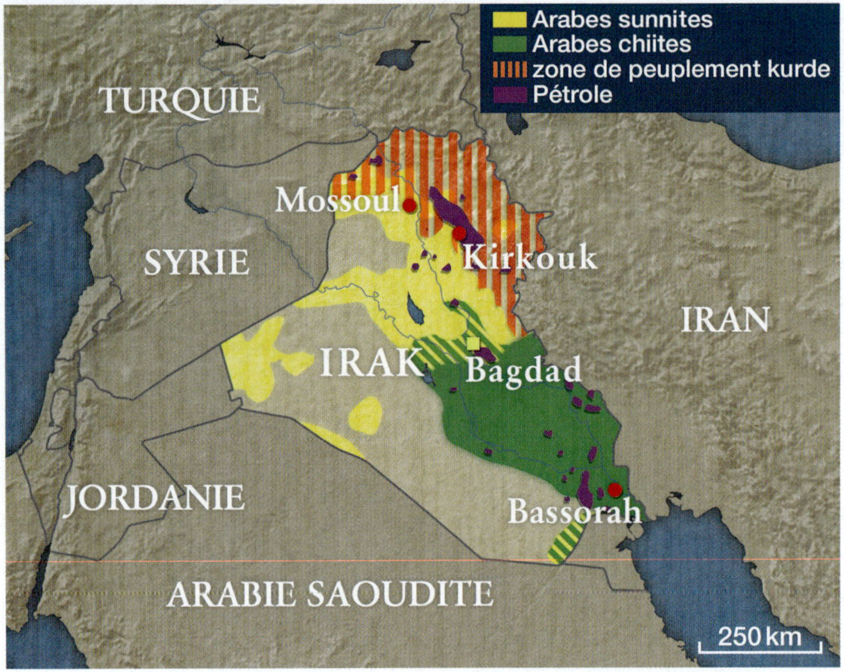

ÉLÉMENTS POUR UN CONFLIT

À la division de ses populations et à sa fracture religieuse, l'Irak doit ajouter un troisième facteur porteur de conflit : la répartition des ressources pétrolières dans le pays. Car quand on superpose les principales nappes de pétrole en Irak à la distribution géographique des communautés irakiennes, on constate que les Kurdes et les chiites sont nettement avantagés par rapport aux Arabes sunnites qui, pour leur part, contrôlent l'agriculture au centre du pays.

Lancée en 2003, la troisième guerre du Golfe n'est pas achevée. Elle s'ouvre avec l'intervention militaire d'une coalition conduite par les États-Unis et le Royaume-Uni pour faire chuter la dictature à Bagdad, sans avoir obtenu auparavant l'aval des Nations unies pour le faire. Selon Washington, il s'agit de détruire les « armes de destruction massive » que détiendrait l'Irak et de lutter contre le terrorisme que soutiendrait son dictateur. Pour de nombreux analystes américains, britanniques et irakiens, en faisant chuter Saddam Hussein, les troupes occidentales seront accueillies en libérateurs, et six mois suffiront alors pour stabiliser le pays... une année au plus pour le reconstruire ! Cette fois, l'erreur d'évaluation est américaine. Ou plus précisément, elle est celle de la Maison-Blanche car le département d'État chargé des Affaires étrangères et le commandement des forces armées déconseillent tous deux l'opération. En trois semaines, le régime de Bagdad s'effondre devant les troupes de la coalition internationale. En mai 2003, le pays est placé sous l'autorité d'un gouvernement de transition dont est d'abord chargé un diplomate américain du nom de Jack Bremer : l'État est démantelé, les soldats démobilisés et les cadres du parti Baas licenciés. Défaites, humiliées et minoritaires dans le pays, les forces de l'ancien régime sunnite rejoignent un mouvement de guérilla d'abord dirigé contre la présence internationale. La suite se déroule sous nos yeux, chaque jour sur nos écrans, sous la sinistre forme d'une comptabilité d'attentats suicides. Si le Pentagone avait bien construit la phase militaire de l'opération en Irak, il n'avait pas préparé la suite.

En décembre 2005, les élections législatives irakiennes donnent la victoire aux partis chiites, majoritaires dans le pays. Le nouveau gouvernement est donc dirigé par un Premier ministre chiite et par un président kurde qui peinent à asseoir leur autorité sur un pays en implosion. Car quand on examine la liste quotidienne des cibles visées par les différents groupes armés actifs en Irak, on s'aperçoit que de 2003 à 2005, on est passé d'une guérilla contre l'occupant américain à une guerre entre milices. Autrement dit, depuis l'intervention anglo-américaine de mars 2003, l'Irak est non seulement un pays en guerre, mais il est aussi un pays qui s'effondre.

Trois communautés pour un État

Sur l'impasse politique de l'Irak, les cartes sont claires : il est soumis à des forces et à des intérêts contradictoires hérités de la conception même de l'État irakien et qui s'affrontent pour la distribution du pouvoir, et de ses ressources.
Les premières forces sont celles des communautés qui cohabitent à l'intérieur des frontières irakiennes. Elles opposent les Kurdes, regroupés dans un espace politique organisé, de plus en plus autonome, et dont on ne peut exclure qu'ils veuillent constituer au sein de l'Irak un « État du Kurdistan irakien » comme la nouvelle Constitution l'autorise ; les Arabes sunnites, grands perdants de la chute de la dictature et des élections, mais déterminés à retrouver le pouvoir pour maintenir l'intégrité du pays, militairement résistants aux exactions des milices chiites, aux escadrons de la mort affiliés au ministère de l'Intérieur irakien, ou encore aux services secrets iraniens ; enfin, les Arabes chiites majoritaires dans le pays, mais très affaiblis par leurs propres divisions et luttes internes pour le pouvoir.
Autre force porteuse de scission : l'implication des puissances régionales voisines. Ainsi, le rôle de l'Iran est déterminant. Engagé en Irak par le soutien qu'il apporte aux chiites irakiens, Téhéran constitue une hypothèque importante pour la

EN GUERRE CONTRE L'IRAN

Convaincu que le régime de Khomeiny qui vient de prendre le pouvoir à Téhéran en 1979 est impopulaire et que les Iraniens vont accueillir les troupes irakiennes en libérateurs si elles démettent le régime des mollahs, Saddam Hussein lance une offensive militaire contre son voisin en 1980, peu de temps après sa propre prise de pouvoir. Il prend pour prétexte le tracé de la frontière avec l'Iran sur le fleuve Chatt al-Arab qu'il conteste sur quelques dizaines de mètres. Pour son opération, Saddam Hussein peut alors compter sur le soutien financier et militaire de pays comme les États-Unis et la France, mais aussi de plusieurs États arabes du golfe Persique qui perçoivent alors le régime irakien comme un « rempart » contre la contagion islamiste iranienne.

EN GUERRE CONTRE LE KOWEÏT

Moins de deux ans après la fin de la guerre contre l'Iran, en août 1990, les troupes irakiennes envahissent cette fois le Koweït. L'opération répond à deux objectifs : récupérer 9 % des réserves mondiales de pétrole que détient le petit État monarchique, et devenir ainsi le premier producteur de pétrole ; récupérer aussi l'île koweïtienne de Bubiyan afin d'ouvrir l'Irak plus largement sur le golfe Persique. Cette fois, les troupes irakiennes sont chassées en quelques mois seulement, par une coalition arabo-occidentale, militairement conduite par l'armée américaine et sous mandat des Nations unies.

LE TRIANGLE SUNNITE

Les Arabes sunnites représentent environ 20 % de la population de l'Irak où ils sont donc minoritaires. Cependant, en dépit de leur handicap numérique, ils dirigent le pays pendant près de trente ans, jusqu'à ce qu'ils perdent le pouvoir avec la chute de Saddam Hussein en 2003, bientôt validée par les élections qu'ils perdent aussi, en décembre 2005. Très divisée par ailleurs, la communauté sunnite conserve cependant pour objectif commun de trouver les moyens politiques de restaurer un État central fort.

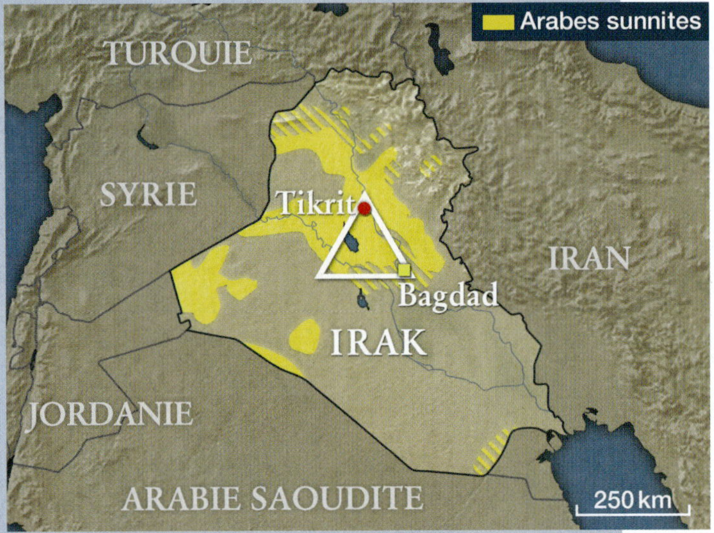

LA MAJORITÉ CHIITE

Après l'Iran dont il est le voisin direct, l'Irak est le deuxième plus important pays chiite. Majoritaires dans la population irakienne, les chiites le deviennent aussi au Parlement en 2005. Cependant, face au chaos dans lequel le pays est plongé, face également aux rivalités entre milices chiites, cette communauté redoute le retour d'un État sunnite intolérant en cas de départ des Américains.

résolution de la crise politique irakienne. Menacé par les déclarations américaines et surtout par leurs troupes présentes dans les pays limitrophes, Téhéran gagne un intérêt à favoriser l'enlisement américain qui le protège – au moins provisoirement – contre une intervention militaire. Cependant, en dehors d'une entente politique opportuniste, les chiites d'Irak et d'Iran ne partagent aucun projet commun. Ceux d'Irak guère plus d'ailleurs, divisés entre eux par les rivalités entre les partisans de Moqtada al-Sadr et ceux de l'ayatollah al-Sistani, entre la ville de Karbala et celle de Nadjaf, ou encore entre les tenants du tribalisme traditionnel et les plus jeunes.

Quatrième grand acteur sur la scène régionale : l'Arabie saoudite, à la fois soucieuse de ne pas voir l'Irak s'embraser au départ des Américains, et de ne pas laisser l'Iran chiite dominer la scène régionale y compris par son influence sur les chiites au pouvoir en Irak. C'est pourquoi Riyad soutient les courants sunnite et wahhabite dans leur résistance face aux chiites, comme elle l'avait fait lors de la première guerre du Golfe de 1980-1988.

État des lieux

À l'aune de cette fragmentation du pays et des violences entre communautés, tout semble aujourd'hui converger vers un règlement des différends toujours moins démocratique, toujours plus violent, en dépit des succès formels de la transition post-Saddam. Aujourd'hui, on peut même parler d'un dépeçage communautaire de l'Irak par la privatisation et la communautarisation de la redistribution des ressources pétrolières. Transformés en fiefs partisans, les ministères ne recrutent par exemple qu'au sein de leur clientèle.

Deuxième élément du contexte de violences irakien : l'intervention américaine. Après avoir justifié son opération par l'existence d'armes de destruction massive en Irak et y avoir associé ses alliés sur la base d'un leurre, l'administration américaine est parvenue au résultat inverse à celui qu'elle recherchait : en intervenant militairement en Irak pour lutter contre le terrorisme, les États-Unis ont contribué à son développement ; en pratiquant le concept de guerre préventive – frapper avant que la menace se développe – les néoconservateurs américains ont sans doute convaincu le pouvoir iranien de se doter de l'arme nucléaire de dissuasion.

La suite n'est pas simple à anticiper. Il se dégage pourtant de la stratégie américaine pour 2008 qu'elle vise à laisser un Irak affaibli par ses conflits internes, à se concentrer sur un nouvel ennemi, l'Iran, et à le contrer en s'appuyant sur les régimes républicains et les monarchies sunnites du Moyen-Orient. Il faut, comme l'expliquait au printemps 2007 la secrétaire d'État Condoleezza Rice, que les « États-Unis au Moyen-Orient soutiennent les réformistes face aux extrémistes ».

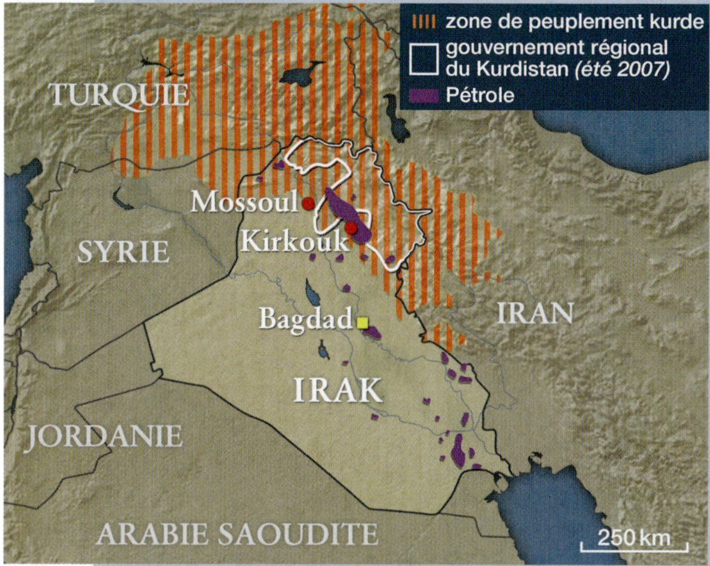

L'AUTONOMIE KURDE

Minoritaires à l'échelle de l'Irak, les Kurdes font néanmoins partie d'un peuple beaucoup plus important partagé par les frontières de quatre États : Iran, Irak, Syrie et Turquie. « Protégés » par la résolution 688 des Nations unies depuis la fin de la première guerre du Golfe à l'issue de laquelle ils avaient été violemment réprimés, les Kurdes montrent une autonomie de plus en plus marquée au sein de l'Irak : la langue arabe est en train de disparaître des écoles et des manuels ; le Kurdistan dispose même de sa propre armée et de ses propres champs de pétrole de Kirkuk à Mossoul dont il s'est autodéclaré propriétaire en 2005. En dehors de la monnaie, plus rien ne relie aujourd'hui ce Kurdistan-là au reste de l'Irak.

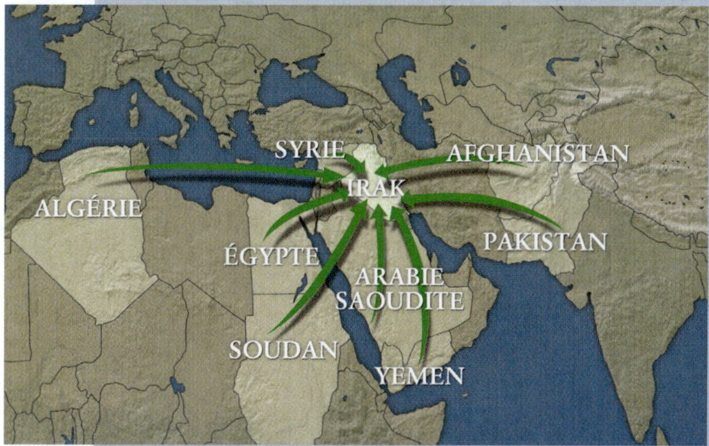

LE MOUVEMENT DJIHADISTE

Quand elle est déclenchée en 2003, la guerre en Irak fait converger vers ce théâtre d'opérations plusieurs milliers de jeunes musulmans « djihadistes ». Ainsi, alors que les États-Unis et le Royaume-Uni désignent leur intervention comme un moyen de lutter contre le terrorisme international, on s'aperçoit trois ans plus tard qu'elle a surtout offert aux mouvements islamistes radicaux un terrain de recrutement, d'entraînement et de propagande.

DE LA PERSE À L'IRAN

Avant de devenir une révolution islamique, un pivot géopolitique et un risque nucléaire, l'Iran représente l'ancienne Perse, l'héritière d'une vieille et grande civilisation, d'un vieil État, d'une vraie nation. Pays de la civilisation de Persépolis au carrefour des mondes turc, arabe et indien, l'Iran est aussi le pays du chiisme, et de chefs-d'œuvre de l'architecture islamique comme la mosquée d'Ispahan.

IRAN : QUELLE DISSUASION ?

Depuis quelques années, l'Iran est officiellement engagé dans la construction d'un programme nucléaire civil, le seul du genre dans la région. Pour l'Agence internationale de l'énergie atomique (AIEA) cependant, la puissance régionale dissimule certaines activités d'enrichissement en se soustrayant aux obligations du traité sur la non-prolifération dont elle est pourtant l'un des États signataires. Confrontée en même temps à l'attitude belliqueuse du chef d'État iranien, à la capacité de nuisance de Téhéran sur les scènes libanaise, palestinienne et irakienne, mais aussi aux risques qu'une nouvelle intervention occidentale dans un pays musulman fait peser au Moyen-Orient, la communauté internationale se divise.

Un programme ancien

Le programme nucléaire iranien est ancien et remonte à l'accord « Atome pour la paix » lancé à l'initiative des États-Unis en 1957 pour faciliter les recherches iraniennes sur l'utilisation pacifique de l'énergie nucléaire. Il se développe dans les années 1970, lorsque l'Inde et Israël décident à leur tour de franchir le pas du nucléaire militaire. Le chah d'Iran décide alors de lancer un vaste programme de coopération sur le nucléaire civil avec la France et l'Allemagne, sans exclure l'option militaire, en fonction des évolutions géopolitiques à venir. Quand il accède au pouvoir en 1979, le régime islamique issu de la révolution iranienne interrompt les recherches sur le nucléaire par souci d'indépendance à l'égard de toute puissance. Il décide cependant de les reprendre en 1983 après l'invasion du pays par l'Irak en

1980. Après avoir essuyé le refus des puissances occidentales de reprendre leur programme de coopération, il obtient l'assistance de la Chine et du Pakistan, puis celle de la Russie et peut ainsi reprendre, en 1995, la construction de la centrale nucléaire de Buchehr dont le réacteur à eau légère n'a toujours pas été livré en 2007.

Un programme suspect

Depuis quelques années, plusieurs « fuites » conduisent les observateurs à s'interroger sur la nature réelle des recherches iraniennes et sur les raisons qui poussent Téhéran à refuser de coopérer avec l'AIEA. À l'automne 2007, il n'est cependant pas certain que l'Iran ait violé la lettre du traité sur la non-prolifération. En revanche, il est certain qu'il en a violé l'esprit en dissimulant des informations et en se dérobant aux questions des inspecteurs sur l'étendue du programme. Pour l'AIEA, il est désormais difficile de donner du crédit aux résultats des inspections autorisées sur place dans le pays.

Dans une étude indépendante dont les conclusions sont publiées au printemps 2007, le SIPRI (*Stockholm International Peace Research Institute*) souligne que l'Iran ne dispose pas pour le moment du matériel fissile, c'est-à-dire de l'uranium hautement enrichi nécessaire à la fabrication de l'arme atomique. Pour l'institut suédois, l'hypothèse de développement le plus rapide ne permettrait pas au pays de disposer de l'arme nucléaire avant 2013.

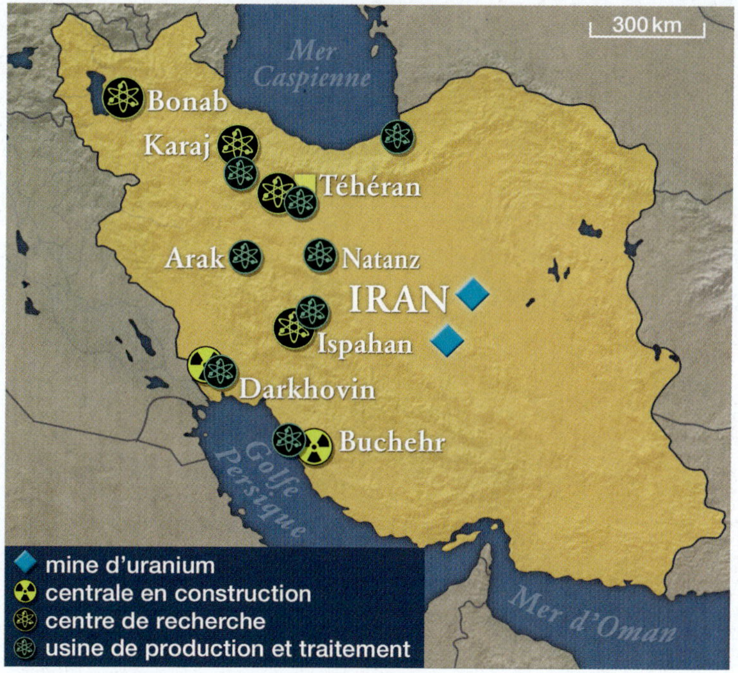

INSTALLATIONS NUCLÉAIRES IRANIENNES

À l'horizon 2008, l'ambition de Téhéran est de doter l'Iran de sept réacteurs nucléaires. Officiellement, Téhéran se fixe pour objectif de disposer d'une industrie nucléaire civile, ayant une capacité totale d'environ 7 000 mégawatts d'électricité. Pour l'atteindre, les Iraniens souhaitent maîtriser l'ensemble du cycle de combustion nucléaire. Or, l'enrichissement isotopique et le retraitement des déchets sont les étapes les plus sensibles de ce cycle, car elles permettent d'accéder à des qualités d'uranium ou de plutonium utilisables dans une bombe atomique. Autrement dit, à partir du moment où un pays maîtrise l'ensemble du cycle nucléaire civil, il détient aussi l'essentiel des connaissances nécessaires pour développer un programme nucléaire militaire. Or c'est la direction que semble avoir choisie l'Iran.

L'IRAN, LE PIVOT GÉOPOLITIQUE DU MOYEN-ORIENT

Depuis 2001, la configuration géopolitique mondiale place l'Iran en son centre, face à la nouvelle disposition de bases ou de facilités américaines en Turquie, dans les pays du golfe Persique, en Arabie saoudite, en Irak, en Asie centrale et en Afghanistan. Comment l'Iran peut-il, face à un tel déploiement, assurer sa sécurité nationale ? C'est en tout cas la question qu'il formule quand on l'interroge sur son programme nucléaire.

L'option militaire

Face aux doutes que sème l'attitude iranienne sur ses intentions, plusieurs phases de négociations sont menées par la « troïka européenne » auprès du régime de Téhéran. Pour sa part, le Conseil de sécurité des Nations unies choisit la voie des sanctions économiques. D'autres, comme les États-Unis, n'excluent pas désormais l'option militaire.

Des frappes aériennes « chirurgicales » lancées contre certaines installations iraniennes pourraient certes ralentir le processus nucléaire, mais leurs effets secondaires seraient au minimum au nombre de trois : ainsi conduit à se retirer du traité sur la non-prolifération, l'Iran serait soustrait à tout contrôle international et pourrait obtenir l'arme nucléaire à l'extérieur, en l'espace probable d'environ deux ans. Enfin, on peut imaginer les effets politiques dévastateurs que pourraient avoir la diffusion d'images d'une nouvelle attaque « occidentale » contre un pays musulman, *a fortiori* si Israël y participe.

La question que pose le cas du nucléaire iranien est de savoir si la détention de l'arme atomique reste une exception, ou si du fait de la prolifération, elle devient un outil de dissuasion auquel un nombre croissant d'États peuvent avoir accès.

Le concept de guerre préventive et sa mise en œuvre en Irak contribue aussi certainement à la prolifération de l'arme atomique. Car vu de Téhéran, dont le territoire est cerné par des positionnements militaires américains, seule l'arme nucléaire peut dissuader quiconque d'attaquer son espace national. Afin de se tenir à l'écart de ces situations extrêmes, c'est donc sur la sécurité de l'Iran qu'il convient de se pencher, en fournissant à ce pays des garanties de sécurité lors de négociations menées sur la durée. C'est certainement la seule voie qui permettra de dénouer la grave crise de confiance qui prévaut depuis longtemps entre l'Iran et la communauté internationale.

LIBAN, ÉTAT DES LIEUX D'UN ÉTAT-TAMPON

Le Liban peut-il devenir un État « normal », enfin dégagé de son obligation de jouer les États-tampons : hier entre l'Empire ottoman et les puissances européennes ; aujourd'hui entre Israël, l'Iran et la Syrie ; demain entre les sunnites et les chiites ? En même temps, le « pays du cèdre » peut-il aussi sortir de la logique clanique pour enfin accéder à la logique nationale ? À cette double question, c'est toute la complexité du Liban qui vient répondre, par le rapport de forces qui s'y joue.

Le « pacte national » libanais

À la fois méditerranéen – donc très proche du sud de l'Europe – et tout à fait moyen-oriental par les frontières qu'il partage avec la Syrie et Israël, le Liban semble ne jamais accéder à la souveraineté sur son propre territoire : tout au long de son histoire, il reste soumis à son système « communautaire » et à des interventions extérieures qui, d'ailleurs, sont souvent suscitées par ces « communautés » libanaises.
De qui parle-t-on ?
– des maronites, qui vivent entre Beyrouth et la plaine de la Beqaa. Chrétiens orientaux, ils sont à l'origine des disciples du moine saint Maron ;

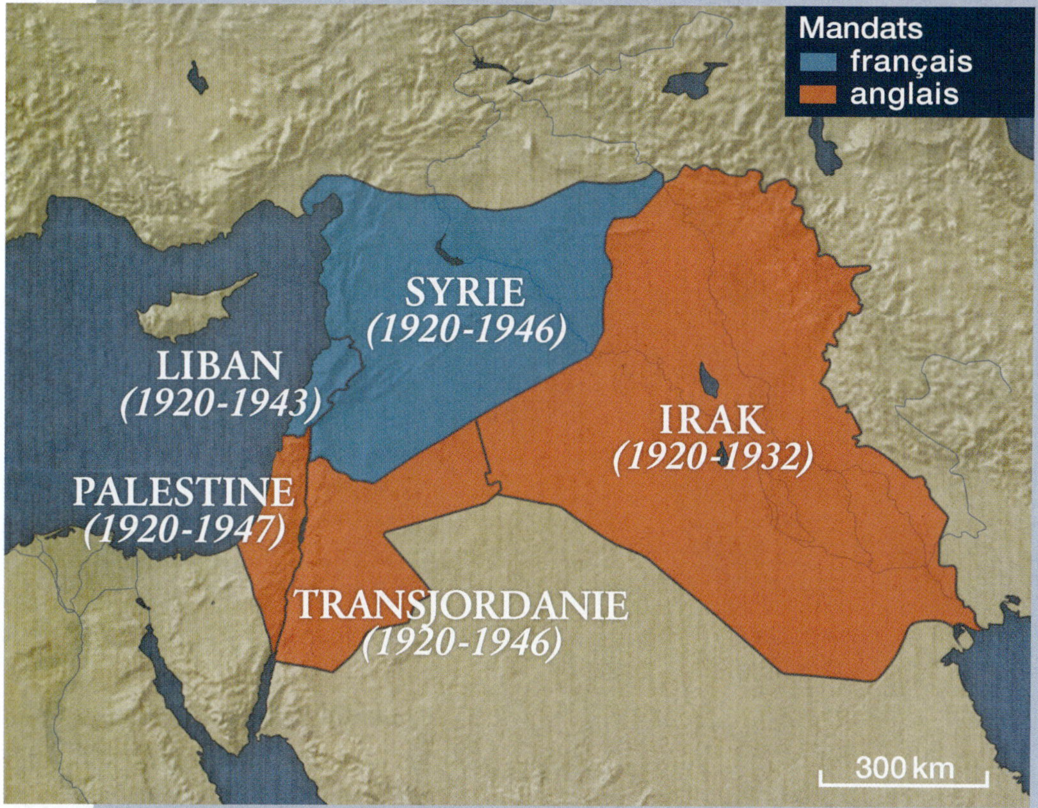

LA FRANCE ET LE LIBAN

Le Liban, dans ses frontières actuelles, est né de la reconfiguration politique du Moyen-Orient après la Première Guerre mondiale, dans une alliance entre les chrétiens maronites et la France, gardienne des Lieux saints. Cette alliance, fondée sur une période historique précise, a toujours maintenu des relations particulières entre le Liban et la France.

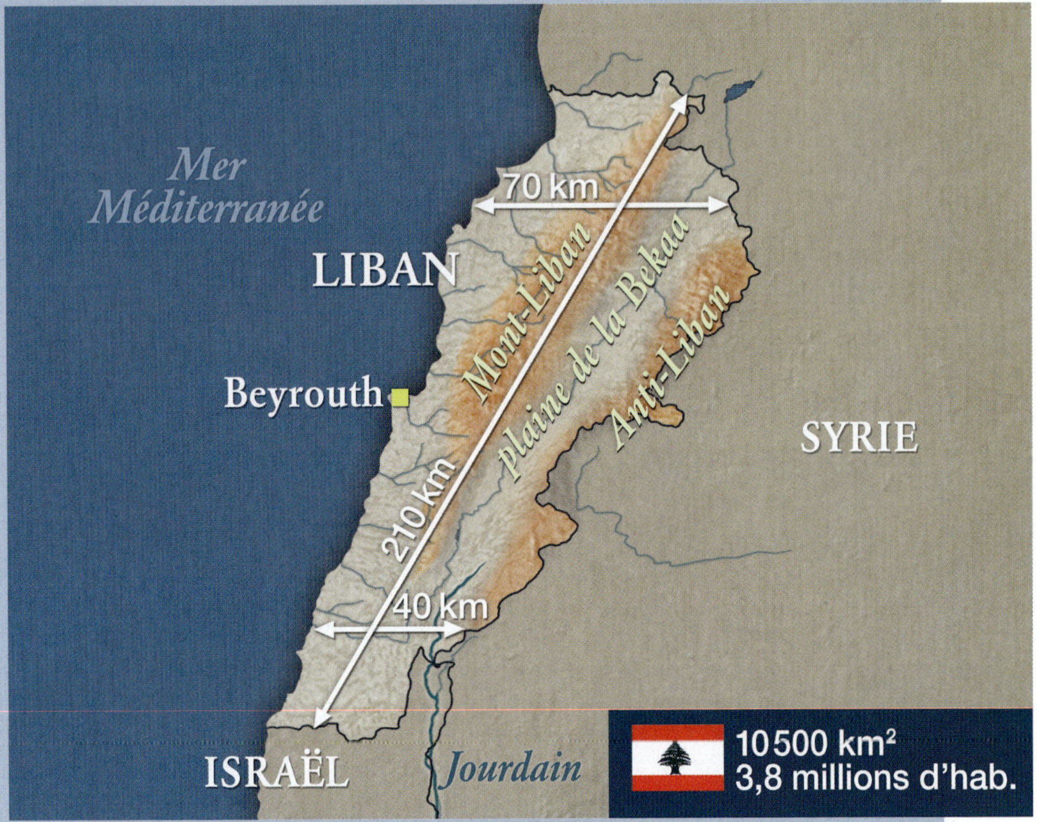

LE PLUS PETIT ÉTAT DU PROCHE-ORIENT

Avec un territoire grand comme le tiers de la Belgique, le Liban est le plus petit État du Proche-Orient. Déjà étroite, sa plaine côtière vient très vite buter sur deux chaînes de montagnes, qui ont donné leur nom au pays : la chaîne centrale du mont Liban, et plus à l'est, celle des monts de l'Anti-Liban. Ces chaînes de montagnes ont une double importance : elles sont le château d'eau d'où naissent les nombreuses rivières qui traversent le Liban, avant de se jeter en Méditerranée ou dans le Jourdain ; elles ont toujours offert un refuge aux minorités religieuses opprimées.

– des chrétiens grecs orthodoxes qui vivent à Beyrouth, Sayda et Tripoli ;
– des Druzes plutôt situés dans les montagnes, près du mont Hermon et dans la région du Chouf ;
– des musulmans sunnites, au nord du pays et autour de Sayda ;
– des musulmans chiites autour de Baalbek dans le nord du pays, et dans le Djebel Ami au sud ;
– des Arméniens ;
– des Kurdes.

Rurales, féodales et religieuses : ces communautés sont au Liban « la » source du pouvoir, car ce sont elles qui donnent leur identité aux Libanais, et non L'État ou la Nation.

Les Libanais seraient dix millions dans le monde dont seulement quatre millions au Liban. Le conditionnel est ici important car le dernier recensement officiel remonte à 1932 et détermine aujourd'hui encore l'équilibre des pouvoirs entre les communautés confessionnelles du Liban : ainsi, conformément au « pacte national » établi en 1943 au moment de l'indépendance sur la base de cet équilibre démographique, c'est un maronite qui siège à la présidence de la République, un sunnite qui occupe le poste de Premier ministre et un chiite qui préside l'Assemblée nationale. Depuis 1932, l'équilibre démographique s'est bien sûr profondément modifié au Liban, mais pas les institutions pour ne pas risquer d'en briser le fragile équilibre politique.

Pourtant, selon certains spécialistes de la région, l'État libanais ne pourra pas s'affirmer tant que les clans maronite, chiite, sunnite et druze maintiendront ce système communautaire. Pour d'autres au contraire, il ne faut surtout pas modifier les termes du pacte national, car cela mettrait en péril la cohérence même de l'État libanais. En tout état de cause, cette faiblesse institutionnelle du Liban que traduit le poids continu de son « communautarisme » favorise également l'immixtion régulière et déstabilisatrice des puissances voisines dans les affaires du petit État.

La guerre du Liban

Quand elle est décidée en 1948, la création de l'État hébreu provoque l'exode de nombreux Palestiniens. Par centaines de milliers, ils fuient et se dispersent dans tout le Moyen-Orient, notamment en Jordanie et au Liban. Rapidement, le sud du Liban – à la frontière avec Israël – devient la base sanctuaire des *fedayin* palestiniens (francs-tireurs) qui placent ainsi le « pays du cèdre » au centre de l'antagonisme israélo-arabe. Pour leur part, les Syriens poursuivent plusieurs objectifs sur le territoire libanais : le contrôle de la résistance palestinienne que conduit alors le Fatah, le parti de Yasser Arafat ; l'équilibre entre les milices chrétiennes et musulmanes, pour qu'aucune ne prenne seule le contrôle du Liban ; la reconquête d'un « espace de manœuvre » face à Israël ; et plus largement, la maîtrise de la destinée politique et économique du Liban. Car la Syrie ne s'est jamais remise d'avoir été privée par la France de la province libanaise en 1920.

LES FAMILLES LIBANAISES

Ces territoires que l'on repère sont le tracé de fiefs féodaux, tenus par de grandes familles libanaises comme les maronites de Khazen dans la province de Kesrouan ; les druzes Joumblatt dans le Chouf ; les Obeich, chrétiens maronites de Ghazir. Ces clans féodaux sont à la fois des puissances religieuses et sociales, parfois militaires, et toujours financières. Car avant de verser leur impôt au sultan ottoman, les petits émirats, qui le lèvent auprès des paysans travaillant sur leurs terres, en prélèvent une partie à la source. Organisées autour des monts Liban, ces communautés forment le « petit Liban », et leur identité est avant tout religieuse. L'origine des tensions entre ces clans fut le passage de cette forme d'identité à la gestion des affaires politiques, sous les jeux d'influence des puissances extérieures.

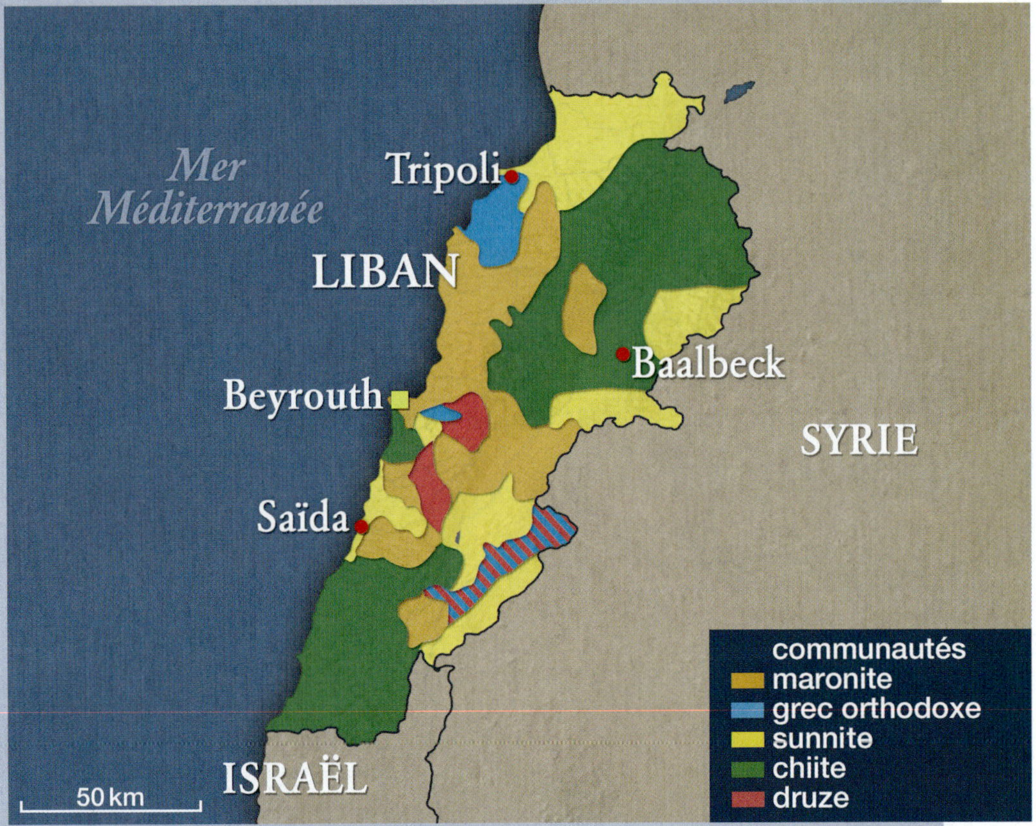

LE PACTE NATIONAL

Cette carte présente la localisation « classique » des communautés libanaises sur le territoire national. Elle s'appuie sur le dernier recensement ayant eu lieu dans le pays, qui va aider à construire les institutions du Liban lors de son accès à l'indépendance en 1943. C'est ce que l'on nomme le « pacte national », qui distribue les pouvoirs entre la présidence de la République pour un maronite, celle de l'Assemblée nationale pour un chiite, le Premier ministre devant être un sunnite. Les évolutions démographiques de la fin du XXe siècle au Liban rendent cette représentation approximative.

Née au croisement conflictuel des ambitions de chacune des communautés libanaises et de celles des puissances voisines, la guerre du Liban éclate en 1975. Au travers de multiples recompositions d'alliances, elle montre pendant quinze ans comment l'Iran, Israël et la Syrie d'une part et les communautés de l'autre s'utilisent mutuellement pour la défense de leurs intérêts respectifs. Elle souligne en particulier que les antagonismes sont davantage l'expression des rivalités de pouvoir au sein des appareils communautaires que le produit d'oppositions à caractères identitaires. Deux facteurs contribuent à mettre un terme aux hostilités en 1990 : la chute de l'URSS, qui prive la Syrie de son principal allié ; le retournement de Damas, qui vient alors se ranger au côté des États-Unis dans l'intervention qui se prépare contre l'Irak ; en échange, Damas obtient toute liberté de manœuvre au Liban où la Syrie se présente alors comme la force stabilisatrice. Ainsi, l'installation durable de troupes syriennes dans le pays (plaine de la Bekaa) et le contrôle politique de l'État libanais par Damas sont le prix à payer pour que la Syrie préserve la paix civile au Liban. Auparavant, en réaction à l'invasion israélienne au Liban en 1982, les Syriens participent également à la création du Hezbollah (parti de Dieu), un mouvement politique chiite libanais doté d'une branche armée.

Les responsabilités libanaises

Le parti Hezbollah est un mouvement très populaire au Liban. Non pas pour ses activités terroristes déclarées, mais pour le travail social que ses cadres réalisent auprès de la population chiite au sud du pays et dans les banlieues de Beyrouth.

Une politique qui contraste fortement avec la corruption développée au sein de l'État libanais, mais aussi avec le mépris avec lequel les sunnites et les maronites considèrent la population shiite libanaise. Enfin, pour les Libanais, c'est au Hezbollah qu'on doit attribuer le retrait unilatéral des troupes israéliennes au sud du pays, en 2000 et en 2006.

À son tour, Damas retire ses troupes du Liban au printemps 2005, sous la pression de la résolution 1559 des Nations unies préparée par la France et les États-Unis. Pour autant, le retrait syrien ne suffit pas à rendre le Liban souverain sur son propre territoire. Car l'influence de Damas se maintient sous des formes diverses tandis que les assassinats politiques se poursuivent notamment celui de l'ancien Premier Ministre Rafik Hariri. La Syrie conserve ainsi une grande capacité de nuisance qui lui permet de continuer à peser dans le débat national libanais en jouant de la division et des rivalités persistantes entre les communautés.

On est là au cœur de la problématique libanaise qui pose à présent la question de savoir si le pays peut sérieusement s'engager dans une politique différente en gardant les mêmes élus, les mêmes élites et les mêmes institutions. Et puis ne lui revient-il pas de contribuer au dialogue entre chrétienté et islam en donnant l'exemple au sein même du Liban?

LE VOISINAGE POLITIQUE DU LIBAN

Voisin direct de la Syrie, le Liban devient aussi le voisin direct d'Israël à partir de 1948. Ainsi, dès la formation de l'État hébreu, le « pays du cèdre » sera soit directement impliqué dans les guerres israélo-arabes, soit il tentera de jouer un rôle d'État-tampon.

LES RÉFUGIÉS PALESTINIENS AU LIBAN

À plusieurs reprises, les guerres successives entre l'État hébreu et les États arabes déplacent des familles palestiniennes qui fuient la Palestine pour venir chercher refuge au Liban, où elles sont installées dans nombreux camps d'hébergement, en plusieurs lieux du pays.

GAZA, L'ÉTAT DU HAMAS ?

Gaza, bande de terre de 8 à 12 kilomètres de large sur 40 de long où vivent environ 1,3 million de Palestiniens, est une région agricole ouvrant sur la Méditerranée. Pour leur majorité, ces Palestiniens sont des réfugiés « de l'intérieur » qui ont fui leur village lors de la création d'Israël en 1948. Près de 500 000 d'entre eux vivent toujours dans des camps de réfugiés.

En août 2005, 7 000 colons israéliens quittent le territoire palestinien suite au démantèlement des vingt et une colonies israéliennes de Gaza. Quelques mois plus tard, au printemps 2006, Gaza devient le théâtre de violents affrontements inter-palestiniens entre les factions armées du Fatah d'une part, et celle du Hamas de l'autre qui, depuis juin 2007, contrôle seul la bande de Gaza. De son côté, Israël procède à des bouclages, à des bombardements, des incursions ou des opérations clandestines pour procéder à des arrestations de dirigeants palestiniens accusés d'être islamistes.

PALESTINE : L'ÉTAT INTROUVABLE

En mai 2008, Israël fête ses soixante ans d'existence. Un anniversaire qui rappelle la difficulté de fonder l'État palestinien. Théâtre en 2007 de violentes rivalités de pouvoir inter-palestiniennes qui opposent le Hamas (Mouvement de la résistance islamique) et le Fatah, parti historique de Yasser Arafat, la Palestine ajoute maintenant à sa division géographique une division politique, puisqu'elle se trouve scindée en deux entités depuis juin 2007, avec la bande de Gaza contrôlée par le Hamas d'un côté et la Cisjordanie contrôlée par le Fatah de l'autre.

Deux Palestine et pas d'État

Le mouvement Hamas est créé au cours de la première Intifada, l'insurrection palestinienne qui débute en 1987 dans le camp de réfugiés de Jabaliya à Gaza. Issu d'une branche des Frères musulmans, le mouvement islamiste évolue rapidement vers un mouvement politique radical qui prône la lutte armée contre Israël. Opposé au processus de paix que prévoient les accords d'Oslo en 1993, il lance alors des attentats terroristes sur le territoire israélien. Politiquement porté par la deuxième Intifada et par l'impasse dans laquelle se trouve la jeunesse palestinienne, très actif au sein même de la population en Palestine, le Hamas y gagne peu à peu de l'influence. Au point qu'à la surprise de la communauté internationale et des Palestiniens eux-mêmes, le mouvement islamiste emporte largement les élections parlementaires de janvier 2006. Par ce scrutin qui se déroule de façon démocratique, les Palestiniens sanctionnent le Fatah auquel ils reprochent sa corruption et son incapacité à créer un État palestinien. La victoire du Hamas proclamée, les États-Unis et l'Union européenne gèlent leur aide financière à l'Autorité palestinienne. De son côté, Israël mène une politique d'isolement du mouvement et fait de la reconnaissance de l'État hébreu par le Hamas un préalable à toute négociation.

Asphyxiée économiquement, isolée sur la scène internationale, l'Autorité palestinienne est affaiblie. Une crise de légitimité oppose alors le nouveau gouvernement palestinien, dirigé par Ismaïl Haniyeh issu du mouvement Hamas, au président de l'Autorité palestinienne Mahmoud Abbas et ses partisans du Fatah. En quelques semaines, la question du contrôle des forces de sécurité palestiniennes conduit à l'éclatement d'affrontements armés entre factions rivales, qui dégénèrent à partir du printemps 2006. En dépit des efforts de médiation du roi d'Arabie saoudite Abdallah, les tensions inter-palestiniennes aboutissent à l'expulsion des forces de sécurité pro-Fatah de la bande de Gaza et à la prise de contrôle de ce territoire par le seul Hamas en juin 2007. Cette fois, la Palestine est bien coupée en deux.

Une Palestine et deux États ?

À la « partition » territoriale de la Palestine s'ajoute donc à présent la scission entre les deux forces politiques palestiniennes. Face à cette situation, l'Union européenne, les États-Unis et Israël choisissent de soutenir le président Abbas, notamment par la reprise de leurs aides financières, laissant ainsi Gaza s'enfoncer dans une situation de plus en plus intenable (pénuries alimentaires, d'eau, d'électricité, de médicaments, chômage à 40 %, pauvreté, etc.). Pour Israël en revanche, la situation devient politiquement avantageuse puisque son adversaire est maintenant divisé en deux camps rivaux. C'est peut-être justement cette situation nouvelle qui pourrait conduire à la formation d'un État palestinien : pour les Américains ou les Israéliens, il s'agit maintenant de profiter de la division du mouvement national palestinien, sans attendre que sa composante islamiste radicale et anti-occidentale se renforce davantage grâce au soutien que le Hamas reçoit, entre autres, de l'Iran. D'autant plus que pour Israël, l'instabilité intérieure de Gaza reste un enjeu de sécurité.

CISJORDANIE, LA PALESTINE DU FATAH ?

Depuis juin 2007, la Cisjordanie héberge le nouveau gouvernement palestinien dirigé par le Fatah et soutenu par la communauté internationale et par Israël. Les accords d'Oslo, signés en 1993, qui prévoyaient la restitution progressive du territoire à l'Autorité palestinienne, n'ont jamais totalement fonctionné, notamment car, pendant la durée du processus, Israël a favorisé l'installation de 78 500 colons supplémentaires. Face à la multiplication des attentats terroristes sur son territoire, Israël a lancé en 2002 la construction d'une « clôture de sécurité » qui sépare physiquement la Cisjordanie de l'État hébreu. Son tracé pénètre parfois très profondément en territoire palestinien, sans respecter la « ligne verte », frontière entre Israël et la Cisjordanie depuis 1948. En coupant villages ou villes palestiniennes de leur arrière-pays, la clôture contribue à fragiliser davantage encore la viabilité d'un État palestinien.

ÉPILOGUE

ÉPILOGUE

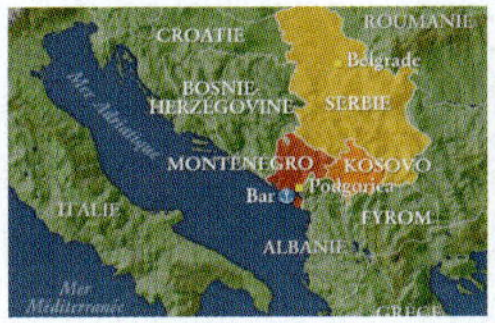

EN ATTENDANT L'EUROPE

EN ATTENDANT L'EUROPE

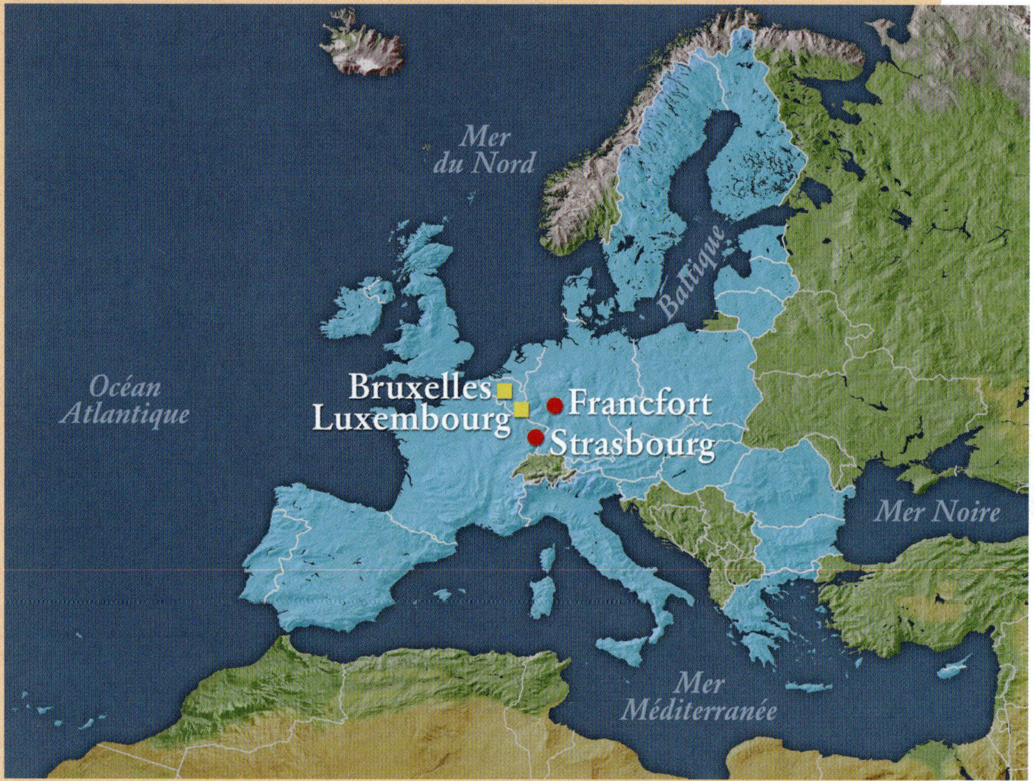

QUATRE CAPITALES POUR L'EUROPE

Les principales institutions de l'Union européenne sont :
– le Conseil de l'Union et la Commission à Bruxelles ;
– le Parlement qui siège à Strasbourg et Bruxelles ;
– la Cour de justice à Luxembourg ;
– la Banque centrale à Francfort-sur-le-Main, qui gère la monnaie de l'Union, l'euro.

L'*Atlas du Dessous des Cartes* paru à l'automne 2005 s'ouvrait avec l'Europe en premier chapitre. Ce second volume consacré au *Monde qui change* se conclut avec elle, comme une question posée à l'Europe, au lecteur et à leur avenir partagé. Car aussi discrète dans cet ouvrage que sur la scène politique internationale, la construction européenne n'attire plus les Européens.
Pis : l'Europe ne les fait plus rêver car elle ne serait plus désormais qu'un grand marché.

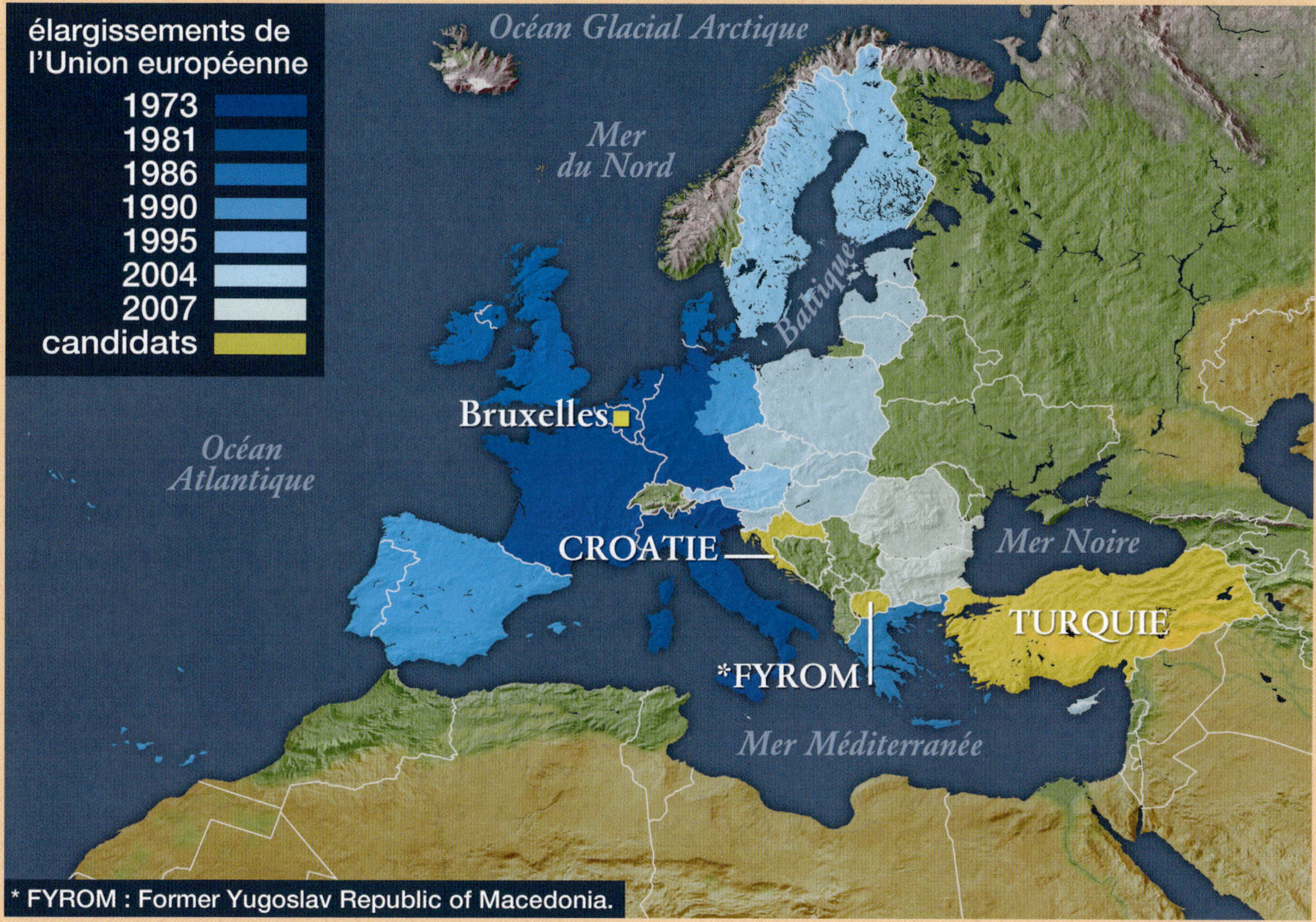

JUSQU'OÙ ÉLARGIR L'UNION EUROPÉENNE ?

Si l'on s'en tient aux critères de Copenhague, il suffirait pour intégrer l'Union européenne d'accepter les acquis communautaires, de respecter les droits de l'homme, d'avoir des pratiques démocratiques et une économie de marché. Aucun de ces critères ne permet pourtant de répondre aux questions que posent les États des Balkans occidentaux, au précédent politique qu'ils créent, au problème de leurs économies mafieuses, et à celui de l'instabilité qu'ils maintiennent aux portes de l'Europe. Par ailleurs, si les critères de Copenhague permettraient d'intégrer la Suisse, la Norvège et l'Islande, ils ne répondent pas non plus à la question des limites de l'Union. Selon Romano Prodi, ancien président de la Commission européenne, l'Union atteindrait avec ces trois pays sa forme définitive sans interdire d'autres formes de partenariat ou de coopération. Sinon, l'Europe pourrait ne plus pouvoir fabriquer d'autre projet que commercial, ni atteindre d'autre ambition qu'économique.

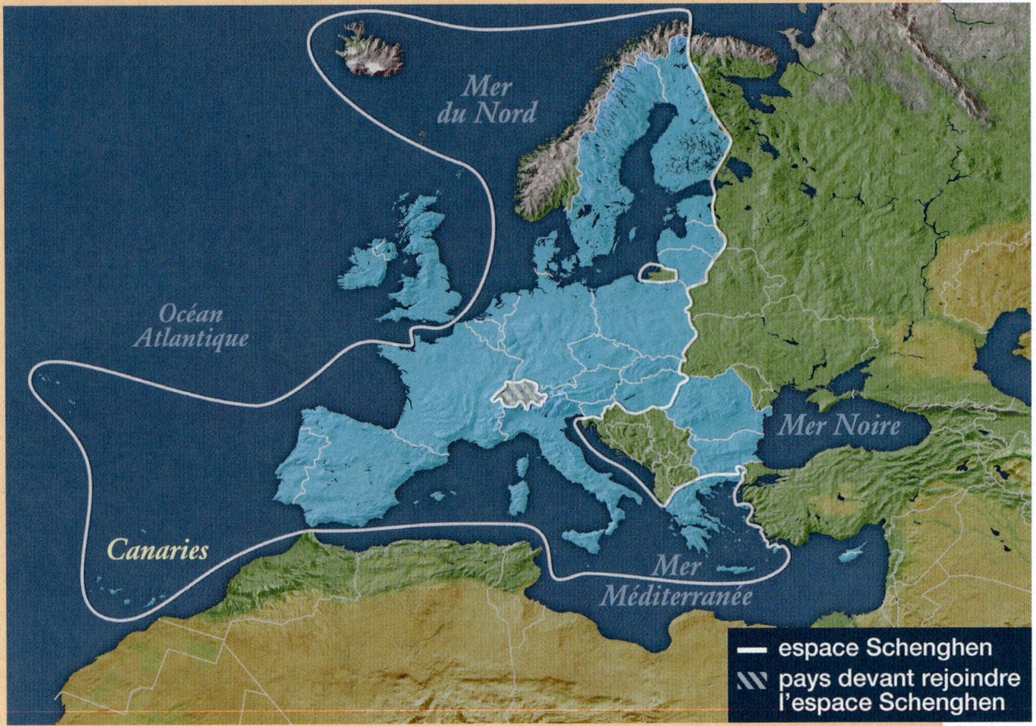

SCHENGEN, UN ESPACE SOUS CONTRÔLE

L'espace Schengen est un espace de libre circulation pour les personnes qui y résident : le contrôle aux frontières intérieures a été supprimé pour être reporté sur les frontières extérieures de l'Union. Or, l'espace Schengen ne rassemble que treize pays membres, ainsi que l'Islande et la Norvège. Le Royaume-Uni et l'Irlande souhaitent y participer ultérieurement. Neuf des dix États membres entrés dans l'Union européenne en 2004 (Chypre, la Bulgarie et la Roumanie étant sur un calendrier différent) ont rejoint l'espace Schengen en levant les contrôles systématiques aux frontières terrestres dès le 21 décembre 2007 et ceux dans les aéroports fin mars 2008.

Pour une partie des Européens qui en sont déjà membres, l'Union européenne serait inutile, démocratiquement peu légitime, accoucheuse de règlements abscons, voir suspecte pour les identités nationales. Or il n'est pas nécessaire d'aller bien loin pour s'apercevoir que pour des centaines de millions d'individus à travers le monde, l'Europe reste un espace enviable. Au point même parfois de vouloir la rejoindre au péril de sa vie. Au Cameroun, au Brésil, au Kosovo, en Algérie, en Chine ou en Tchétchénie : partout, cette même demande d'Europe, ce même besoin de trouver d'autres réponses, d'autres propositions que le seul rapport de force, que le tout-État ou que le tout-marché. Quel paradoxe ! Faudrait-il donc être hors de l'Union pour saisir l'identité européenne ? Historien pour connaître le penchant nationaliste des nations ? Vieux pour savoir ce qu'est la guerre ! Est-ce cela le bilan de l'Europe soixante ans plus tard ?

Soixante ans déjà, d'une patiente construction pour élaborer un modèle géopolitique inédit. *Modèle* comme un schéma, comme une tentative pour sortir des concepts d'empire, d'État-nation ou même de fédération. *Modèle* comme un exemple aussi, puisque cette construction a permis aux citoyens de l'Europe de vivre déjà presque trois générations sans guerre, en démocratie, économiquement plutôt mieux que dans de nombreuses régions du monde, dans un respect des droits de la personne comme nulle part ailleurs. Or malgré ce bilan, l'Union n'a pas trouvé la voie, la sienne, ni celle qui mène à ses citoyens. Parce qu'elle n'est que le reflet des États qui la composent, de leurs ambitions nationales et de leurs intérêts, parce que c'est là son statut et son paradoxe, l'Europe se fait attendre.

Au terme de ce voyage le long d'*un monde qui change* comme Stendhal promenait le miroir le long du chemin, au fil de ces itinéraires géopolitiques parcourus une loupe politique à la main, on constate avec le lecteur cette absence d'Europe. Ou en tout cas ces insuffisances européennes.

Insuffisance pour répondre avec intelligence (de « faire les liens » en latin) à la crise démographique qui s'annonce, et aux questions migratoires.

Insuffisance pour proposer au monde un système où la compétitivité ne serait pas le seul critère de performance, et le taux de croissance le seul indicateur de réussite.

Insuffisance pour projeter hors de ses frontières sa puissance et sa détermination, sans complexe.

Insuffisance pour réunifier Chypre avant son adhésion. Pour trouver sa place au Proche-Orient. Pour la garder en Afrique. Ou pour l'occuper en Europe, en construisant sa propre défense.
Insuffisance pédagogique pour faire connaître à ses propres citoyens ses apports, ses acquis et sa puissance normative comme par exemple dans la lutte contre les monopoles face à Microsoft.
Insuffisance pour inventer une réponse commune et durable à la demande d'énergie. Pour la plupart, les grands enjeux qui se présentent à nous depuis la mondialisation ne trouvent plus de solution à la seule échelle nationale : flux financiers ou migratoires, multinationales, politique monétaire, espace aérien, terrorisme, épidémie de VIH, réchauffement climatique, réduction de la biodiversité : qui peut encore croire sérieusement que les réponses à ces questions sont gérables à la seule échelle d'un État ? Finalement, c'est au moment où on a le plus besoin d'elle que l'Union européenne se fait attendre... ou plutôt que ses États membres la font attendre.
Après le recadrage – voire la relance – que pourrait permettre l'adoption du « Traité de Lisbonne » en 2007, dont la mise en application prend effet le 1er janvier 2008, l'Union Européenne se retrouvera avec des institutions rénovées. Oui mais pour quel pouvoir ? Pour quel projet ? Avec quel mécanisme démocratique ? Dans quelles frontières ? Avec quel voisinage ?
C'est finalement avec cette dernière question que nous dénouerons ce deuxième ouvrage, lors d'un ultime itinéraire à travers Chypre, la Turquie, le Monténégro et le Kosovo. L'une a rejoint l'Europe, la deuxième le demande, la troisième y aspire et le quatrième pose avec les trois premiers le sens que l'Europe donne à ces élargissements successifs. Fuite en avant ? Tactique prosélytiste ? Manœuvre pour affaiblir son intégration ? Ensemble, ces quatre pays nous posent la question des limites de l'Europe et du projet européen.

LA ZONE EURO, DE BRUXELLES AU KOSOVO

Pour renforcer le marché unique, l'Union choisit de se doter d'une monnaie unique, l'euro, entré en circulation en janvier 2002. En 2008, sur 27, seuls 15 utilisent la monnaie européenne. Ils sont rejoints par Chypre et Malte le 1er janvier 2008 et la Slovaquie en 2009 et devraient être suivis par les trois pays baltes et la Bulgarie en 2010. En effet, conformément au traité de Maastricht, les douze nouveaux membres sont tenus d'adopter la monnaie unique. Ce qui n'est pas le cas du Royaume-Uni et du Danemark qui disposent d'une dérogation permanente.
Bien qu'ils ne soient pas membres de l'Union européenne, quatre micro-États européens (Andorre, Monaco, Vatican, Saint-Marin) appartiennent par accord à la zone euro. Pour leur part, le Monténégro et le Kosovo utilisent aussi l'euro, mais à leur initiative, c'est-à-dire sans avoir intégré les institutions de la zone monétaire.

LA TURQUIE DOIT-ELLE ENTRER DANS L'UNION EUROPÉENNE ?

Faut-il, ou non, faire entrer la Turquie dans l'Union européenne ? Derrière la question, une option politique sensible qui interroge enfin la nature de l'Europe, et de son avenir.
Pour quelques années encore, un débat contradictoire est ouvert, qui fait appel à la géographie, à l'histoire, à la stratégie, à la religion et à l'économie.

GÉOGRAPHIE

OUI, ***car la Turquie est un pays européen.*** *Comme une passerelle entre deux continents, son territoire est divisé en deux parties, dont l'une appartient au continent européen, la Thrace. À son tour, la plus grande ville du pays, Istanbul, rattache le pays à la péninsule européenne par le détroit du Bosphore.*

NON, ***car la Turquie est un pays d'Asie.*** *L'Anatolie représente 97 % du territoire turc. Or elle est en Asie Mineure. Même chose pour Ankara, la capitale, dont les liens historiques, linguistiques et culturels orientent le pays vers cette partie d'Asie qu'on nommait autrefois le « Turkestan ».*

HISTOIRE

OUI, ***car la Turquie est profondément liée à l'Europe par son histoire.*** *D'ailleurs, l'héritage qu'elle a laissé dans la région des Balkans en témoigne encore. On se souvient par exemple que la ville d'Istanbul – qui se nomme Constantinople jusqu'en 1930 – est fondée en 330 par l'empereur romain Constantin le Grand. On se rappelle aussi l'Empire ottoman qui s'étend durablement sur un vaste territoire au sud-est du continent, et dont les troupes font par deux fois le siège de la ville de Vienne. De cette période, la région conserve des traces multiples comme les nombreuses minorités turcophones de Grèce, Macédoine, Bulgarie, Roumanie et Moldavie, ou comme l'ancrage européen de l'islam en Bosnie, au Kosovo, au Monténégro, en Albanie et en Macédoine.*

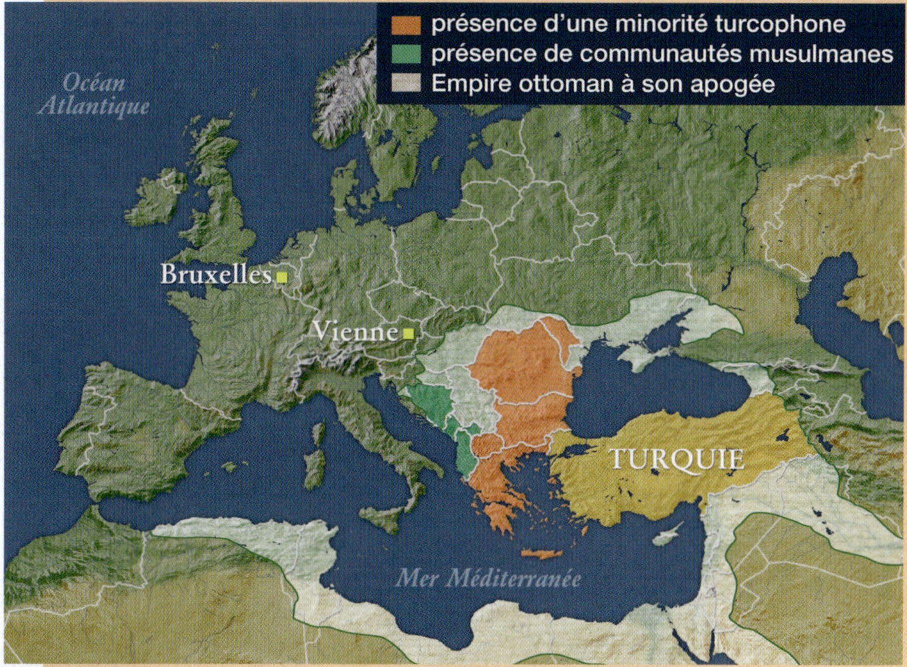

CULTURE

NON, ***car il n'y a pas de cohérence culturelle à rattacher la Turquie à l'ensemble européen.*** *Dans la mémoire collective des Turcs comme dans leur politique culturelle, tout rattache la Turquie à son ère d'influence traditionnelle en Asie Mineure et en Asie centrale. Dans ces régions où vivent des peuples et des populations turcophones, Ankara renforce aujourd'hui son influence dans tous les domaines : bourses d'étudiants ; ouverture de consulats ; investissements économiques ; distribution de films cinématographiques ; financement d'Avrasia (Eurasie en turc), une chaîne satellite qui couvre l'Eurasie où se trouvent les peuples turcophones.*

SÉCURITÉ

OUI, car la Turquie joue depuis longtemps un rôle majeur dans la sécurité européenne. *Dès 1952, elle rejoint l'OTAN à laquelle elle permet d'installer sur son sol des missiles à moyenne portée en réponse aux SS20 que l'URSS pointe alors sur l'Europe. Plus récemment, elle autorise les États-Unis et la France à se prépositionner sur son territoire pour soutenir l'effort de guerre de l'Irak face à l'Iran, de 1980 à 1988. En 1991, elle laisse de nouveau les alliés de la coalition internationale utiliser la base de Diyarbakir, lors de la première guerre du Golfe, menée cette fois contre l'Irak.*

NON, car la Turquie amènerait aux portes de l'Union européenne plusieurs régions instables. *Si la Turquie intègre l'Union européenne, elle place aux frontières de l'Europe :*

– la Syrie, de forte nuisance régionale et avec laquelle la Turquie conserve un contentieux sur le sandjak d'Alexandrette et sur le débit de l'Euphrate ;

– l'Irak, politiquement fragmentée, qui s'oppose également à la Turquie au sujet du débit qu'elle laisse en aval de l'Euphrate ;

– la région politiquement instable du Kurdistan, à cheval sur la Syrie, l'Irak, la Turquie et l'Iran ;

– l'Iran, et les risques qu'il fait peser sur le plan nucléaire ;

– la région du Caucase et ses multiples conflits, en Géorgie ou au Haut-Karabagh.

RELIGION

OUI, car l'entrée de la Turquie est une réponse au choc Occident-islam. *Face aux tensions et aux représentations qui opposent dangereusement le monde musulman aux pays occidentaux, l'intégration de la Turquie à l'Union offre une passerelle politique aux deux ensembles : aux musulmans, elle souligne que l'Union européenne est un projet politique, non confessionnel, entrepris par des États qui accueillent déjà vingt millions de musulmans sur leur sol. Aux Européens chrétiens, elle rappelle que les critères d'adhésion excluent le facteur religieux et retiennent à la place la capacité du pays à adopter les mêmes règles que les autres membres de l'Union. Depuis longtemps, la Turquie est un pays laïc : son rejet de l'Union pour des motifs religieux risquerait donc de brouiller les messages dans le monde musulman, et de renforcer les partis religieux en Turquie, aux portes de l'Europe.*

NON, car la Turquie est souvent perçue comme un adversaire par les régimes musulmans arabes. *Si l'intégration de la Turquie est un message pour le monde musulman, alors il sera mal reçu. Car pour les Arabes, les Turcs sont avant tout les descendants des colonisateurs ottomans qui, par ailleurs, ont aboli le califat. À cela s'ajoute le fait qu'ils sont alliés aux États-Unis, et surtout au premier ennemi des Arabes : Israël. Par conséquent, l'adhésion de la Turquie à l'Union conforterait l'idée qu'elle est une organisation de plus en plus anti-arabe.*

Le triple handicap turc

Que l'on soit pour ou que l'on soit contre l'adhésion de la Turquie à l'Union européenne, la géographie, l'histoire, ou l'économie illustrent toutes que la candidature est sérieuse, et qu'elle s'inscrit dans le prolongement d'engagements économiques et stratégiques plus anciens. Il reste que plusieurs obstacles devront être levés avant que la candidature turque puisse être examinée, objectivement.

Le premier d'entre eux concerne le mode de décision au sein de l'Union qui pondère le vote des États membres en fonction de leur poids démographique. Il donnerait donc d'emblée une place prépondérante à la Turquie, pays le plus peuplé d'Europe.

Le deuxième obstacle est celui de la reconnaissance par la Turquie de tous les États déjà membres de l'Union européenne, y compris la République de Chypre, qui a rejoint l'Union européenne en 2004 mais qu'Ankara refuse toujours de reconnaître.

Le troisième problème est celui des critères de Copenhague que la Turquie devrait satisfaire dans le domaine des droits de l'homme, de la protection des minorités et du droit des femmes. Enfin, de nombreux Européens font valoir un quatrième obstacle à l'adhésion turque : celui de la reconnaissance par Ankara de la responsabilité turque dans le génocide arménien.

ÉCONOMIE

OUI, ***car la Turquie renforce le grand marché européen.*** *Forte de ses 71 millions de consommateurs et de son expérience d'union douanière avec l'Union européenne depuis 1995, la Turquie présente une très bonne candidature au marché commun dont proviennent déjà 85 % des investissements sur son territoire.*

NON, ***car l'entrée de la Turquie affaiblit le projet européen.*** *Pour les pays attachés à la construction politique de l'Union européenne, l'entrée de la Turquie représente un risque de dilution supplémentaire du projet qui vient s'ajouter à celle qu'ont entraînée les derniers élargissements. En tirant l'Union vers sa composante économique et commerciale, l'entrée de la Turquie menace en effet de faire le jeu de ceux qui, comme Londres et Washington, sont farouchement opposés à l'intégration européenne dans des champs plus politiques, sécuritaires et stratégiques.*
Par ailleurs, la Turquie est un pays agricole. Alors que l'agriculture représente en moyenne 10 % de la population active des États membres, elle en concentre 29 % en Turquie. Pour le budget de la politique agricole commune, l'entrée de la Turquie soulève donc un problème potentiellement déstabilisant.

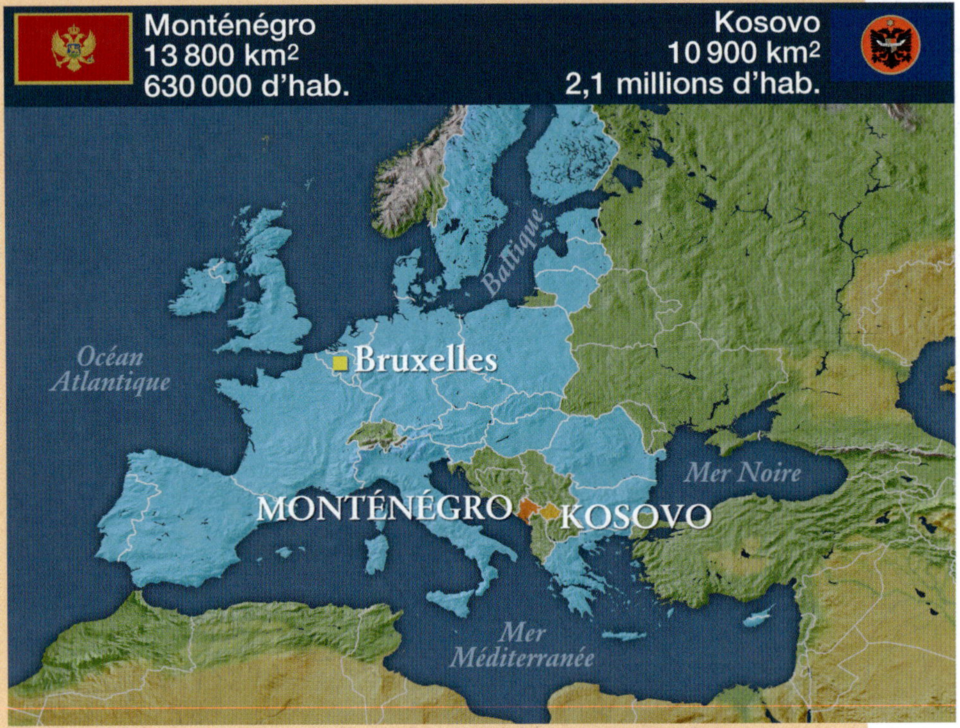

À CHAQUE PEUPLE SON ÉTAT ?

Après avoir successivement reconnu l'indépendance de la Slovénie, de la Croatie, de la Macédoine, de la Bosnie-Herzégovine et du Monténégro, l'Union européenne contribue-t-elle à la fragmentation politique de l'Europe ? Si la notion de peuple devenait finalement un critère « fondateur », comment écarter l'idée que les Croates de Bosnie ou les Serbes de la Republika Srpska revendiquent à leur tour la pleine souveraineté sur le territoire qu'ils occupent ? Puis après eux, les Abkhazes et les Ossètes en Géorgie, les Basques et les Catalans en Espagne, les Flamands en Belgique, etc. Situation paradoxale où l'Europe devient une solution aux problèmes de sécurité voire de survie économique que pose la multiplication de ces petits États alors que le projet d'Union visait à offrir un cadre post-étatique permettant justement de dépasser le concept d'État-nation et de faire l'économie de nouvelles frontières et de nouvelles souverainetés.

KOSOVO, MONTÉNÉGRO : QUELLES RESPONSABILITÉS POUR L'EUROPE ?

Le Kosovo est un petit territoire enclavé au cœur des Balkans. Dans cet espace grand comme le tiers de la Belgique vivent deux millions de Kosovars, en majorité albanais, serbes pour une minorité. Ancienne province de l'ex-Yougoslavie, le Kosovo connaît en 1999 la dernière des « guerres balkaniques ». En fait de guerre, il s'agit alors plutôt de la résistance armée face à la mise en œuvre, par l'armée fédérale yougoslave, de la politique de pureté ethnique lancée par le régime nationaliste du président Slobodan Milosevic. À partir de 1998, les troupes yougoslaves serbes entrent au Kosovo en poussant devant elles la population albanaise qui fuit en masse vers la Macédoine, l'Albanie et dans une moindre mesure vers le Monténégro. Au printemps 1999, au terme de longues hésitations européenne et américaine, les forces de l'OTAN se voient confier la mission d'utiliser les moyens militaires nécessaires pour mettre un terme au processus de purification ethnique. Onze semaines durant, elles bombardent les positions serbes au Kosovo et les centres de commandement à Belgrade en Serbie.

Kosovo : de la guerre à la tutelle

Quand la campagne militaire se termine au début du mois de juin 1999, la province est totalement désorganisée, vidée de plusieurs centaines de milliers de ses habitants. Surtout, elle ne peut ni rester sous l'autorité administrative de Belgrade, ni s'autogérer, aucun cadre politico-administratif n'étant prévu pour cela.

Par la résolution 1 244 du Conseil de sécurité des Nations unies, le Kosovo est finalement placé sous protectorat international : tandis qu'à Pristina, capitale de la province, un haut représentant de l'ONU assure la direction d'un gouvernement de transition, l'Otan prend en charge « l'imposition de la paix » en déployant la KFOR (*Kosovo Forces*).

Au terme de neuf ans de tutelle internationale, pour la communauté albanaise, l'indépendance du Kosovo décrétée en février 2008 était la seule option envisageable. Malgré des efforts d'organisation, de formation et des investissements financiers considérables, en dépit des discours et des convictions qui animent les représentants étrangers sur place, à l'OTAN, à Bruxelles et Washington, les communautés albanaise et serbe ne veulent plus vivre ensemble.

Pour la communauté des Serbes, elle n'est pas acceptable. Car même si la Serbie n'a plus les moyens politiques de gérer le Kosovo et d'y soutenir la communauté serbe, aucun de ses dirigeants n'est prêt à reconnaître une autre souveraineté sur

LES PEUPLES DES BALKANS OCCIDENTAUX

Slaves pour le plus grand nombre d'entre eux, les habitants des Balkans de l'Ouest appartiennent à huit peuples différents, dispersés sur plusieurs États. Au Kosovo, ils sont en grande majorité albanais, et serbes pour une minorité. Le Monténégro (« montagne noire » en italien) est quant à lui peuplé de Serbes ayant connu des évolutions historiques et culturelles différentes de par leur isolement au pied des montagnes et des chaînes balkaniques.

AVANT QUE LA YOUGOSLAVIE ÉCLATE

La fédération de Yougoslavie est fondée en 1945 par le maréchal Tito. Elle comprend six républiques : Slovénie, Croatie, Bosnie-Herzégovine, Macédoine, Serbie et Monténégro. En 1974, deux provinces autonomes sont créées au sein de la république de Serbie : la Voïvodine au nord où vit la minorité hongroise ; le Kosovo au sud où vit une minorité albanaise, majoritaire à l'échelle de la province. Jusqu'à ce que le gouvernement de la Serbie les supprime en 1989, ces provinces bénéficiaient d'une certaine autonomie qui permettait à leurs peuples non serbes d'avoir leur propre parlement et leur gouvernement afin de respecter les particularismes culturels et ethniques.

cette partie du territoire que les Serbes considèrent comme le berceau de leur nation. Quant aux « standards » fixés à l'avance pour le Kosovo (bonne gouvernance, lutte contre le crime organisé, retour des réfugiés et des déplacés, respect des droits de toutes les communautés), aucun n'avait été atteint au moment de la déclaration d'indépendance.

De la tutelle à l'Europe ?

Suite au rapport très pessimiste de l'ancien Premier ministre finlandais et émissaire des Nations unies au Kosovo, la nouvelle indépendance de ce micro-état grand comme le tiers de la Belgique, pourrait n'avoir en fait que peu de rapport avec la région des Balkans. Car si pour obtenir des concessions sur d'autres dossiers plus importants pour elle, la Russie ne devait plus s'opposer à l'indépendance du Kosovo, les Nations unies laisseront naître un État qui, sous de multiples aspects, n'aura qu'une faible viabilité.

Pays le plus pauvre d'Europe, le Kosovo est aussi l'un de ceux où le taux de criminalité est le plus élevé, tout comme la progression démographique : la population du Kosovo – dont la moitié a moins de vingt ans en 2007 – aura doublé en 2025. Parmi les questions que soulève l'indépendance du Kosovo figure donc celle de l'avenir des jeunes Kosovars, contraints d'aller chercher du travail à l'étranger dans une Europe dont les politiques migratoires sont de plus en plus sélectives.

Plus largement, la question posée à l'Union européenne est de savoir si elle peut maintenir hors de ses frontières mais à ses portes une zone poreuse à la pauvreté, à la misère, à la violence et aux trafics en tout genre.

Ou bien si elle peut mobiliser des moyens plus importants pour poursuivre et renforcer sa « politique d'association avec les Balkans occidentaux », reliant le maintien d'une force d'interposition européenne et un vaste programme de reconstruction économique. Avec pour objectif de préparer l'intégration des pays de la zone à l'horizon 2020.

LA RÉGION LA PLUS PAUVRE D'EUROPE

Le Kosovo est un pays de montagnes et de collines. Sa population rassemble environ 88 % d'Albanais, 8 % de Serbes et 4 % de Roms, Turcs, Ashkalis et Bosniaques. Les plaines du Kosovo sont fertiles et les sous-sols plutôt riches : zinc, lignite, argent et plomb. En somme, le Kosovo est une région riche… mais pas les Kosovars. En 2007, le revenu moyen annuel par habitant ne dépasse pas 893 euros ; il est le plus bas de toute l'Europe. Par comparaison, il atteint 5 624 euros en Croatie et 27 733 euros en Allemagne.

LA MER CONFISQUÉE

Sur le plan national, l'indépendance choisie par les Monténégrins est vécue à Belgrade comme une atteinte à la nation serbe, déjà remise en question par le séparatisme du Kosovo. Sur le plan économique et stratégique, elle a pour effet majeur de priver la Serbie de la façade maritime monténégrine et d'en faire un État enclavé, mais aussi de séparer le Monténégro de son premier partenaire économique : jusqu'à son indépendance, l'économie du Monténégro reposait à 75 % sur ses échanges avec la Serbie.

Et le Monténégro ?

Indépendant depuis 2006, le Monténégro contribue à son tour à la fragmentation de l'espace balkanique. Surtout, comme le Kosovo, sa faible viabilité économique pose davantage de questions que sa jeune souveraineté n'apporte de solutions.

Sur le plan anthropologique, les Monténégrins sont considérés comme des Serbes, dont ils se distinguent cependant sur le plan culturel. Petite principauté reconnue indépendante lors du congrès de Berlin en 1878, le Monténégro est plus tard successivement intégré :

– au royaume des Serbes, des Croates et des Slovènes quand ils sont libérés de l'occupation ottomane en 1918 ;

– au royaume de Yougoslavie – le royaume des « Slaves du Sud » – quand il est créé en 1929 ;

– à la République fédérale de Yougoslavie en 1945.

Quand celle-ci commence à éclater en 1992, le Monténégro est la seule république qui choisit – par référendum – de ne pas quitter la « nouvelle Yougoslavie » qu'elle ne forme plus désormais qu'avec la Serbie. Cependant, quand le chef politique monténégrin Milo Djukanovic devient président de la République du Monténégro en 1997, il est rapidement amené à prendre ses distances avec le régime de Belgrade. Déjà marqués par l'embargo qui leur est imposé avec la guerre de Bosnie, les

Monténégrins supportent en effet encore plus mal de devoir subir à la fois les bombardements et l'embargo dont ils sont frappés pendant la guerre du Kosovo en 1999 alors qu'ils doivent accueillir au même moment des milliers de réfugiés qui fuient la province voisine. Ainsi, l'idée de se séparer des Serbes progresse. D'autant plus que les Monténégrins ne souscrivent pas à l'idée de pureté ethnique développée par Belgrade. Finalement, c'est de nouveau par un référendum organisé aux conditions fixées par l'Union européenne qu'ils choisissent leur indépendance en mai 2006. Encore très jeune, le nouvel État ne manque pas de soulever les mêmes interrogations que son voisin kosovar : quelle place peut trouver sur la scène internationale un État aussi petit dont l'économie est largement tenue par le crime organisé ? les États occidentaux des Balkans doivent-ils être admis ensemble ? avant la Turquie ? à quels risques l'Union s'expose-t-elle en intégrant ces mini-États ? en ne les intégrant pas ? quelle contribution à quel projet européen ? Enfin est-ce la vocation de l'Union européenne de donner un État à chaque peuple ?

Voir également UN MONDE PLUS GRAND, pages 14-31 ; UN MONDE PLUS FLUIDE ?, pages 32-43 ; ANOMALIES GÉOPOLITIQUES, pages 82-87 ; NOUVEL EST, NOUVEL OUEST, pages 92-103 ; ÉNERGIES ET DÉPENDANCES, pages 104-117 ; VERS UN NOUVEAU GRAND JEU ?, pages 118-131 ; *Atlas du Dessous des Cartes* 2005, pages 16-45.

LA MONTAGNE NOIRE

Le Monténégro est un pays très montagneux où vivent des Monténégrins, des Serbes, des Bosniaques, des Albanais ainsi que des Croates et des Roms. Il est également un pays pauvre : en 2005, son PIB par habitant atteint 3 090 euros, soit deux fois moins que la Croatie et presque dix fois moins que la France ; 10 % des Monténégrins vivent sous le seuil de pauvreté ; le chômage touche officiellement 50 % de la population active, mais « seulement » 20 % si on prend en compte l'économie parallèle et les trafics, très développés dans le pays.

CHYPRE, UN ÉCHEC EUROPÉEN ?

La République de Chypre a rejoint l'Union européenne le 1er mai 2004. Elle y est entrée divisée, et le reste depuis. Car en dépit des efforts politiques de Bruxelles, des pressions exercées sur Ankara et Nicosie ou encore des négociations pilotées par les Nations unies, rien ne laisse encore entrevoir la réunification politique de l'île méditerranéenne entre sa partie nord – que les forces turques occupent depuis 1974 – et sa partie méridionale membre de l'Union à part entière. À moins qu'il faille pour cela attendre la réponse de l'Union à la candidature turque ?

CHYPRE, L'ÉTAT BICOMMUNAUTAIRE

Située à moins de cent kilomètres des côtes turque, syrienne et libanaise, l'île de Chypre s'étend sur 9200 kilomètres carrés (à peine plus que la Corse) et compte environ un million d'habitants d'origine grecque et turque. Quand Chypre devient indépendante du Royaume-Uni en 1960, l'indépendance du nouvel État bicommunautaire chypriote est garantie par trois puissances (Grèce, Turquie, Royaume-Uni) auxquelles est accordé un droit d'intervenir militairement sur l'île pour rétablir l'ordre constitutionnel s'il venait à être modifié. C'est dans ce cadre qu'en 1974, à un moment de fortes tensions entre les deux communautés, la Turquie intervient militairement en réponse au coup d'État organisé par la junte militaire au pouvoir à Athènes dans l'objectif de rattacher l'île à la Grèce. Cette intervention aboutit alors à la partition de l'île et de sa capitale Nicosie, ainsi qu'à d'importants transferts de populations d'une partie de l'île à l'autre : les Chypriotes turcs vers le nord, les Chypriotes grecs vers le sud.

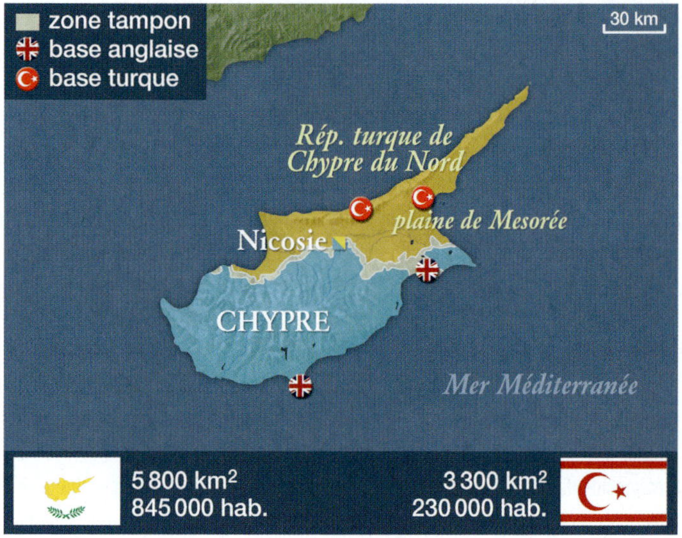

DEUX RÉPUBLIQUES POUR UN ÉTAT

Depuis 1974, une zone tampon contrôlée par des casques bleus sépare les deux parties de Chypre et leurs populations, qui évoluent de manière distincte.

La partie nord qui représente 37 % de la superficie totale de l'île est occupée par la Turquie. De population majoritairement turque, elle compte 230 000 habitants, dont 30 000 soldats et 100 000 colons turcs. Malgré le fort potentiel agricole de la plaine de Mésorée, riche en eau, l'économie de cette partie de l'île ne connaît pas d'essor faute d'investissements. Autoproclamée indépendante en 1983, la République turque de Chypre du Nord n'est en effet reconnue que par Ankara.

La République de Chypre qui désigne l'État chypriote est quant à elle internationalement reconnue. Elle compte 845 000 habitants, grecs pour une large majorité. Malgré la division de l'île, elle est parvenue à se développer grâce au tourisme, aux pavillons de complaisance et aux capitaux libanais rapatriés pendant la guerre du Liban dans les années 1980. Dans le calcul de Bruxelles qui se réfère au droit international, l'adhésion chypriote en 2004 engage toute l'île, poussant ainsi au règlement de la partition. En 2007 pourtant, seule cette partie sud de l'île est membre de l'Union européenne.

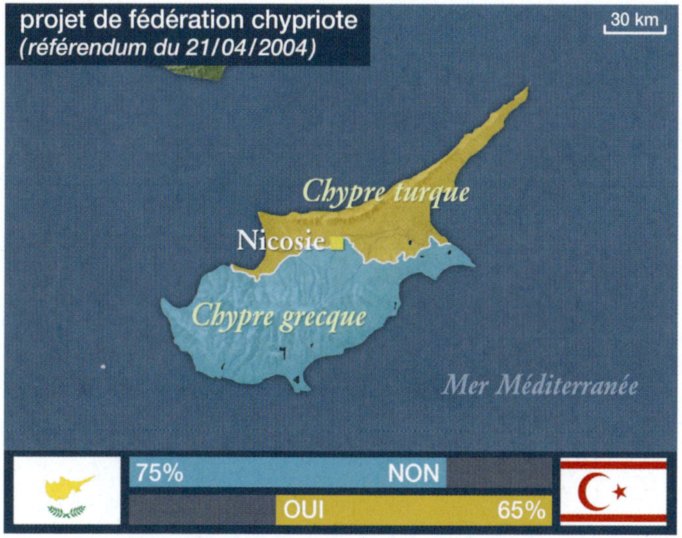

L'ÉCHEC DU PLAN ANNAN

Pour sortir l'île de l'impasse, le secrétaire des Nations unies, Kofi Annan, s'inspire du modèle suisse : en 2002, il propose de créer un État confédéral chypriote composé de deux entités créées à partir de la division actuelle de l'île entre les deux communautés, dont les droits seraient garantis par le droit communautaire de l'Union européenne sur les minorités. Soumis par référendum à l'ensemble de l'île le 21 avril 2004, le projet de réunification est rejeté par trois quarts des Chypriotes grecs : en plus du souvenir qu'ils gardent de l'invasion turque (affrontements intercommunautaires, déplacements de populations, perte des terres et des propriétés dans le nord), les Chypriotes grecs craignent que la confédération attribue près du tiers du territoire à la communauté chypriote turque qui ne représente que 18 % de la population. Ensuite, ils estiment que le retrait des forces militaires turques – que le projet prévoit d'étaler jusqu'en 2018 – doit être beaucoup plus rapide. Enfin, leur gouvernement n'est pas disposé à financer le développement de la partie nord, plus faible sur le plan économique. Si le projet échoue donc, les négociations ne restent pas stériles : en 2003, les autorités du Nord ouvrent quatre points de passage entre les deux parties de l'île tandis que celles du Sud facilitent l'accès à l'administration chypriote pour les Chypriotes turcs « de souche ».

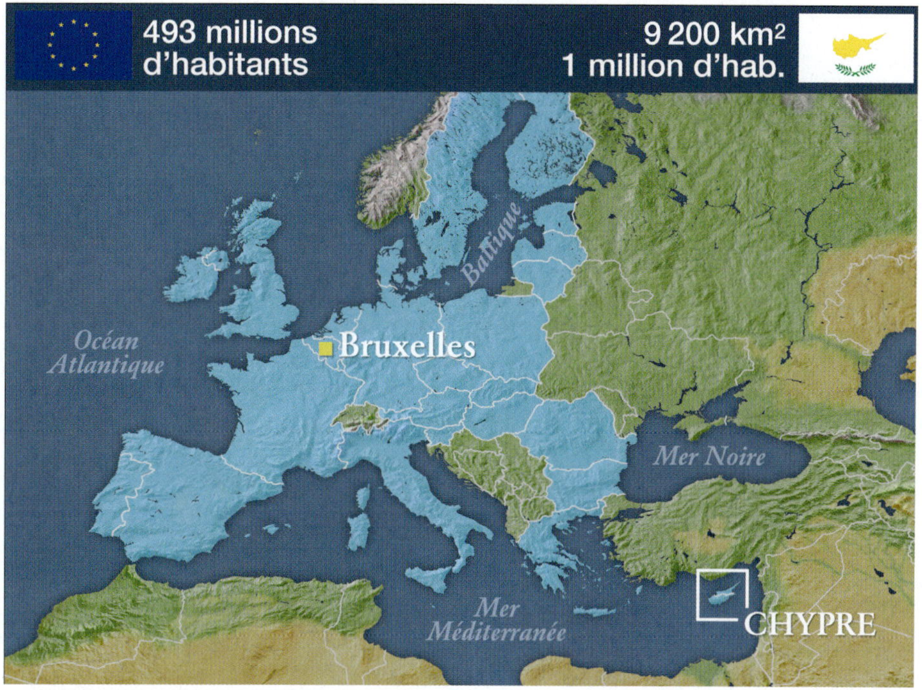

UN IMBROGLIO POUR L'EUROPE

Tenus à l'écart de l'Europe par l'échec de la réunification en avril 2004 et l'adhésion de la partie méridionale de l'île à l'Union le mois suivant, les Chypriotes turcs redoutent leur isolement et commencent à contester l'immixtion de la Turquie dans les affaires institutionnelles chypriotes turques. Pour sa part, l'Union européenne se trouve dans une position complexe : en intégrant Chypre, elle vient aussi d'intégrer son imbroglio territorial. Or, depuis que Chypre est membre de l'Union, Bruxelles ne dispose plus de moyens de pression sur elle pour mettre fin à la partition. La situation devient désormais d'autant plus délicate que l'Union négocie avec la Turquie les termes de son adhésion alors que celle-ci occupe militairement une partie du territoire d'un État membre. Pour tenter de débloquer la situation et obtenir un geste d'Ankara vers Nicosie, Bruxelles verse en 2006 une aide financière de 139 millions d'euros aux Chypriotes turcs et prévoit d'adopter parallèlement un règlement autorisant le commerce entre les États membres et le nord de Chypre. De son côté, le Conseil de sécurité tente de relancer le processus de réunification. En juin 2007, il doit cependant proroger une fois encore et pour six mois le mandat de la Force des Nations unies chargée du maintien de la paix à Chypre (UNFICYP).

INDEX

A

B

C

D

E

F

G

L

M

N

O

P

Q

R

S

T

U

V

W

X

Y

Z

Merci à :
Sylvain Allemand, Amélie Canivet, Jérôme Clément, Martine Dorance,
François Durand, Berthe Ebanda, Nicolas Gras-Payen, Pierre Hassner,
Fany Leclerc du Sablon, Marie-Laure Lesage, Jeronimo Moscardo,
Stéphane Niveau, Isabelle Pailler, Anne Pradel, Henriette Souk.

Le Dessous des Cartes en DVD
www.arte-tv.com

Dépôt légal : mars 2009
ISBN : 978-2-84734-584-1
Imprimé à Singapour – Printed in Singapore